해커스변호사

형법

Criminal Law

신체계 최근 3개년

중요판례

해커스변호사

서문

올해의 신체계 H 최근 3개년(2021년 ~ 2024년) 중요판례 교재에는 2021년부터 2024년 6월 15일까지 대법원에서 선고된 중요한 판례들을 모두 정리하여 수록하였다. 수험의 효율성을 최우선 목표로 삼아 출제 가능성이 낮은 판례들은 처음부터 배제하여 수록하지 않았고, 2021년 이전 판례들도 과감히 삭제하여 본서가 오롯이 최신 판례의 대비로서의 역할만을 수행할 수 있도록 하였다.

최신 판례– 특히 최근 3년간 판례 –가 시험에 출제된다는 것은 수험생 누구나 주지하는 사실이다. 24년에도 강제추행의 폭행 · 협박과 관련하여 중요한 전원합의체 판결이 있었고 주거침입과 관련된 판례들이 꾸준하게 선고되었다. 변호사시험을 포함한 각종 국가고시의 경향성을 고려하고 수험서로서의 최신판례집의 기능을 다하기 위하여 판례 원문을 수험에 적합하도록 줄이고 암기해야 할 부분들을 선별하여 수록하였다.

본서의 특징은 다음과 같다.

[2025 해커스변호사 형법 신체계 H 최근 3개년 중요판례] 교재의 구성

(1) 2021년부터 2024년 6월 15일까지 대법원에서 공개한 판례를 정리하였다.

(2) 선택형(객관식)으로 출제될 수 있는 판례를 O·X의 지문형으로 정리하였다.

(3) 사례형(주관식) 시험에 출제될 수 있는 쟁점을 포함한 판례의 경우 판결이유 중에 설시된 '사실관계'를 상세하게 인용하여 두었다.

(4) 사례형 및 기록형에 대비할 수 있도록 결론인 '재판'에 대한 부분을 상세히 정리하여 두었다.

(5) 해설부분의 경우 '판결요지' 뿐만 아니라 판결요지만으로 판례를 이해하기 어려운 경우 '판례해설' 부분을 상세하게 인용하여 두었다.

독자들은 본서의 정리만으로 출제가 유력한 형사법 최신판례를 효율적으로 대비할 수 있을 것이고, 특히 신체계 형법강의나 신체계 H 형법/형사소송법 암기장의 독자라면 본서와 연계하여 더욱 효율적으로 시험을 준비할 수 있을 것이다. 아울러 본서와 관련된 최신판례 강의는 해커스변호사에서 7월 12일부터 수강할 수 있다.

본서의 독자들이 시험 전까지 반드시 최근판례를 정리하여 좋은 성적을 얻기를 기원한다.

2024년 6월 25일

허 정

목차

제1편 형법총론

제2편 형법각론

제1장 개인적 법익에 관한 죄

제2장 사회적 법익에 관한 죄

제3장 국가적 법익에 관한 죄

부록

제1편

형법총론

제1편 | 형법총론

죄형법정주의

★
01 의료인 개인 명의로 개설된 의료기관의 개설자격 위반 여부에 관한 판단 기준은 의료법인 명의로 개설된 의료기관의 개설자격 위반 여부에 관한 판단에도 그대로 적용된다. O | X

판결요지

[1] 대법원은 의료인 개인 명의로 개설된 의료기관이 실질적으로 의료인의 자격이 없는 일반인(이하 '비의료인'이라 한다)에 의하여 개설·운영된 것인지에 대하여, 비의료인이 의료기관의 시설 및 인력의 충원·관리, 개설신고, 의료업의 시행, 필요한 자금의 조달, 운영성과의 귀속 등을 주도적인 입장에서 처리하였는지를 기준으로 판단하면서, 비의료인이 필요한 자금을 투자하여 시설을 갖추고 유자격 의료인을 고용하여 그 명의로 의료기관을 개설한 행위는 형식적으로만 적법한 의료기관의 개설로 가장한 것일 뿐 실질적으로는 비의료인이 의료기관을 개설한 경우에 해당한다고 판단하여 왔다. 또한 소비자생활협동조합법에 의하여 설립된 소비자생활협동조합 명의로 의료기관 개설신고가 된 경우에도 위와 같은 법리를 적용하여 왔다.
[2] [다수의견] (가) 의료법인 명의로 개설된 의료기관의 경우, 의료인의 자격이 없는 일반인(이하 '비의료인'이라 한다)의 주도적 출연 내지 주도적 관여만을 근거로 비의료인이 의료기관을 개설·운영한 것으로 평가하기 어렵다. 비의료인이 의료기관의 개설·운영 등에 필요한 자금 전부 또는 대부분을 의료법인에 출연하거나 의료법인 임원의 지위에서 의료기관의 개설·운영에 주도적으로 관여하는 것은 의료법인의 본질적 특성에 기초한 것으로서 의료법인의 의료기관 개설·운영을 허용한 의료법에 근거하여 비의료인에게 허용된 행위이다. 비의료인의 주도적 자금 출연 내지 주도적 관여 사정만을 근거로 비의료인이 실질적으로 의료기관을 개설·운영하였다고 판단할 경우, 허용되는 행위와 허용되지 않는 행위의 구별이 불명확해져 죄형법정주의 원칙에 반할 수 있다.
(나) 따라서 의료법인 명의로 개설된 의료기관을 실질적으로 비의료인이 개설·운영하였다고 판단하려면, 비의료인이 의료법인 명의 의료기관의 개설·운영에 주도적으로 관여하였다는 점을 기본으로 하여, 비의료인이 외형상 형태만을 갖추고 있는 의료법인을 탈법적인 수단으로 악용하여 적법한 의료기관 개설·운영으로 가장하였다는 사정이 인정되어야 한다(대판(전) 2023.7.17. 2017도1807).

정답 | X

| 관련판례 |

1 비의료인에 해당하여 의료기관 개설자격이 없는 피고인이, 형식적으로 甲 의료법인을 인수하여 법인 산하 乙 요양병원의 운영권을 인계받은 다음 실질적으로는 피고인 자신이 乙 병원의 운영을 주도적으로 담당함으로써 의료기관 개설자격을 위반하여 乙 병원을 개설·운영하였다고 하여 의료법 위반으로 기소된 사안에서, 피고인이 乙 병원 직원들의 체불임금 지급을 위한 자금을 출

연하면서 甲 법인을 인수한 다음 의료기관 운영에 관한 주요 사항을 주도적으로 처리하였다는 사정만으로 피고인이 탈법적인 수단으로 乙 병원을 개설·운영한 것으로 단정할 수 없다는 등의 이유로, 이와 달리 보아 공소사실을 유죄로 인정한 원심의 판단에 법리오해 등의 잘못이 있다고 한 사례(대판 2023.8.18. 2020도6492).

2 적법하게 개설되지 아니한 의료기관의 실질 개설·운영자가 적법하게 개설된 의료기관인 것처럼 의료급여비용의 지급을 청구하여 이에 속은 국민건강보험공단으로부터 의료급여비용 명목의 금원을 지급받아 편취한 경우, 국민건강보험공단을 피해자로 보아야 한다(대판 2023.10.26. 2022도90).

★

02

원산지표시법 제14조 제2항에서 정한 '제1항의 죄로 형을 선고받고 그 형이 확정된 후'란, 원산지표시법 제6조 제1항 또는 제2항을 위반하여 7년 이하의 징역형, 1억 원 이하의 벌금형, 징역형에 벌금형이 병과되어 그 형이 확정된 경우를 의미하고, 확정된 벌금형에는 공판절차에서 형을 선고받아 확정된 경우 뿐만 아니라 약식절차에서 벌금형의 약식명령을 고지 받아 확정된 경우까지 포함된다고 보아야 한다. O | X

판결요지

(대판 2023.5.18. 2022도10961) 정답 | O

03

피고인이 불특정 다수의 손님들에게 연초 잎, 담배 필터, 담뱃갑을 제공하여 손님으로 하여금 담배제조기계를 조작하게 하거나 자신이 직접 그 기계를 조작하는 방법으로 담배를 제조하고, 손님에게 담배를 판매함으로써 담배제조업 허가 및 담배소매인 지정을 받지 아니하고 담배를 제조·판매하였다는 이유로 담배사업법 위반으로 기소된 사안에서, 피고인이 담배를 제조하였다거나 제조된 담배를 소비자에게 판매하였다고 보기 어렵다. O | X

판결요지

(대판 2023.1.12. 2019도16782) 정답 | O

04

형벌법규의 구성요건적 요소에 해당하는 감염병예방법 제18조 제3항의 '역학조사'는, 감염병예방법 제2조 제17호의 정의에 부합할 뿐만 아니라 감염병예방법 제18조 제1항, 제2항과 제29조, 감염병예방법 제18조 제4항의 위임을 받은 감염병의 예방 및 관리에 관한 법률 시행령이 정한 주체, 시기, 대상, 내용, 방법 등의 요건을 충족하는 활동만을 의미한다고 해석함이 타당하다. O | X

판결요지

아울러 '요구나 제의 따위를 받아들이지 않고 물리침'을 뜻하는 '거부'의 사전적 의미 등을 고려하면, 감염병예방법 제18조 제3항 제1호에서 정한 '역학조사를 거부하는 행위'가 성립하려면 행위자나 그의 공범에 대하여 감염병예방법 제18조 제3항에서 정한 '역학조사'가 실시되었음이 전제되어야 한다(대판 2022.11.17. 2022도7290). 정답 | O

★
05

종료된 대화의 녹음물을 재생하여 듣는 행위도 통비법 제3조 제1항의 '청취'에 포함된다. **O | X**

판결요지

통신비밀보호법 제3조 제1항은 누구든지 이 법과 형사소송법 또는 군사법원법의 규정에 의하지 아니하고는 우편물의 검열 · 전기통신의 감청 또는 공개되지 않은 타인 간의 대화를 녹음 또는 청취하지 못한다고 규정하고 있고, 같은 법 제16조 제1항은 이를 위반하는 행위를 처벌하도록 규정하고 있다. 여기서 '청취'는 타인 간의 대화가 이루어지고 있는 상황에서 실시간으로 그 대화의 내용을 엿듣는 행위를 의미하고, 대화가 이미 종료된 상태에서 그 대화의 녹음물을 재생하여 듣는 행위는 '청취'에 포함되지 않는다.
종료된 대화의 녹음물을 재생하여 듣는 행위도 제3조 제1항의 '청취'에 포함시키는 해석은 '청취'를 '녹음'과 별도 행위 유형으로 규율하는 제3조 제1항에 비추어 불필요하거나 '청취'의 범위를 너무 넓혀 금지 및 처벌 대상을 과도하게 확장할 수 있다. 위법한 녹음 주체가 그 녹음물을 청취하는 경우에는 그 위법한 녹음을 금지 및 처벌대상으로 삼으면 충분하고, 녹음에 사후적으로 수반되는 청취를 별도의 금지 및 처벌대상으로 삼을 필요성이 크지 않다. 또한 적법한 녹음 주체 또는 제3자가 그 녹음물을 청취하거나, 위법한 녹음물을 녹음 주체 외의 제3자가 청취하는 경우까지 금지 및 처벌 대상으로 삼으면 이들의 행동의 자유를 과도하게 제한하게 된다. 나아가 이는 명문의 형벌법규 의미를 엄격하게 해석하기보다는 피고인에게 불리한 방향으로 지나치게 확장해석하거나 유추해석하는 것으로서 죄형법정주의의 원칙에 비추어 보더라도 타당하지 않다(대판 2024.2.29. 2023도8603).

정답 I X

| 동지판례 |

통신비밀보호법상 '전기통신의 감청'은 전기통신이 이루어지고 있는 상황에서 실시간으로 그 전기통신의 내용을 지득 · 채록하는 경우 등을 의미하는 것이지 이미 수신이 완료된 전기통신에 관하여 남아 있는 기록이나 내용을 열어보는 등의 행위는 포함하지 않는다(대판 2016.10.13. 2016도8137).

★
06

약사 등이 아닌 사람이 이미 개설된 약국의 시설과 인력을 인수하고 그 운영을 지배 · 관리하는 등 종전 개설자의 약국 개설 · 운영행위와 단절되는 새로운 개설 · 운영행위를 한 것으로 볼 수 있는 경우에도 약사법에서 금지하는 약사 등이 아닌 사람의 약국 개설행위에 해당한다. **O | X**

판결요지

(대판 2021.7.29. 2021도6092) **정답 I O**

07 구 군형법 제94조는 "정치단체에 가입하거나 연설, 문서 또는 그 밖의 방법으로 정치적 의견을 공표하거나 그 밖의 정치운동을 한 자는 2년 이하의 금고에 처한다."라고 규정하였으나, 개정된 군형법 제94조는 제1항에서 5년 이하의 징역과 5년 이하의 자격정지에 처한다고 규정하고, 제2항에서는 "제1항에 규정된 죄에 대한 공소시효의 기간은 군사법원법 제291조 제1항에도 불구하고 10년으로 한다."라고 규정한 경우 개정 군형법 제94조 제2항에 따른 10년의 공소시효 기간은 개정 군형법 시행 후에 행해진 정치관여 범죄에만 적용된다. O | X

판결요지

'구 군형법' 제94조는 '정치관여'라는 표제 아래 "정치단체에 가입하거나 연설, 문서 또는 그 밖의 방법으로 정치적 의견을 공표하거나 그 밖의 정치운동을 한 자는 2년 이하의 금고에 처한다."라고 규정하였다. 개정 군형법은 제94조는 '정치관여'라는 표제 아래 제1항에서는 처벌대상이 되는 정치관여 행위를 제1 내지 제6의 각호로 열거하면서 각호의 어느 하나에 해당하는 행위를 한 사람은 5년 이하의 징역과 5년 이하의 자격정지에 처한다고 규정하고, 제2항에서는 "제1항에 규정된 죄에 대한 공소시효의 기간은 군사법원법 제291조 제1항에도 불구하고 10년으로 한다."라고 규정하고 있다. 위와 같은 법률 개정 전후의 문언에 따르면, 군형법상 정치관여죄는 2014.1.14. 자 법률 개정을 통해 구성요건이 세분화되고 법정형이 높아짐으로써 그 실질이 달라졌다고 평가할 수 있고, 공소시효 기간에 관한 특례 규정인 개정 군형법 제94조 제2항은 개정 군형법상의 정치관여죄에 대하여 규정하고 있음이 분명하다. 따라서 개정 군형법 제94조 제2항에 따른 10년의 공소시효 기간은 개정 군형법 시행 후에 행해진 정치관여 범죄에만 적용된다(대판 2021.9.9. 2019도5371).

정답 | O

★★
08 군형법 제92조의6은 동성인 군인 사이의 항문성교나 그 밖에 이와 유사한 행위가 사적 공간에서 자발적 의사 합치에 따라 이루어지는 등 군이라는 공동사회의 건전한 생활과 군기를 직접적, 구체적으로 침해한 것으로 보기 어려운 경우에는 적용되지 않는다고 봄이 타당하다. O | X

판결요지

[1] 군형법 제92조의6의 문언, 개정 연혁, 보호법익과 헌법 규정을 비롯한 전체 법질서의 변화를 종합적으로 고려하면, 위 규정은 동성인 군인 사이의 항문성교나 그 밖에 이와 유사한 행위가 사적 공간에서 자발적 의사 합치에 따라 이루어지는 등 군이라는 공동사회의 건전한 생활과 군기를 직접적, 구체적으로 침해한 것으로 보기 어려운 경우에는 적용되지 않는다고 봄이 타당하다. 이 사건에 적용되는 현행 군형법 제92조의6은 "제1조 제1항부터 제3항까지에 규정된 사람(이하 '군인 등'이라 한다)에 대하여 항문성교나 그 밖의 추행을 한 사람은 2년 이하의 징역에 처한다."라고 정하고 있다. 위 규정은 구 군형법 제92조의5 규정과는 달리 '계간' 대신 '항문성교'라는 표현을 사용하고 행위의 객체를 군형법이 적용되는 군인 등으로 한정하였다. 제정 군형법 제92조와 구 군형법 제92조의5의 대표적 구성요건인 '계간'은 사전적으로 '사내끼리 성교하듯이 하는 짓'으로서 남성 간의 성행위라는 개념요소를 내포하고 있다. 반면, 현행 규정의 대표적 구성요건인 '항문성교'는 '발기한 성기를 항문으로 삽입하는 성행위'라는 성교행위의 한 형태를 가리키는 것으로서, 이성 간에도 가능한 행위이고 남성 간의 행위에 한정하여 사용되는 것이 아니다. 따라서 현행 규정의 문언만으로는 동성 군인 간의 성행위 그 자체를 처벌하는 규정이라는 해석이 당연히 도출될 수 없고, 별도의 규범적인 고려 또는 법적 평가를 더해야만 그러한 해석이 가능하다. 이와 달리 남성 군인 간 항문성교를 비롯한 성행위가

그 자체만으로 객관적으로 일반인에게 혐오감을 일으키게 하고 선량한 성적 도덕관념에 반하는 행위라는 이유로 사적 공간에서 합의하여 이루어진 성행위인지 여부 등을 따지지 않고 제정 군형법 제92조와 구 군형법 제92조의5 규정이 적용된다는 취지로 판단한 대판 2008.5.29. 2008도2222, 대판 2012.6.14. 2012도3980을 비롯하여 같은 취지의 대법원 판결들은 이 판결의 견해에 배치되는 범위 내에서 변경하기로 한다.

[2] 군인인 피고인 甲은 자신의 독신자 숙소에서 군인 乙과 서로 키스, 구강성교나 항문성교를 하는 방법으로 추행하고, 군인인 피고인 丙은 자신의 독신자 숙소에서 동일한 방법으로 피고인 甲과 추행하였다고 하여 군형법 위반으로 기소된 사안에서, 피고인들과 乙은 모두 남성 군인으로 당시 피고인들의 독신자 숙소에서 휴일 또는 근무시간 이후에 자유로운 의사를 기초로 한 합의에 따라 항문성교나 그 밖의 성행위를 한 점 등에 비추어 피고인들의 행위는 군형법 제92조의6에서 처벌대상으로 규정한 '항문성교나 그 밖의 추행'에 해당하지 않는다(대판(전) 2022.4.21. 2019도3047).

정답 | O

★
09 법정소동죄 등을 규정한 형법 제138조에서의 '법원의 재판'에 '헌법재판소의 심판'을 포함시키는 것은 유추해석에 해당한다. O | X

판결요지

법원의 재판 또는 국회의 심의를 방해 또는 위협할 목적으로 법정이나 국회회의장 또는 그 부근에서 모욕 또는 소동한 자를 처벌하는 형법 제138조의 법원의 재판에 헌법재판소의 심판이 포함된다고 보는 해석론은 문언이 가지는 가능한 의미의 범위 안에서 그 입법 취지와 목적 등을 고려하여 문언의 논리적 의미를 분명히 밝히는 체계적 해석에 해당할 뿐, 피고인에게 불리한 확장해석이나 유추해석이 아니라고 볼 수 있다(대판 2021.8.26. 2020도12017).

정답 | X

★★★
10 교통사고처리 특례법 제3조 제2항 단서 제7호에서 말하는 '도로교통법 제43조를 위반'한 행위는 도로교통법 위반(무면허운전)죄와 마찬가지로 유효한 운전면허가 없음을 알면서도 자동차를 운전하는 경우만을 의미한다고 보아야 한다. O | X

판결요지

도로교통법 위반(무면허운전)죄는 도로교통법 제43조를 위반하여 운전면허를 받지 아니하고 자동차를 운전하는 경우에 성립하는 범죄로, 유효한 운전면허가 없음을 알면서도 자동차를 운전하는 경우에만 성립하는 고의범이다. 교통사고처리 특례법 제3조 제2항 단서 제7호는 도로교통법 위반(무면허운전)죄와 동일하게 도로교통법 제43조를 위반하여 운전면허를 받지 아니하고 자동차를 운전하는 행위를 대상으로 교통사고 처벌 특례를 적용하지 않도록 하고 있다. 따라서 위 단서 제7호에서 말하는 '도로교통법 제43조를 위반'한 행위는 도로교통법 위반(무면허운전)죄와 마찬가지로 유효한 운전면허가 없음을 알면서도 자동차를 운전하는 경우만을 의미한다고 보아야 한다(대판 2023.6.29. 2021도17733).

정답 | O

★★
11 아동 · 청소년성착취물 등을 구입한 다음 직접 다운로드받을 수 있는 인터넷 주소를 제공받은 경우, 2020. 6. 2. 개정된 아동 · 청소년의 성보호에 관한 법률 제11조 제5항, 2020. 5. 19. 개정된 성폭력범죄의 처벌 등에 관한 특례법 제14조 제4항에 따라 처벌된다. **O | X**

판결요지

형벌법규의 해석은 엄격하여야 하고 문언의 의미를 피고인에게 불리한 방향으로 지나치게 확장해석하는 것은 죄형법정주의 원칙에 어긋나는 것이다.
구 아동·청소년의 성보호에 관한 법률(2020. 6. 2. 법률 제17338호로 개정되기 전의 것) 제11조 제5항은 "아동·청소년이용음란물임을 알면서 이를 소지한 자는 1년 이하의 징역 또는 2천만 원 이하의 벌금에 처한다."라고 규정하고 있다. 여기서 '소지'란 아동·청소년이용음란물을 자기가 지배할 수 있는 상태에 두고 지배관계를 지속시키는 행위를 말하고, 인터넷 주소(URL)는 인터넷에서 링크하고자 하는 웹페이지나 웹사이트 등의 서버에 저장된 개개의 영상물 등의 웹 위치 정보 또는 경로를 나타낸 것에 불과하다.
따라서 아동·청소년이용음란물 파일을 구입하여 시청할 수 있는 상태 또는 접근할 수 있는 상태만으로 곧바로 이를 소지로 보는 것은 소지에 대한 문언 해석의 한계를 넘어서는 것이어서 허용될 수 없으므로, 피고인이 자신이 지배하지 않는 서버 등에 저장된 아동·청소년이용음란물에 접근하여 다운로드받을 수 있는 인터넷 주소 등을 제공받은 것에 그친다면 특별한 사정이 없는 한 아동·청소년이용음란물을 '소지'한 것으로 평가하기는 어렵다.
한편 2020. 6. 2. 법률 제17338호로 개정된 아동·청소년의 성보호에 관한 법률 제11조 제5항은 아동·청소년성착취물을 구입하거나 시청한 사람을 처벌하는 규정을 신설하였고, 2020. 5. 19. 법률 제17264호로 개정된 성폭력범죄의 처벌 등에 관한 특례법 제14조 제4항은 카메라 등을 이용하여 성적 욕망 또는 수치심을 유발할 수 있는 사람의 신체를 촬영대상자의 의사에 반하여 촬영한 촬영물 또는 복제물을 소지·구입·저장 또는 시청한 사람을 처벌하는 규정을 신설하였다. 따라서 아동·청소년성착취물 등을 구입한 다음 직접 다운로드받을 수 있는 인터넷 주소를 제공받았다면 위 규정에 따라 처벌되므로 처벌공백의 문제도 더 이상 발생하지 않는다(대판 2023.6.29. 2022도6278). **정답 | O**

| 관련판례 | ★

[1] 아동·청소년의 성보호에 관한 법률 제11조 제3항은 "아동·청소년성착취물을 배포·제공하거나 이를 목적으로 광고·소개하거나 공연히 전시 또는 상영한 자는 3년 이상의 징역에 처한다."라고 규정하고 있다. 여기서 아동·청소년성착취물의 '배포'란 아동·청소년성착취물을 불특정 또는 다수인에게 교부하는 것을 의미하고, '공연히 전시'하는 행위란 불특정 또는 다수인이 실제로 아동·청소년성착취물을 인식할 수 있는 상태에 두는 것을 의미한다.
자신의 웹사이트에 아동·청소년성착취물이 저장된 다른 웹사이트로 연결되는 링크를 해 놓는 행위자의 의사, 그 행위자가 운영하는 웹사이트의 성격 및 사용된 링크기술의 구체적인 방식, 아동·청소년성착취물이 담겨져 있는 다른 웹사이트의 성격 및 다른 웹사이트 등이 아동·청소년성착취물을 실제로 전시한 방법 등 제반 사정을 종합하여 볼 때, 링크의 게시를 포함한 일련의 행위가 불특정 또는 다수인에게 다른 웹사이트 등을 단순히 소개·연결하는 정도를 넘어 링크를 이용하여 별다른 제한 없이 아동·청소년성착취물에 바로 접할 수 있는 상태를 실제로 조성한다면, 이는 아동·청소년성착취물을 직접 '배포'하거나 '공연히 전시'한 것과 실질적으로 다를 바 없다고 평가할 수 있으므로, 위와 같은 행위는 전체적으로 보아 아동·청소년성착취물을 배포하거나 공연히 전시한다는 구성요건을 충족한다.

[2] 아동·청소년의 성보호에 관한 법률 제11조 제5항은 "아동·청소년성착취물을 구입하거나 아동·청소년성착취물임을 알면서 이를 소지·시청한 자는 1년 이상의 징역에 처한다."라고 규정하고 있다. 여기서 '소지'란 아동·청소년성착취물을 자기가 지배할 수 있는 상태에 두고 지배관계를 지속시키는 행위를 말한다.
아동·청소년성착취물 파일을 구입하여 시청할 수 있는 상태 또는 접근할 수 있는 상태만으로 곧바로 이를 소지로 보는 것은 소지에 대한 문언 해석의 한계를 넘어서는 것이어서 허용될 수 없으므로, 피고인이 자신이 지배하지 않는 서버 등에 저장된 아동·청소년성착취물에 접근하였지만 위 성착취물을 다운로드하는 등 실제로 지배할 수 있는 상태로 나아가지는 않았다면 특별한 사정이 없는 한 아동·청소년성착취물을 '소지'한 것으로 평가하기는 어렵다(대판 2023.10.12. 2023도5757).

형법의 적용범위

★★★
12 다음 기술의 옳고 그름을 판단하라.

(1) 법령이 폐지된 경우 법령이 범죄로 정하여 처벌한 것이 부당하였다거나 과형이 과중하였다는 반성적 고려에 따라 변경된 것인지 여부를 따져 형법 제1조 제2항과 형사소송법 제326조 제4호가 적용된다. O | X

(2) 유효기간이 명시된 법령을 포함하여 법령의 폐지 시 종전 법령이 범죄로 정하여 처벌한 것이 부당하였다거나 과형이 과중하였다는 반성적 고려에 따라 변경된 것인지 여부를 따지지 않고 원칙적으로 형법 제1조 제2항과 형사소송법 제326조 제4호가 적용된다. O | X

(3) 해당 형벌 법규가 아닌 다른 법령이 변경된 경우에도 종전 법령이 범죄로 정하여 처벌한 것이 부당하였다거나 과형이 과중하였다는 반성적 고려에 따라 변경된 것인지 여부를 따지지 않고 형법 제1조 제2항과 형사소송법 제326조 제4호가 적용된다. O | X

(4) 법령이 개정 내지 폐지된 경우뿐만 아니라 스스로 유효기간을 구체적인 일자나 기간으로 특정하여 효력의 상실을 예정하고 있던 법령이 그 유효기간을 경과함으로써 더 이상 효력을 갖지 않게 된 경우도 형법 제1조 제2항과 형사소송법 제326조 제4호에서 말하는 법령의 변경에 해당한다. O | X

(5) 형벌법규가 법령보충적행정규칙이라면 형법 제1조 2항이 적용되지 않는다. O | X

판결요지

[1] **[다수의견]** i) 범죄 후 법률이 변경되어 그 행위가 범죄를 구성하지 아니하게 되거나 형이 구법보다 가벼워진 경우에는 신법에 따라야 하고(형법 제1조 제2항), 범죄 후의 법령 개폐로 형이 폐지되었을 때는 판결로써 면소의 선고를 하여야 한다(형사소송법 제326조 제4호). ii) 이러한 형법 제1조 제2항과 형사소송법 제326조 제4호의 규정은 입법자가 법령의 변경 이후에도 종전 법령 위반행위에 대한 형사처벌을 유지한다는 내용의 경과규정을 따로 두지 않는 한 그대로 적용되어야 한다.
따라서 iii) 범죄의 성립과 처벌에 관하여 규정한 형벌법규 자체 또는 그로부터 수권 내지 위임을 받은 법령의 변경에 따라 범죄를 구성하지 아니하게 되거나 형이 가벼워진 경우에는, 종전 법령이 범죄로 정하여 처벌한 것이 부당하였다거나 과형이 과중하였다는 반성적 고려에 따라 변경된 것인지 여부를 따지지 않고 원칙적으로 형법 제1조 제2항과 형사소송법 제326조 제4호가 적용된다. iv) 형벌

법규가 대통령령, 총리령, 부령과 같은 법규명령이 아닌 고시 등 행정규칙 · 행정명령, 조례 등(이하 '고시 등 규정'이라고 한다)에 구성요건의 일부를 수권 내지 위임한 경우에도 이러한 고시 등 규정이 위임입법의 한계를 벗어나지 않는 한 형벌법규와 결합하여 법령을 보충하는 기능을 하는 것이므로, 그 변경에 따라 범죄를 구성하지 아니하게 되거나 형이 가벼워졌다면 마찬가지로 형법 제1조 제2항과 형사소송법 제326조 제4호가 적용된다.

v) 그러나 해당 형벌법규 자체 또는 그로부터 수권 내지 위임을 받은 법령이 아닌 다른 법령이 변경된 경우 형법 제1조 제2항과 형사소송법 제326조 제4호를 적용하려면, 해당 형벌법규에 따른 범죄의 성립 및 처벌과 직접적으로 관련된 형사법적 관점의 변화를 주된 근거로 하는 법령의 변경에 해당하여야 하므로, 이와 관련이 없는 법령의 변경으로 인하여 해당 형벌법규의 가벌성에 영향을 미치게 되는 경우에는 형법 제1조 제2항과 형사소송법 제326조 제4호가 적용되지 않는다.

vi) 한편 법령이 개정 내지 폐지된 경우가 아니라, 스스로 유효기간을 구체적인 일자나 기간으로 특정하여 효력의 상실을 예정하고 있던 법령(저자 주 : 한시법)이 그 유효기간을 경과함으로써 더 이상 효력을 갖지 않게 된 경우도 형법 제1조 제2항과 형사소송법 제326조 제4호에서 말하는 법령의 변경에 해당한다고 볼 수 없다.

[사실관계] 피고인이 도로교통법 위반(음주운전)죄로 4회 처벌받은 전력이 있음에도 술에 취한 상태로 전동킥보드를 운전하였다고 하여 구 도로교통법위반(음주운전)으로 기소되었는데, 구 도로교통법이 개정되어 원심판결 선고 후인 개정 도로교통법이 시행되면서 제2조 제19호의2 및 제21호의2에서 전동킥보드와 같은 '개인형 이동장치'와 이를 포함하는 '자전거 등'에 관한 정의규정을 신설함에 따라 개인형 이동장치 음주운전 행위는 자동차 등 음주운전 행위를 처벌하는 제148조의2의 적용 대상에서 제외되는 한편 자전거 등 음주운전 행위를 처벌하는 제156조 제11호가 적용되어 법정형이 종전보다 가볍도록 법률이 변경되고 별도의 경과규정은 두지 않은 사안에서, 도로교통법 제44조 제1항 위반 전력이 있는 사람이 다시 술에 취한 상태로 전동킥보드를 운전한 행위는, 법률 개정 전에는 구 도로교통법 제148조의2 제1항이 적용되어 2년 이상 5년 이하의 징역이나 1천만 원 이상 2천만 원 이하의 벌금으로 처벌되었으나, 법률 개정 후에는 도로교통법 제156조 제11호가 적용되어 20만 원 이하의 벌금이나 구류 또는 과료로 처벌되게 되었고, 이러한 법률 개정은 구성요건을 규정한 형벌법규 자체의 개정에 따라 형이 가벼워진 경우에 해당함이 명백하므로, 종전 법령이 반성적 고려에 따라 변경된 것인지를 따지지 않고 형법 제1조 제2항에 따라 신법인 도로교통법 제156조 제11호, 제44조 제1항으로 처벌할 수 있을 뿐이라는 이유로, 행위시법인 구 도로교통법 제148조의2 제1항, 도로교통법 제44조 제1항을 적용하여 공소사실을 유죄로 인정한 원심판결은 더 이상 유지될 수 없다고 한 사례.

정답 | (1) ×, (2) ×, (3) ×, (4) ×, (5) ×

| 관련판례 | ★★

법무사인 피고인이 개인회생 · 파산사건 관련 법률사무를 위임받아 취급하여 변호사법위반으로 기소된 후 개인회생 · 파산사건 신청대리업무를 법무사의 업무로 추가하는 법무사법 개정이 이루어진 사안에서 대법원은 이 사건 법률 개정으로 제6호의 내용이 추가된 법무사법 제2조는 이 부분 공소사실의 해당 형벌법규인 변호사법 제109조 제1호 또는 그로부터 수권 내지 위임을 받은 법령이 아닌 별개의 다른 법령에 불과하고, 법무사의 업무범위에 관한 규정으로서 기본적으로 형사법과 무관한 행정적 규율에 관한 내용이므로, 이는 타법에서의 비형사적 규율의 변경이 문제된 형벌법규의 가벌성에 간접적인 영향을 미치는 경우에 해당할 뿐이어서, 원칙적으로 형법 제1조 제2항과 형사소송법 제326조 제4호의 적용 대상인 형사법적 관점의 변화에 근거한 법령의 변경에 해당한다고 볼 수 없다는 이유로, 원심이 반성적 고려를 기준으로 판단한 것은 잘못이나 결론적으로 형법 제1조 제2항과 형사소송법 제326조 제4호를 적용하지 아니하고 유죄로 인정한 것은 타당하다고 보아 상고를 기각함(대판 2023.2.23. 2022도6434).

→ 앞서 대법원 전원합의체 판결 2020도16420 판결의 판시사항 v)와 관련하여 해당 형벌법규 자체 또는 그로부터 수권 내지 위임을 받은 법령이 아닌 다른 법령의 변경으로 인한 형법 제1조 제2항과 형사소송법 제326조 제4호의 적용 여부가 문제된 사건

비교판례 구「특정범죄 가중처벌 등에 관한 법률」(2022. 12. 27. 법률 제19104호로 개정되기 전의 것, 이하 '구 특정범죄가중법'이라 한다) 제5조의3 제1항, 제5조의11 제1항은 음주 또는 약물의 영향으로 정상적인 운전이 곤란한 상태에서 도로교통법 제2조에 규정된 자동차 또는 원동기장치자전거를 운전하여 사람을 상해에 이르게 한 사람을 처벌하도록 규정하고 있다. 구 도로교통법(2020. 6. 9. 법률 제17371호로 개정되기 전의 것, 이하 '구 도로교통법'이라 한다) 제2조 제19호 나목은 '배기량 50씨씨 미만(전기를 동력으로 하는 경우에는 정격출력 0.59킬로와트 미만)의 원동기를 단 차(「자전거 이용 활성화에 관한 법률」 제2조 제1호의2에 따른 전기자전거는 제외한다)'를 원동기장치자전거 중 일부로 규정하였고, 이 사건 전동킥보드는 위 규정에 따라 원동기장치자전거에 해당하였다. 그런데 구 도로교통법이 2020. 6. 9. 법률 제17371호로 개정되어 이 사건 범행 이후인 2020. 12. 10. 개정 도로교통법이 시행되면서 제2조 제19호의2 및 제21호의2에서 이 사건 전동킥보드와 같은 "개인형 이동장치"와 이를 포함하는 "자전거 등"에 관한 정의 규정을 신설하였다. 이에 따라 개인형 이동장치는 개정 도로교통법 제2조 제21호의 "자동차 등"이 아닌 같은 조 제21호의2의 "자전거 등"에 해당하게 되었다. 그러나 개정 도로교통법 제2조 제19호의2는 "개인형 이동장치"란 제19호 나목의 원동기장치자전거 중 시속 25킬로미터 이상으로 운행할 경우 전동기가 작동하지 아니하고 차체 중량이 30킬로그램 미만인 것으로서 행정안전부령으로 정하는 것을 말한다고 규정함으로써 그 문언상 원동기장치자전거 내에 개인형 이동장치가 포함되어 있음을 알 수 있다. 또한 개정 도로교통법 제17조 제1항, 제50조 제3항 등 여러 규정을 보더라도 개인형 이동장치가 원동기장치자전거 내에 포함됨을 전제로 이를 위 각 규정의 적용대상에서 제외하는 방식을 취하고 있고, 개정 도로교통법 제13조의2, 제15조의2 등 기존의 자전거의 통행방법 등에 관한 규정에 개인형 이동장치까지 포함하도록 정하고 있다. 이러한 점을 고려하면 전동킥보드와 같은 개인형 이동장치는 원동기장치자전거와는 다른 별개의 개념이 아니라 원동기장치자전거에 포함되고, 다만, 개정 도로교통법은 통행방법 등에 관하여 개인형 이동장치를 자전거에 준하여 규율하면서 입법기술상의 편의를 위해 이를 "자전거 등"으로 분류하였다고 보는 것이 타당하다.

이러한 개정 도로교통법의 문언 · 내용 · 체계에다가 도로교통법 및 특정범죄가중법의 입법목적과 보호법익, 전동킥보드와 같은 개인형 이동장치에 대한 특정범죄가중법상의 규율 및 처벌의 필요성 등을 고려해 보면, 구 특정범죄가중법 제5조의11에서의 '원동기장치자전거'에는 전동킥보드와 같은 개인형 이동장치도 포함된다고 판단되고, 비록 개정도로교통법이 전동킥보드와 같은 개인형 이동장치에 관한 규정을 신설하면서 이를 "자동차 등"이 아닌 "자전거 등"으로 분류하였다고 하여 이를 형법 제1조 제2항의 '범죄 후 법률이 변경되어 그 행위가 범죄를 구성하지 아니하게 된 경우'라고 볼 수는 없다(대판 2023.6.29. 2022도13430).

[판례해설] 피고인이 운전한 '전동킥보드'가 개인형 이동장치로서 "원동기장치자전거"에 해당하므로 "전동킥보드의 운전자"는 여전히 특정범죄가중법위반(위험운전치상)죄의 주체에 해당한다.

행위의 주체

13 구 개인정보 보호법이 양벌규정에 의하여 처벌되는 개인정보처리자로는 '법인 또는 개인'만을 규정하고 있다고 하더라도 '법인격 없는 공공기관'을 위 양벌규정에 의하여 처벌할 수 있고, 이는 죄형법정주의의 원칙에 위반되지 않는다. **O | X**

판결요지

[1] 구 「개인정보 보호법」은 제2조 제5호, 제6호에서 공공기관 중 법인격이 없는 '중앙행정기관 및 그 소속 기관' 등을 개인정보처리자 중 하나로 규정하고 있으면서도, 양벌규정에 의하여 처벌되는 개인정보처리자로는 같은 법 제74조 제2항에서 '법인 또는 개인'만을 규정하고 있을 뿐이고, 법인격 없는 공공기관에 대하여도 위 양벌규정을 적용할 것인지 여부에 대하여는 명문의 규정을 두고 있지 않으므로, 죄형법정주의의 원칙상 '법인격 없는 공공기관'을 위 양벌규정에 의하여 처벌할 수 없고, 그 경우 행위자 역시 위 양벌규정으로 처벌할 수 없다고 봄이 타당하다.

[2] 사건 당시 피고인은 경찰청 소속기관인 ○○○○경찰서 소속 경찰공무원이었고, 피고인이 이용한 개인정보의 개인정보처리자는 경찰청으로서 법인격 없는 '중앙행정기관 또는 그 소속기관'에 해당한다고 할 것인바, 그와 같은 사정을 앞서 본 법리에 비추어 살펴보면, 피고인이 소속된 위 공공기관은 양벌규정에 의하여 처벌되는 개인정보처리자에 포함된다고 볼 수 없고, 따라서 피고인 역시 위 양벌규정에 의하여 처벌할 수 있는 행위자에 해당하지 않는다(대판 2021.10.28. 2020도1942). **정답 | X**

부작위범

★★
14 업무상배임죄는 타인과의 신뢰관계에서 일정한 임무에 따라 사무를 처리할 법적 의무가 있는 자가 그 상황에서 당연히 할 것이 법적으로 요구되는 행위를 하지 않는 부작위에 의해서도 성립할 수 있다. 그러한 부작위를 실행의 착수로 볼 수 있기 위해서는 작위의무가 이행되지 않으면 사무처리의 임무를 부여한 사람이 재산권을 행사할 수 없으리라고 객관적으로 예견되는 등으로 구성요건적 결과 발생의 위험이 구체화한 상황에서 부작위가 이루어져야 한다. **O | X**

판결요지

업무상배임죄는 타인의 사무를 처리하는 자가 업무상의 임무에 위배되는 행위로써 재산상의 이익을 취득하거나 제3자로 하여금 이를 취득하게 하여 그 타인에게 손해를 가한 때에 성립한다(형법 제356조, 제355조 제2항). 형법 제18조는 부작위범의 성립 요건에 관하여 "위험의 발생을 방지할 의무가 있거나 자기의 행위로 인하여 위험발생의 원인을 야기한 자가 그 위험발생을 방지하지 아니한 때에는 그 발생된 결과에 의하여 처벌한다."라고 정하고 있다.

업무상배임죄는 타인과의 신뢰관계에서 일정한 임무에 따라 사무를 처리할 법적 의무가 있는 자가 그 상황에서 당연히 할 것이 법적으로 요구되는 행위를 하지 않는 부작위에 의해서도 성립할 수 있다. 그러한 부작위를 실행의 착수로 볼 수 있기 위해서는 작위의무가 이행되지 않으면 사무처리의 임무를 부여한 사람이 재산권을 행사할 수 없으리라고 객관적으로 예견되는 등으로 구성요건적 결과 발생의 위험이 구체화한 상황에서 부작위가 이루어져야 한다. 그리고 행위자는 부작위 당시 자신에게 주어진 임무를 위반한다는 점과 그 부작위로 인해 손해가 발생할 위험이 있다는 점을 인식하였어야 한다(대판 2021.5.27. 2020도15529).

[판례해설] 피고인은 환지 방식에 의한 도시개발사업조합을 위해 환지계획수립 등 이 사건 사업의 진행에 필요한 전반적인 업무를 수행하던 사람이었다. 피고인은 환지예정지의 가치상승을 청산절차에 반영하여 적절한 청산금을 징수할 수 있도록 관련 법령에 따라 환지예정지에 대한 재감정 등의 조치를 할 업무상 의무가 있었으나, 조합이 환지예정지의 가치상승을 청산절차에 반영하지 못할 위험이 구체화한 상황에서 피고인이 그러한 작위의무를 위반하였다고 보기는 어렵다는 이유로, 피고인이 부작위로써 업무상배임죄의 실행에 착수하였다고 볼 수 없다고 한 사례이다. **정답 | O**

★★★
15 甲과 乙이 분리수거장 방향으로 담배꽁초를 던져 버리고 현장을 떠난 후 화재가 발생한 경우 甲과 乙의 행위 중 누구의 행위로 인하여 화재가 발생한 것인지 입증되지 아니한 이상 과실범의 미수에 해당하여 처벌할 수 없다. **O | X**

판결요지

[1] 형법이 금지하고 있는 법익침해의 결과발생을 방지할 법적인 작위의무를 지고 있는 자가 그 의무를 이행함으로써 결과발생을 쉽게 방지할 수 있는데도 결과발생을 용인하고 방관한 채 의무를 이행하지 아니한 것이 범죄의 실행행위로 평가될 만한 것이라면 부작위범으로 처벌할 수 있다. 실화죄에 있어서 공동의 과실이 경합되어 화재가 발생한 경우 적어도 각 과실이 화재의 발생에 대하여 하나의 조건이 된 이상은 그 공동적 원인을 제공한 사람들은 각자 실화죄의 책임을 면할 수 없다.

[2] 피고인들이 분리수거장 방향으로 담배꽁초를 던져 버리고 현장을 떠난 후 화재가 발생하여 각각 실화죄로 기소된 사안에서, 피고인들 각자 본인 및 상대방이 버린 담배꽁초 불씨가 살아 있는지를 확인하고 이를 완전히 제거하는 등 화재를 미리 방지할 주의의무가 있음에도 이를 게을리 한 채 만연히 현장을 떠난 과실이 인정되고 이러한 피고인들 각자의 과실이 경합하여 위 화재를 일으켰다고 보아, 피고인들 각자의 실화죄 책임을 인정한 원심판결을 수긍하는 한편, 원심판단 중 위 화재가 피고인들 중 누구의 행위에 의한 것인지 인정하기에 부족하다는 취지의 부분은 '피고인들 중 누구의 담배꽁초로 인하여 위 화재가 발생하였는지 인정할 증거가 부족하다.'는 의미로 선해할 수 있고, 이는 피고인들의 각 주의의무 위반과 위 화재의 발생 사이에 인과관계가 인정된다는 취지의 부가적 판단이므로, 이와 다른 전제에서 '원인행위가 불명이어서 피고인들은 실화죄의 미수로 불가벌에 해당하거나 적어도 피고인들 중 일방은 실화죄가 인정될 수 없다.'는 취지의 피고인들 주장은 받아들이기 어렵다고 한 사례(대판 2023.3.9. 2022도16120). **정답 | X**

인과관계와 객관적 귀속

16 마취통증의학과 의사인 피고인이 수술실에서 환자인 피해자 甲(73세)에게 마취시술을 시행한 다음 간호사 乙에게 환자의 감시를 맡기고 수술실을 이탈하였는데, 이후 甲에게 저혈압이 발생하고 혈압 회복과 저하가 반복됨에 따라 乙이 피고인을 수회 호출하자, 피고인은 수술실에 복귀하여 甲이 심정지 상태임을 확인하고 마취해독제 투여, 심폐소생술 등의 조치를 취하였으나, 甲이 심정지 등으로 사망에 이르게 된 경우 피고인의 업무상과실과 사망 사이에 인과관계가 인정되므로 업무상과실치사죄가 성립한다. **O | X**

판결요지

마취통증의학과 의사인 피고인이 수술실에서 환자인 피해자 甲(73세)에게 마취시술을 시행한 다음 간호사 乙에게 환자의 감시를 맡기고 수술실을 이탈하였는데, 이후 甲에게 저혈압이 발생하고 혈압 회복과 저하가 반복됨에 따라 乙이 피고인을 수회 호출하자, 피고인은 수술실에 복귀하여 甲이 심정지 상태임을 확인하고 마취해독제 투여, 심폐소생술 등의 조치를 취하였으나, 甲이 심정지 등으로 사망에 이르게 된 사안에서, 피고인이 甲에게 마취가 진행되는 동안 마취간호사도 아니고 마취간호 업무를 시작한 지 2~3개월밖에 안 된 乙에게 환자의 감시 업무를 맡긴 채 다른 수술실로 옮겨 다니며 다른 환자들에게 마취시술을 하고, 甲의 활력징후 감시장치 경보음을 들은 乙로부터 호출을 받고도 신속히 수술실로 가지 않고 휴식을 취하는 등 마취유지 중 환자감시 및 신속한 대응 업무를 소홀히 한 업무상과실이 있다고 본 원심판단은 정당하나, 한편 甲은 반복적인 혈압상승제 투여에도 불구하고 알 수 없는 원인으로 계속적으로 혈압 저하 증상을 보이다가 사망하였는데, 검사가 제출한 증거만으로는 피고인이 직접 甲을 관찰하거나 乙의 호출을 받고 신속히 수술실에 가서 대응하였다면 구체적으로 어떤 조치를 더 할 수 있는지, 그러한 조치를 **취하였다면** 甲이 심정지에 이르지 않았을 것인지 알기 어렵고, 甲에게 심정지가 발생하였을 때 피고인이 甲을 직접 관찰하고 있다가 심폐소생술 등의 조치를 **하였더라면** 甲이 사망하지 않았을 것이라는 점에 대한 증명도 부족하므로, 피고인의 업무상과실로 甲이 사망하게 되었다는 점이 합리적인 의심의 여지가 없을 정도로 증명되었다고 보기 어렵다는 이유로, 이와 달리 피고인의 업무상과실로 인하여 甲이 사망하였다고 보아 피고인에게 업무상과실치사죄를 인정한 원심판단에 의사의 업무상과실과 피해자의 사망 사이의 인과관계 증명 등에 관한 법리오해의 잘못이 있다고 한 사례(대판 2023.8.31. 2021도1833).

정답 I X

구성요건적 고의

★
17 전자금융거래법 제6조 제3항 제2호 위반죄(접근매체의 대여)가 성립하기 위하여 접근매체를 대여하는 자는 접근매체 대여에 대응하는 경제적 이익을 수수 · 요구 또는 약속하면서 접근매체를 대여한다는 인식을 가져야 한다. O | X

판결요지

[1] 전자금융거래법 제6조 제3항 제2호에서 정한 '접근매체의 대여'란 대가를 수수 · 요구 또는 약속하면서 일시적으로 다른 사람으로 하여금 접근매체 이용자의 관리 · 감독 없이 접근매체를 사용해서 전자금융거래를 할 수 있도록 접근매체를 빌려주는 행위를 말하고, 여기에서 '대가'란 접근매체의 대여에 대응하는 관계에 있는 경제적 이익을 말한다. 이때 접근매체를 대여하는 자는 접근매체 대여에 대응하는 경제적 이익을 수수 · 요구 또는 약속하면서 접근매체를 대여한다는 인식을 가져야 한다.
[2] 피고인은 대출금 및 이자를 지급하기 위해 필요하다는 성명불상자의 기망으로 체크카드를 교부한 사람으로서 대출의 대가로 접근매체를 대여했다거나 체크카드를 교부할 당시 그러한 인식을 하였다고 단정하기 어렵다(대판 2021.4.15. 2020도16468).

정답 I O

| 관련판례 |

전자금융거래법 제6조 제3항 제2호는 '대가를 수수 또는 약속하면서 접근매체를 보관하는 행위'를, 같은 항 제3호는 '범죄에 이용할 목적으로 접근매체를 보관하는 행위'를 금지하고, 같은 법 제49조 제4항 제2호는 이를 위반한 행위를 처벌하도록 규정하고 있다. 전자금융거래의 법률관계를 명확히 하여 전자금융거래의 안전성과 신뢰성을 확보하고자 하는 전자금융거래법의 입법 목적과 타인 명의 금융계좌가 전기통신금융사기 등 각종 범죄에 이용되는 것을 근절하고자 하는 전자금융거래법 제6조 제3항의 취지 등을 종합하여 보면, 위 규정 제2호에서 정한 접근매체의 '보관'은 타인 명의 금융계좌를 불법적으로 거래하거나 이용할 수 있도록 타인 명의 접근매체를 점유 또는 소지하는 행위를 말한다. 그리고 여기서 '대가'란 접근매체의 보관에 대응하는 관계에 있는 경제적 이익을 말하는데, 타인 명의 금융계좌를 불법적으로 이용하는 행위에 대하여 대가를 받기로 약속하고 그 불법적인 이용을 위하여 접근매체를 보관한 경우라면 접근매체의 보관에 대응하는 경제적 이익을 약속받은 것으로 볼 수 있다. 한편 전자금융거래법 제6조 제3항 제3호의 '범죄에 이용할 목적'은 이른바 '초과주관적 위법요소'로서, 그 목적에 대하여는 미필적 인식이 있으면 족하고 목적의 대상이 되는 범죄의 구체적인 내용까지 인식하여야 하는 것은 아니다. 그리고 이러한 목적은 본래 내심의 의사이므로 그 목적이 있는지는 접근매체를 보관하는 구성요건적 행위를 할 당시 피고인이 가지고 있던 주관적 인식을 기준으로 판단하면 되고, 거래 상대방이 접근매체를 범죄에 이용할 의사가 있었는지 또는 피고인이 인식한 것과 같은 범죄가 실행되었는지를 고려할 필요는 없다(대판 2023.1.12. 2021도10861).

위법성론

★
18 정당방위에서 '침해의 현재성'이란 침해행위가 형식적으로 기수에 이르렀는지에 따라 결정되는 것이 아니라 자기 또는 타인의 법익에 대한 침해상황이 종료되기 전까지를 의미하는 것이다.

O | X

판결요지

형법 제21조 제1항은 "현재의 부당한 침해로부터 자기 또는 타인의 법익을 방위하기 위하여 한 행위는 상당한 이유가 있는 경우에는 벌하지 아니한다."라고 규정하여 정당방위를 위법성조각사유로 인정하고 있다. 이때 '침해의 현재성'이란 침해행위가 형식적으로 기수에 이르렀는지에 따라 결정되는 것이 아니라 자기 또는 타인의 법익에 대한 침해상황이 종료되기 전까지를 의미하는 것이므로, 일련의 연속되는 행위로 인해 침해상황이 중단되지 아니하거나 일시 중단되더라도 추가 침해가 곧바로 발생할 객관적인 사유가 있는 경우에는 그중 일부 행위가 범죄의 기수에 이르렀더라도 전체적으로 침해상황이 종료되지 않은 것으로 볼 수 있다(대판 2023.4.27. 2020도6874).

[판례해설] 공소사실은 피고인이 2018. 3. 21. 주식회사 레이테크코리아(이하 '이 사건 회사'라 한다) 대표이사인 피고인 1이 피고인을 포함한 직원들의 항의를 무시하고 사무실 밖으로 빠져나가려 한다는 이유로, 사무실 현관까지 피해자를 따라가 양손으로 피해자의 어깨를 잡고 수회 흔들어 폭행하였다는 것이다. 그런데, 피고인 1(대표이사)은 공소외 2 등을 피해 사무실 출입구로 걸어가면서 출입구 앞에 앉아 있던 공소외 1의 옆구리를 1회 걷어차고, 오른쪽 허벅지를 1회 밟은 뒤, 공소외 2의 어깨를

손으로 밀었다. 그 과정에서 공소외 2가 넘어지고 피고인 1도 뒤엉켜 뒤로 넘어지면서 공소외 2를 깔고 앉게 되었다. 피고인을 비롯한 다수의 근로자들이 그 주변으로 몰려들었고, 공소외 2는 고통을 호소하며 비명을 질렀다. 그 직후 피고인 1이 그 자리에서 바로 일어나지 못하고 '내 몸에 손대지 마' 라고 소리를 지르는 상황에서, 피고인은 공소외 2를 깔고 앉아 있는 피고인 1의 어깨쪽 옷을 잡았고 다른 남성 근로자가 피고인 1을 일으켜 세우자 힘을 주어 피고인 1의 옷을 잡고 흔들었다. 이에 대하여 대법원은 위 사안에서 원심이 판단한 바와 같이 피고인 1이 이미 넘어진 후 피고인이 피고인 1의 옷을 잡았고 자리에서 일어난 이후에도 피고인 1의 어깨를 흔들었으므로 원심과 같이 가해행위가 이미 종료되었다고 볼 여지도 없는 것은 아니나 당시 피고인 1은 근로자들과 장기간 노사갈등으로 마찰이 격화된 상태에서 사무실 밖으로 나가기 위하여 좁은 공간에서 다수의 근로자들을 헤치거나 피하면서 앞쪽으로 움직이던 중 출입구 직전에서 공소외 2와 엉켜 넘어졌으므로 근로자들 중 일부인 공소외 1에 대한 가해행위만을 두고 침해상황의 종료를 판단하는 데에는 한계가 있다고 하여 침해의 현재성을 인정하였다.

정답 | O

19 여호와의 증인 신도로서 우울장애 등 기분장애 4급의 징병신체검사 결과에 따라 군사교육소집 대상자에서 제외된 피고인이 국가기관에서 사회복무요원으로 복무하던 중 종교적 신념을 이유로 통틀어 8일 이상 복무를 이탈하여 구 병역법 제89조의2 제1호 위반으로 기소된 사안에서, 병역법령 및 제반 사정을 종합하면, 피고인이 종교적 신념을 이유로 사회복무요원의 복무 이행을 거부하는 것은 구 병역법 제89조의2 제1호의 '정당한 사유'에 해당하지 않는다. O | X

판결요지

[1] 구 병역법 제89조의2 제1호는 "사회복무요원 또는 예술 · 체육요원으로서 정당한 사유 없이 통틀어 8일 이상 복무를 이탈하거나 해당 분야에 복무하지 아니한 사람은 3년 이하의 징역에 처한다."라고 규정한다(이하 '이 사건 조항'이라 한다). 이 사건 조항에서 정한 '정당한 사유'가 있는지를 판단할 때에는 병역법의 목적과 기능, 병역의무의 이행이 헌법을 비롯한 전체 법질서에서 가지는 위치, 사회적 현실과 시대적 상황의 변화 등은 물론 피고인이 처한 구체적이고 개별적인 사정도 고려해야 한다. 양심에 따른 병역거부, 이른바 '양심적 병역거부'는 종교적 · 윤리적 · 도덕적 · 철학적 또는 이와 유사한 동기에서 형성된 양심상 결정을 이유로 집총이나 군사훈련을 수반하는 병역의무의 이행을 거부하는 행위를 말한다. 진정한 양심적 병역거부자에게 집총이나 군사훈련을 수반하는 병역의무의 이행을 강제하고 그 불이행을 처벌하는 것은 양심의 자유에 대한 과도한 제한이 되거나 본질적 내용에 대한 위협이 된다. 양심적 병역거부자에게 병역의무의 이행을 일률적으로 강제하고 그 불이행에 대하여 형사처벌 등 제재를 하는 것은 양심의 자유를 비롯한 헌법상 기본권 보장체계와 전체 법질서에 비추어 타당하지 않을 뿐만 아니라 소수자에 대한 관용과 포용이라는 자유민주주의 정신에도 위배된다. 따라서 진정한 양심에 따른 병역거부라면, 이는 병역법 제88조 제1항의 '정당한 사유'에 해당한다(대판(전) 2018.11.1. 2016도10912 참조). 이러한 법리는 이 사건 조항에서 정한 '정당한 사유'가 있는지를 판단할 때에도 적용될 수 있다.

[2] 피고인이 종교적 신념을 이유로 사회복무요원의 복무 이행을 거부하는 것은 구 병역법 제89조의2 제1호의 '정당한 사유'에 해당하지 않는다는 이유로, 이와 달리 판단하여 피고인에게 무죄를 선고한 환송 후 원심판결에 위 조항에서 정한 '정당한 사유'의 해석에 관한 법리 등을 오해한 잘못이 있다고 한 사례(대판 2023.3.16. 2020도15554).

정답 | O

20 노동조합법 및 헌법 제33조 제1항이 노동3권을 기본권으로 보장한 취지 등을 고려하면, 연장근로의 집단적 거부와 같이 사용자의 업무를 저해함과 동시에 근로자들의 권리행사로서의 성격을 아울러 가지는 행위가 노동조합법상 쟁의행위에 해당하는지는 해당 사업장의 단체협약이나 취업규칙의 내용, 연장근로를 할 것인지에 대한 근로자들의 동의 방식 등 근로관계를 둘러싼 여러 관행과 사정을 종합적으로 고려하여 엄격하게 제한적으로 판단하여야 한다. 이는 휴일근로 거부의 경우도 마찬가지이다. **O | X**

판결요지

(대판 2022.6.9. 2016도11744)

정답 | O

21 성충동약물치료법은 약물치료를 받아야 하는 사람이 정당한 사유 없이 준수사항을 위반한 때에는 3년 이하의 징역 또는 1천만 원 이하의 벌금에 처한다."라고 규정하고 있는데, 여기서 정당한 사유는 책임조각사유에 해당한다. **O | X**

판결요지

성충동약물치료법 제10조 제1항 제1호는 성충동 약물치료 명령을 받은 사람은 치료기간 동안 보호관찰관의 지시에 따라 성실히 약물치료에 응하여야 한다고 규정하고, 제35조 제2항은 "이 법에 따른 약물치료를 받아야 하는 사람이 정당한 사유 없이 제10조 제1항 각호의 준수사항을 위반한 때에는 3년 이하의 징역 또는 1천만 원 이하의 벌금에 처한다."라고 규정한다. 정당한 사유는 구성요건해당성을 조각하는 사유로, 정당한 사유가 없다는 사실을 검사가 증명하여야 하고, 이는 형법상 위법성조각사유인 정당행위나 책임조각사유인 기대불가능성과는 구별된다(대판 2021.8.19. 2020도16111).

정답 | X

★
22 법률 위반 행위 중간에 일시적으로 판례에 따라 그 행위가 처벌대상이 되지 않는 것으로 해석되었던 적이 있었다고 하더라도 그것만으로 자신의 행위가 처벌되지 않는 것으로 믿은 데에 정당한 이유가 있다. **O | X**

판결요지

법률 위반 행위 중간에 일시적으로 판례에 따라 그 행위가 처벌대상이 되지 않는 것으로 해석되었던 적이 있었다고 하더라도 그것만으로 자신의 행위가 처벌되지 않는 것으로 믿은 데에 정당한 이유가 있다고 할 수 없다(대판 2021.11.25. 2021도10903).

[사실관계] 피고인들이 이 사건 사이트를 운영하던 도중에 대법원 2015.3.12. 선고 2012도13748 판결이 선고되었지만, 이 판결은 대법원 2021.9.9. 선고 2017도19025 전원합의체판결로 변경되었다.

정답 | X

★
23 입주자대표회의 회장인 피고인이 정당한 소집권자인 회장의 동의나 승인 없이 위법하게 게시된 이 사건 공고문을 발견하고 이를 제거하는 방법으로 손괴한 조치는, 정당행위에 해당한다. **O | X**

판결요지

甲 아파트 입주자대표회의 회장인 피고인이 자신의 승인 없이 동대표들이 관리소장과 함께 게시한 입주자대표회의 소집공고문을 뜯어내 제거함으로써 그 효용을 해하였다고 하여 재물손괴로 기소된 사안에서, 피고인이 위 공고문을 손괴한 조치는, 그에 선행하는 위법한 공고문 작성 및 게시에 따른 위법상태의 구체적 실현이 임박한 상황하에서 그 위법성을 바로잡기 위한 것으로 사회통념상 허용되는 범위를 크게 넘어서지 않는 행위로 볼 수 있다(대판 2021.12.30. 2021도9680). **정답 | O**

24 근로자의 쟁의행위가 형법상 정당행위가 되기 위하여는 첫째, 그 주체가 단체교섭의 주체로 될 수 있는 자이어야 하고, 둘째, 그 목적이 근로조건의 향상을 위한 노사간의 자치적 교섭을 조성하는 데에 있어야 하며, 셋째, 사용자가 근로자의 근로조건 개선에 관한 구체적인 요구에 대하여 단체교섭을 거부하였을 때 개시하되 특별한 사정이 없는 한 조합원의 찬성결정 등 법령이 규정한 절차를 거쳐야 하고, 넷째, 그 수단과 방법이 사용자의 재산권과 조화를 이루어야 함은 물론 폭력의 행사에 해당되지 아니하여야 한다는 여러 조건을 모두 구비하여야 한다. 이러한 기준은 쟁의행위의 목적을 알리는 등 적법한 쟁의행위에 통상 수반되는 부수적 행위가 형법상 정당행위에 해당하는지 여부를 판단할 때에도 동일하게 적용된다. **O | X**

판결요지

(대판 2022.10.27. 2019도10516) **정답 | O**

★★
25 사회상규에 의한 정당행위를 인정하려면, 첫째 그 행위의 동기나 목적의 정당성, 둘째 행위의 수단이나 방법의 상당성, 셋째 보호이익과 침해이익과의 법익균형성, 넷째 긴급성, 다섯째로 그 행위 외에 다른 수단이나 방법이 없다는 보충성 등의 요건을 갖추어야 하는데, 행위의 긴급성과 보충성은 수단의 상당성을 판단할 때 고려요소의 하나로 참작하여야 하고 이를 넘어 독립적인 요건으로 요구할 것은 아니며 그 내용 역시 다른 실효성 있는 적법한 수단이 없는 경우를 의미하고 '일체의 법률적인 적법한 수단이 존재하지 않을 것'을 의미하는 것은 아니라고 보아야 한다. **O | X**

판결요지

[1] 형법 제20조는 '사회상규에 위배되지 아니하는 행위'를 정당행위로서 위법성이 조각되는 사유로 규정하고 있다. 위 규정에 따라 사회상규에 의한 정당행위를 인정하려면, 첫째 그 행위의 동기나 목적의 정당성, 둘째 행위의 수단이나 방법의 상당성, 셋째 보호이익과 침해이익과의 법익균형성, 넷째 긴급성, 다섯째로 그 행위 외에 다른 수단이나 방법이 없다는 보충성 등의 요건을 갖추어야 하는데, 위 '목적·동기', '수단', '법익균형', '긴급성', '보충성'은 불가분적으로 연관되어 하나의 행위를 이루는 요소들로 종합적으로 평가되어야 한다.

'목적의 정당성'과 '수단의 상당성' 요건은 행위의 측면에서 사회상규의 판단 기준이 된다. 사회상규에 위배되지 아니하는 행위로 평가되려면 행위의 동기와 목적을 고려하여 그것이 법질서의 정신이나 사회윤리에 비추어 용인될 수 있어야 한다. 수단의 상당성 · 적합성도 고려되어야 한다. 또한 보호이익과 침해이익 사이의 법익균형은 결과의 측면에서 사회상규에 위배되는지를 판단하기 위한 기준이다. 이에 비하여 행위의 긴급성과 보충성은 수단의 상당성을 판단할 때 고려요소의 하나로 참작하여야 하고 이를 넘어 독립적인 요건으로 요구할 것은 아니다. 또한 그 내용 역시 다른 실효성 있는 적법한 수단이 없는 경우를 의미하고 '일체의 법률적인 적법한 수단이 존재하지 않을 것'을 의미하는 것은 아니라고 보아야 한다.

[2] 甲 대학교는 학교법인의 전 이사장 乙이 부정입학과 관련된 금품수수 등의 혐의로 구속되었다가 甲 대학교 총장으로 선임됨에 따라 학내 갈등을 빚던 중, 총학생회 간부인 피고인들이 총장 乙과의 면담을 요구하면서 총장실 입구에서 진입을 시도하거나, 교무위원회 회의실에 들어가 총장의 사퇴를 요구하면서 이를 막는 학교 교직원들과 실랑이를 벌임으로써 위력으로 업무를 방해하였다는 내용으로 기소된 사안에서, 행위의 목적 및 경위 등에 비추어 보면, 피고인들이 분쟁의 중심에 있는 乙을 직접 찾아가 면담하는 이외에는 다른 방도가 없다는 판단 아래 乙과 면담을 추진하는 과정에서 피고인들을 막아서는 사람들과 길지 않은 시간 동안 실랑이를 벌인 것은 사회상규에 위배되지 아니하는 정당행위에 해당한다고 한 사례(대판 2023.5.18. 2017도2760).❶ **정답 | O**

★★
26

갑은 관장 을이 운영하는 복싱클럽에 회원등록을 하였던 자로서 등록을 취소하는 문제로 을로부터 질책을 들은 다음 약 1시간이 지난 후 다시 복싱클럽을 찾아와 을에게 항의하는 과정에서 을이 갑의 멱살을 잡아당기거나 바닥에 넘어뜨린 후 목을 조르는 등 을과 갑이 뒤엉켜 몸싸움을 벌였는데, 코치인 피고인이 이를 지켜보던 중 갑이 왼손을 주머니에 넣어 불상의 물건을 꺼내 움켜쥐자 갑의 왼손 주먹을 강제로 펴게 함으로써 갑에게 약 4주간의 치료가 필요한 손가락 골절상을 입힌 경우 피고인에게는 상해죄가 성립한다. **O | X**

판결요지

① 을과 갑은 외형상 신체적 차이가 크지 않고, 당시 갑은 제압된 상태였더라도 상당한 정도의 물리력을 행사할 수 있는 능력이 있었을 뿐더러 그 직전까지도 을과 몸싸움을 하는 등 급박한 상황이 계속되고 있었으며, 몸싸움은 일시적 · 우발적으로 발생한 것이라기보다는 갑이 을에 대한 항의 내지 보복의 감정을 가진 상태에서 계획적 · 의도적으로 다시 찾아옴에 따라 발생하였고, 더구나 코치로서 관장과 회원 사이의 시비를 말리거나 더 커지는 것을 막아야 하는 위치에 있던 피고인의 입장에서, 둘 사이의 몸싸움이 격화되는 과정에서 갑이 왼손을 주머니에 넣어 특정한 물건을 움켜쥔 채 꺼내는 것을 목격하자, 이를 갑이 상대방의 생명 · 신체에 위해를 가하려는 것으로 충분히 오인할 만한 객관적인 정황이 있었던 점, ② 피고인은 일관하여 '갑이 호신용 작은 칼 같은 흉기를 꺼내는 것으로 오인하여 이를 확인하려고 하였다.'는 취지로 진술하였고, 갑 역시 수사과정에서 '피고인에게 상해의 의도가 있었다기보다는 손에 쥐고 있던 물건이 무엇인지 확인하기 위해서였다고 생각한다.'라고 같은 취지로 진술하였으며, 갑이 가지고 있던 '휴대용 녹음기'와 피고인이 착각하였다고 주장하는 '호신용 작은 칼'은 크기 · 길이 등 외형상 큰 차이가 없어 이를 쥔 상태의 주먹이나 손 모양만으로는 양자를

❶ 나아가 학습권 침해가 예정된 이상 긴급성이 인정되고, 피고인들이 선택할 수 있는 법률적 수단이 더 이상 존재하지 않는다거나 다른 구제절차를 모두 취해본 후에야 면담 추진 등이 가능하다고 할 것은 아니어서 보충성도 인정되며, 만약 긴급성 · 보충성이 별도로 갖추어지지 않았다고 보아 정당행위 성립을 부정한다면 일반적 · 보충적 위법성조각사유로서의 정당행위를 규정한 입법 취지 및 사회상규의 의미에 배치될 수 있다(대판 2023.5.18. 2017도2760).

구별하는 것이 쉽지 않았으므로, 당시 피고인은 갑의 주먹이나 손 모양만으로 그가 움켜쥔 물건이 무엇인지조차 알기 어려웠던 점, ③ 갑은 당시 왼손으로 휴대용 녹음기를 움켜쥔 상태에서 이를 활용함에 별다른 장애가 없었으므로, 만일 몸싸움을 하느라 신체적으로 뒤엉킨 상황에서 갑이 실제로 위험한 물건을 꺼내어 움켜쥐고 있었다면 그 자체로 을의 생명·신체에 관한 급박한 침해나 위험이 초래될 우려가 매우 높은 상황이었던 점, ④ 형법 제20조의 사회상규에 의한 정당행위를 인정하기 위한 요건들 중 행위의 '긴급성'과 '보충성'은 다른 실효성 있는 적법한 수단이 없는 경우를 의미하지 '일체의 법률적인 적법한 수단이 존재하지 않을 것'을 의미하지는 않는다는 판례 법리에 비추어, 피고인의 행위는 적어도 주관적으로는 그 정당성에 대한 인식하에 이루어진 것이라고 보기에 충분한 점 등을 종합하면, 피고인이 당시 죄가 되지 않는 것으로 오인한 것에 대해 '정당한 이유'를 부정하여 공소사실을 유죄로 인정한 원심판결에는 위법성조각사유의 전제사실에 관한 착오, 정당한 이유의 존부에 관한 법리오해의 잘못이 있다고 한 사례(대판 2023.11.2. 2023도10768).❷ **정답** | X

미수론

공범론

★★
27 구성요건상으로는 단독으로 실행할 수 있는 형식으로 되어 있는데 단지 구성요건이 대향범의 형태로 실행되는 경우에도 대향범에 관한 법리가 적용된다. O | X

판결요지

[1] 2인 이상의 서로 대향된 행위의 존재를 필요로 하는 대향범에 대하여 공범에 관한 형법 총칙 규정이 적용될 수 없다. 이러한 법리는 해당 처벌규정의 구성요건 자체에서 2인 이상의 서로 대향적 행위의 존재를 필요로 하는 필요적 공범인 대향범을 전제로 한다. 구성요건상으로는 단독으로 실행할 수 있는 형식으로 되어 있는데 단지 구성요건이 대향범의 형태로 실행되는 경우에도 대향범에 관한 법리가 적용된다고 볼 수는 없다.
[2] 마약류 불법거래 방지에 관한 특례법(이하 '마약거래방지법'이라 한다) 제7조 제1항은 '마약류범죄의 발견 또는 불법수익 등의 출처에 관한 수사를 방해하거나 불법수익 등의 몰수를 회피할 목적으로 불법수익 등의 성질, 소재, 출처 또는 귀속관계를 숨기거나 가장한 자'를 불법수익 등의 은닉 및 가장죄로 형사처벌하고 있다. 그중 '불법수익 등의 출처 또는 귀속관계를 숨기거나 가장'하는 행위는 불법수

---

❷ 이 법원이 적법하게 채택하여 조사한 증거에 의하면, 피고인은 피해자가 주머니에 손을 넣어 녹음기를 꺼내어 움켜쥐자 이를 위험한 물건으로 착각하여 이를 빼앗기 위해 피해자의 주먹을 강제로 피게 하려다가 피해자에게 상해의 결과를 초래한 시실을 인정할 수 있고(공소사실 기재에 의하여도 인정), 이는 실제로는 정당방위의 전제사실 (정당화상황)이 충족되지 않는데도 위 전제사실이 있다고 오인하여 자기의 행위가 정 당방위(오상방위)에 해당한다고 보아 범행에 나아간 경우이므로 위법성조각사유의 전 제사실에 관한 착오에 해당한다고 보아야 한다.…(중략)…D가 피해자의 몸을 누르는 등 서로 근접해 있는 상태여서 D는 가장 중요한 법익이라 할 수 있는 사람의 생명 또는 신체의 완전성에 대하여 중대한 침해를 당할 위험에 처해있었고, 따라서 손을 펴라는 피고인의 요구를 거부하는 피해자로부터 강제로라도 흉기를 빼앗기 위해서는 피해자의 손을 강제로 펼치는 방법 외에 다른 수단이 없었다고 보이므로, 피고인이 위법성조각사유(정당방위)의 전제사실이 있는 것으로 오인한 데에 정당한 이유가 있었다고 보아야 하고, 따라서 형법 제16조에 의하여 피고인을 처벌할 수 없다고 할 것이다(서울북부지방법원 2022고단2161).

익 등을 정당하게 취득한 것처럼 취득 원인에 관한 사실을 숨기거나 가장하는 행위 또는 불법수익 등이 귀속되지 않은 것처럼 귀속에 관한 사실을 숨기거나 가장하는 행위를 뜻한다. 따라서 마약거래방지법 제7조 제1항에서 정한 '불법수익 등의 출처 또는 귀속관계를 숨기거나 가장하는 행위'는 처벌규정의 구성요건 자체에서 2인 이상의 서로 대향된 행위의 존재를 필요로 하지 않으므로 정범의 이러한 행위에 가담하는 행위에는 형법 총칙의 공범 규정이 적용된다(대판 2022.6.30. 2020도7866). **정답 I X**

★★
28

다음 기술의 옳고 그름을 판단하라.

(1) 공중송신권을 침해하는 게시물이나 그 게시물이 위치한 웹페이지 등에 연결되는 링크를 한 행위라도, 전송권(공중송신권) 침해행위의 구성요건인 '전송(공중송신)'에 해당하지 않기 때문에 전송권 침해가 성립하지 않는다. **O | X**

(2) 정범이 공중송신권을 침해하는 게시물을 인터넷 웹사이트 서버 등에 업로드하여 공중의 구성원이 개별적으로 선택한 시간과 장소에서 접근할 수 있도록 이용에 제공한 후 침해 게시물을 서버에서 삭제하는 등으로 게시를 철회하지 않는 경우, 정범의 범죄행위가 방조의 대상이 될 수 있다. **O | X**

(3) 공중송신권을 침해하는 게시물인 영상저작물에 연결되는 링크를 자신이 운영하는 사이트에 영리적·계속적으로 게시한 행위가 전송의 방법으로 공중송신권을 침해한 정범의 범죄를 방조한 행위에 해당한다. **O | X**

판결요지

[1] 공중송신권을 침해하는 게시물이나 그 게시물이 위치한 웹페이지 등(이하 통틀어 '침해 게시물 등'이라 한다)에 연결되는 링크를 한 행위라도, 전송권(공중송신권) 침해행위의 구성요건인 '전송(공중송신)'에 해당하지 않기 때문에 전송권 침해가 성립하지 않는다. 이는 대법원의 확립된 판례이다.
[2] 방조란 정범의 범죄 실현과 밀접한 관련이 있는 행위를 말한다. 방조범은 정범의 실행을 방조한다는 이른바 방조의 고의와 정범의 행위가 구성요건에 해당하는 행위인 점에 대한 정범의 고의가 있어야 한다. 방조범은 정범에 종속하여 성립하는 범죄이므로 방조행위와 정범의 범죄 실현 사이에는 인과관계가 필요하다. 방조범이 성립하려면 방조행위가 정범의 범죄 실현과 밀접한 관련이 있고 정범으로 하여금 구체적 위험을 실현시키거나 범죄 결과를 발생시킬 기회를 높이는 등으로 정범의 범죄 실현에 현실적인 기여를 하였다고 평가할 수 있어야 한다. 정범의 범죄 실현과 밀접한 관련이 없는 행위를 도와준 데 지나지 않는 경우에는 방조범이 성립하지 않는다.
[3] 링크 행위자가 정범이 공중송신권을 침해한다는 사실을 충분히 인식하면서 그러한 침해 게시물 등에 연결되는 링크를 인터넷 사이트에 영리적·계속적으로 게시하는 등으로 공중의 구성원이 개별적으로 선택한 시간과 장소에서 침해 게시물에 쉽게 접근할 수 있도록 하는 정도의 링크 행위를 한 경우에는 방조 요건을 충족하여 침해 게시물을 공중의 이용에 제공하는 정범의 범죄를 용이하게 하였다고 볼 수 있으므로 공중송신권 침해의 방조범이 성립할 수 있다. 이와 달리 저작권자의 공중송신권을 침해하는 웹페이지 등으로 링크를 하는 행위만으로는 어떠한 경우에도 공중송신권 침해의 방조행위에 해당하지 않는다는 취지로 판단한 종전 판례인 대법원 2015.3.12. 선고 2012도13748 판결 등은 이 판결의 견해에 배치되는 범위에서 이를 변경하기로 한다(대판(전) 2021.9.9. 2017도19025).
[사실관계] 피고인은 성명불상자들이 해외에 서버가 있는 동영상 공유사이트 등에 공중이 개별적으로 선택한 시간과 장소에서 접근하게 할 목적으로 저작권자의 영상저작물인 드라마·영화 등의 동영상을 임의로 업로드하고 계속하여 이를 게시하여 이용에 제공하고, 위 게시물에 접근한 이용자들이 이 사건 영상저작물을 클릭하면 개별적으로 송신이 이루어지게 하는 방법으로 저작권자의 전송권을

침해하고 있다는 사실을 알고 있었음에도 총 450회에 걸쳐, 자신이 개설하여 운영하면서 광고 수익을 얻는 이른바 '다시보기 링크 사이트' 게시판에 이 사건 영상저작물과 연결되는 링크를 게시하고, 이 사건 사이트를 이용하는 사람들이 제목 등으로 이 사건 영상저작물을 검색하여 게시된 링크를 찾을 수 있게 한 뒤 이들이 링크를 클릭하면 성명불상자들이 이용제공 중인 이 사건 영상저작물의 재생 준비화면으로 이동하여 개별적으로 송신이 이루어지게 하였다. 이로써 피고인은 영리를 목적으로 또는 상습으로 성명불상자들의 전송권 침해행위를 용이하게 하여 방조하였다.

정답 Ι (1) ○, (2) ○, (3) ○

| 관련판례 |

박사방 운영진이 음란물 배포 목적의 텔레그램 그룹(이하 '미션방'이라 한다)을 만들고 특정 시간대에 미션방 참여자들이 인터넷 포털사이트에 일제히 특정 검색어를 입력함으로써 실시간 급상승 검색어로 노출되도록 하는 이른바 '실검챌린지'를 지시하여 불특정 다수의 텔레그램 사용자들로 하여금 정해진 시간에 미션방에 참여하게 한 다음 특정 시점에 미션방에 피해자 甲(여, 18세)에 대한 음란물을 게시한 것과 관련하여, 피고인이 박사방 운영진의 지시에 따라 4회에 걸쳐 검색어를 입력하고 미션방과 박사방 관련 채널에 검색사실을 올려 인증함으로써 박사방 운영진에 의한 아동·청소년 이용 음란물 배포행위를 방조하였다는 내용으로 기소된 사안에서, 피고인이 미션방에 참여하여 박사방 운영진의 지시 및 공지 내용을 인식하였다거나 검색어 자체만으로 '아동·청소년 이용 음란물 배포'의 범죄행위를 위한 것임을 알았다고 보기 어려운 이상 방조의 고의는 물론 정범의 고의가 있었다고 단정하기 어렵고, 나아가 검색 경위 및 피고인의 검색 시점으로부터 약 21시간 내지 24시간이 지난 시점에서야 박사방 운영진이 아동·청소년 이용 음란물을 배포한 사정에 비추어, 박사방 운영진의 미션방에 적극 참여하여 그 지시에 따라 검색어 입력 및 인증을 한 경우가 아니라 당시 다양한 경로로 접하게 된 검색어를 입력하는 등의 행위는, 박사방의 운영진이 특정 검색어가 당시 화제가 되고 있음에 편승하여 이에 관심을 가진 사람을 미션방으로 유도하여 음란물 판매를 촉진하려는 의도로 시작한 실검챌린지 등에 단순히 이용된 것으로 볼 여지가 있고, 달리 피고인의 각 행위와 정범의 범죄실현 사이에 밀접한 관련성 등 인과관계를 인정하거나 피고인의 각 행위가 정범의 범죄 실현에 현실적인 기여를 하였다고 단정하기 어렵다는 이유로, 이와 달리 보아 공소사실을 유죄로 인정한 원심의 판단에 '방조'에 관한 법리오해 등의 잘못이 있다고 한 사례(대판 2023.10.18. 2022도15537).

29 도로교통법 위반(공동위험행위) 범행에서는 '2명 이상이 공동으로' 범행에 가담하는 것이 구성요건의 내용을 이루기 때문에 행위자의 고의의 내용으로서 '공동의사'가 필요하고, 위와 같은 공동의사는 반드시 위반행위에 관계된 운전자 전부 사이의 의사 연락이 필요한 것은 아니고 다른 사람에게 위해를 끼치거나 교통상의 위험을 발생하게 하는 것과 같은 사태의 발생을 예견하고 그 행위에 가담할 의사로 족하다. 또한 공동의사는 사전 공모뿐 아니라 현장에서의 공모에 의한 것도 포함된다.

O | X

판결요지

도로교통법 제46조 제1항은 "자동차 등의 운전자는 도로에서 2명 이상이 공동으로 2대 이상의 자동차 등을 정당한 사유 없이 앞뒤로 또는 좌우로 줄지어 통행하면서 다른 사람에게 위해를 끼치거나 교통상의 위험을 발생하게 하여서는 아니 된다."라고 규정하고 있고, 제150조 제1호에서는 이를 위반한 사람에 대한 처벌규정을 두고 있다. 도로교통법 제46조 제1항에서 말하는 '공동 위험행위'란 2인

이상인 자동차 등의 운전자가 공동으로 2대 이상의 자동차 등을 정당한 사유 없이 앞뒤로 또는 좌우로 줄지어 통행하면서 신호위반, 통행구분위반, 속도제한위반, 안전거리확보위반, 급제동 및 급발진, 앞지르기금지위반, 안전운전의무위반 등의 행위를 하여 다른 사람에게 위해를 주거나 교통상의 위험을 발생하게 하는 것으로, 2인 이상인 자동차 등의 운전자가 함께 2대 이상의 자동차 등으로 위의 각 행위 등을 하는 경우에는 단독으로 한 경우와 비교하여 다른 사람에 대한 위해나 교통상의 위험이 증가할 수 있고 집단심리에 의해 그 위해나 위험의 정도도 가중될 수 있기 때문에 이와 같은 공동위험행위를 금지하는 것이다. 위와 같은 도로교통법 위반(공동위험행위) 범행에서는 '2명 이상이 공동으로' 범행에 가담하는 것이 구성요건의 내용을 이루기 때문에 행위자의 고의의 내용으로서 '공동의사'가 필요하고, 위와 같은 공동의사는 반드시 위반행위에 관계된 운전자 전부 사이의 의사 연락이 필요한 것은 아니고 다른 사람에게 위해를 끼치거나 교통상의 위험을 발생하게 하는 것과 같은 사태의 발생을 예견하고 그 행위에 가담할 의사로 족하다. 또한 공동의사는 사전 공모뿐 아니라 현장에서의 공모에 의한 것도 포함된다(대판 2021.10.14. 2018도10327).

[사실관계] 피고인 甲이 평소 잘 알고 지내던 乙과 범행 당일 만나 함께 을왕리 해수욕장에 가기로 약속한 다음 서로 수회 전화통화를 주고받으며 각자 자동차를 운전하여 출발한 후 인천공항고속도로에서 합류하여 함께 주행하면서 여러 구간에서 앞뒤로 또는 좌우로 줄지어 제한속도를 현저히 초과하여 주행하였다는 내용의 공동 위험행위로 인한 도로교통법 위반의 공소사실로 기소된 사안에서, 피고인 甲과 乙의 관계, 공통된 출발지와 목적지 및 주행 경로, 주행 속도, 주행 방법, 당시의 도로 상황 등에 비추어 보면, 피고인 甲은 자신이 급가속을 하면서 속도제한을 위반하여 주행하면 함께 주행하던 乙도 이에 편승하여 자신을 따라올 것을 충분히 예견할 수 있었고 실제로 乙이 자신과 같이 속도제한을 위반하여 주행하고 있는 것을 인식하였다고 보이며, 乙 역시 앞서가는 피고인 甲의 행위를 인식하고서 이에 동참하여 위와 같은 행위를 하였다고 보이므로 피고인 甲과 乙에게는 공동위험행위에 관한 공동의사가 있었다고 보는 것이 타당하다.

정답 | O

★
30

구 아동학대처벌법 제4조, 제2조 제4호 (가)목 내지 (다)목은 '보호자에 의한 아동학대로서 형법 제257조 제1항(상해), 제260조 제1항(폭행), 제271조 제1항(유기), 제276조 제1항(체포, 감금) 등의 죄를 범한 사람이 아동을 사망에 이르게 한 때'에 '무기 또는 5년 이상의 징역'에 처하도록 규정하고 있는데, 이는 형법 제33조 본문의 '신분관계로 인하여 성립될 범죄'에 해당한다. O | X

판결요지

피해아동 甲의 친모인 피고인 乙이 자신과 연인관계인 피고인 丙과 공모하여 甲을 지속적으로 학대함으로써 사망에 이르게 하였다는 공소사실에 대하여 구 아동학대범죄의 처벌 등에 관한 특례법 제4조, 제2조 제4호 (가)목, 형법 제257조 제1항, 제30조를 적용법조로 공소가 제기된 사안에서, 구 아동학대범죄의 처벌 등에 관한 특례법 제4조, 제2조 제4호 (가)목 내지 (다)목은 보호자가 같은 법 제2조 제4호 (가)목 내지 (다)목에서 정한 아동학대범죄를 범하여 그 아동을 사망에 이르게 한 경우를 처벌하는 규정으로 형법 제33조 본문의 '신분관계로 인하여 성립될 범죄'에 해당하므로, 피고인 丙에 대해 형법 제33조 본문에 따라 구 아동학대범죄의 처벌 등에 관한 특례법 위반(아동학대치사)죄의 공동정범이 성립하고 같은 법 제4조에서 정한 형에 따라 과형이 이루어져야 한다는 이유로, 이와 달리 피고인 丙 대하여 형법 제33조 단서를 적용하여 형법 제259조 제1항의 상해치사죄에서 정한 형으로 처단한 원심판단에 법리오해의 위법이 있다(대판 2021.9.16. 2021도5000).

정답 | O

★★
31 피고인들 중 1인이 피해자를 폭행하고 나머지는 이를 휴대전화로 촬영하거나 지켜본 경우 폭력행위처벌법 제2조 제2항 제1호의 공동하여 피해자를 폭행한 때에 해당한다. O | X

판결요지

폭력행위 등 처벌에 관한 법률 제2조 제2항 제1호의 '2명 이상이 공동하여 폭행의 죄를 범한 때'란 수인 사이에 공범관계가 존재하고, 수인이 동일 장소에서 동일 기회에 상호 다른 자의 범행을 인식하고 이를 이용하여 폭행의 범행을 한 경우임을 요한다. 따라서 폭행 실행범과의 공모사실이 인정되더라도 그와 공동하여 범행에 가담하였거나 범행장소에 있었다고 인정되지 아니하는 경우에는 공동하여 죄를 범한 때에 해당하지 않고, 여러 사람이 공동하여 범행을 공모하였다면 그중 2인 이상이 범행장소에서 실제 범죄의 실행에 이르렀어야 나머지 공모자에게도 공모공동정범이 성립할 수 있을 뿐이다.
[사실관계] 원심은 이 사건 범행 전날 피고인 3은 '싸워서라도 돈을 받아내라', 피고인 2는 '무조건 고개를 낮추고 싸워', '영상으로 찍을 거니까 너가 이겨야 돼'라는 등의 말을 피고인 1에게 하였고, 범행 당일 피고인들 모두 피해자와의 싸움 현장에 나가 피고인 1이 직접 피해자를 폭행하자, 피고인 2는 그 모습을 휴대전화기로 촬영하고, 피고인 3은 이를 옆에서 지켜보았다는 제1심 인정 사실을 인용하면서, 피고인들이 폭력행위처벌법 제2조 제2항 제1호에 따라 공동하여 피해자를 폭행한 것이라고 판단하였다. 그러나 원심이 인정한 사실관계에 의하더라도, 피고인들 상호 간에 공동으로 피해자를 폭행하자는 공동가공의 의사로 공범관계의 성립에 이르렀다고 볼 수 없을 뿐만 아니라, 피고인 3, 피고인 2는 이 사건 현장에서 피고인 1의 폭행을 인식하고 이를 이용하여 피해자의 신체에 대한 유형력을 행사하는 폭행의 실행행위에 가담한 것이 아니라 단지 피고인 1이 피해자를 폭행하는 모습을 지켜보거나 이를 동영상으로 촬영하였다는 것에 불과하다. 따라서 피고인 1의 단독범행에 의한 폭행과 피고인 3, 피고인 2의 폭행 교사 또는 방조로 인한 죄책 유무는 별론으로 하고, 피고인들에게 2명 이상이 공동하여 피해자를 폭행한 경우 성립하는 폭력행위처벌법 위반(공동폭행)죄의 죄책을 물을 수는 없다(대판 2023.8.31. 2023도6355). **정답** I X

죄수론

★
32 다수의 피해자에 대하여 각각 기망행위를 하여 각 피해자로부터 재물을 편취한 경우에는 범의가 단일하고 범행방법이 동일하더라도 각 피해자의 피해법익은 독립한 것이므로 이를 포괄일죄로 파악할 수 없고 피해자별로 독립한 사기죄가 성립하나 피해자들의 피해법익이 동일하다고 볼 수 있는 사정이 있는 경우에는 이들에 대한 사기죄를 포괄하여 일죄로 볼 수 있다. O | X

판결요지

[1] 다수의 피해자에 대하여 각각 기망행위를 하여 각 피해자로부터 재물을 편취한 경우에는 범의가 단일하고 범행방법이 동일하더라도 각 피해자의 피해법익은 독립한 것이므로 이를 포괄일죄로 파악할 수 없고 피해자별로 독립한 사기죄가 성립된다. 다만 피해자들의 피해법익이 동일하다고 볼 수 있는 사정이 있는 경우에는 이들에 대한 사기죄를 포괄하여 일죄로 볼 수 있다.

[2] 피고인이 부부인 피해자 甲과 乙에게 '토지를 매수하여 분필한 후 이를 분양해서 원금 및 수익금을 지급하겠다.'면서 기망한 후, 이에 속아 피고인에게 투자하기 위해 공동재산인 건물을 매도하여 돈을 마련한 피해자들로부터 피해자 甲 명의 예금계좌에서 1억 원, 피해자 乙 명의 예금계좌에서 4억 7,500만 원, 합계 5억 7,500만 원을 송금받아 이를 편취하였다는 이유로 특정경제범죄 가중처벌 등에 관한 법률 위반(사기)죄로 기소된 사안에서, 각 피해자 명의의 예금계좌에 예치된 금전에 관한 권리는 특별한 사정이 없는 한 각 피해자에게 별도로 귀속되므로 민사상 권리 귀속관계의 면에서는 각 피해자가 피고인의 기망행위로 별도의 재산상 법익을 침해당하였다고 볼 수도 있으나, 포괄일죄를 판단하는 기준 중 하나인 피해법익의 동일성은 민사상 권리 귀속관계 외에 해당 사건에 나타난 다른 사정도 함께 고려하여 판단해야 하는데, 피고인의 피해자들에 대한 기망행위의 공통성, 기망행위에 이르게 된 경위, 재산 교부에 관한 의사결정의 공통성, 재산의 형성·유지 과정, 재산 교부의 목적 및 방법, 기망행위 이후의 정황 등 모든 사정을 고려하여 보면, 피해자들에 대한 사기죄의 피해법익이 동일하다고 평가될 수 있어 이들에 대한 사기죄가 포괄일죄를 구성한다고 한 사례(대판 2023.12.21. 2023도13514).❸

정답 I O

★★★
33

기망하여 취득한 신용카드를 사용한 경우 피해자가 피고인에게 신용카드 사용권한을 준 것으로 보이므로 비록 신용카드 사용대금에 대한 피고인의 편취행위가 인정된다고 하더라도 신용카드 부정사용이라고 할 수 없다. O | X

판결요지

[1] 법률을 해석할 때 입법취지와 목적, 제·개정 연혁, 법질서 전체와의 조화, 다른 법령과의 관계 등을 고려하는 체계적·논리적 해석 방법을 사용할 수 있으나, 문언 자체가 비교적 명확한 개념으로 구성되어 있다면 원칙적으로 이러한 해석 방법은 활용할 필요가 없거나 제한되어야 한다.

[2] 여신전문금융업법 제70조 제1항 제4호에서는 '강취·횡령하거나, 사람을 기망하거나 공갈하여 취득한 신용카드나 직불카드를 판매하거나 사용한 자'를 처벌하도록 규정하고 있는데, 여기에서 '사용'은 강취·횡령, 기망 또는 공갈로 취득한 신용카드나 직불카드를 진정한 카드로서 본래의 용법에 따라 사용하는 경우를 말한다. 그리고 '기망하거나 공갈하여 취득한 신용카드나 직불카드'는 문언상 '기망이나 공갈을 수단으로 하여 다른 사람으로부터 취득한 신용카드나 직불카드'라는 의미이므로, '신용카드나 직불카드의 소유자 또는 점유자를 기망하거나 공갈하여 그들의 자유로운 의사에 의하지 않고 점유가 배제되어 그들로부터 사실상 처분권을 취득한 신용카드나 직불카드'라고 해석되어야 한다(대판 2022.12.16. 2022도10629).

[판례해설] 피고인은 교도소에 수용 중인 피해자를 기망하여 2019. 2. 22. 이 사건 신용카드를 교부받은 뒤, 2019. 2. 26.부터 같은 해 3. 25.까지 약 1개월간 총 23회에 걸쳐 피고인의 의사에 따라 이 사건 신용카드를 사용하였으므로, 피해자는 피고인으로부터 기망당함으로써 피해자의 자유로운 의사에 의하지 않고 이 사건 신용카드에 대한 점유를 상실하였고, 피고인은 이 사건 신용카드에 대한 사실상 처분권을 취득하였다고 보아야 한다. 따라서 이 사건 신용카드는 피고인이 이 사건 신용카드의 소유자인 피해자를 기망하여 취득한 신용카드에 해당하고, 이를 사용한 피고인의 행위는 기망하여 취득한 신용카드 사용으로 인한 여신전문금융업법 위반죄에 해당한다.❹

정답 I X

---

❸ 앞서 본 법리에 비추어 피해법익의 동일성을 판단하는 것이지 부부를 기망하였다고 하여 항상 포괄일죄가 성립하는 것은 아님에 유의하여야 한다.

❹ 원심은, 기망하여 취득한 신용카드 사용으로 인한 여신전문금융업법 위반죄는 신용카드 자체를 기망하여 취득한 후 소유자 또는 점유자의 의사에 의하지 않고 신용카드를 사용한 경우에 인정된다고 전제한 뒤, 판시와 같은 사정에 의하여 인정되는

| 비교판례 |

1 예금주인 현금카드 소유자를 협박하여 그 카드를 갈취하였고, 하자 있는 의사표시이기는 하지만 피해자의 승낙에 의하여 현금카드를 사용할 권한을 부여받아 이를 이용하여 현금을 인출한 이상, 피해자가 그 승낙의 의사표시를 취소하기까지는 현금카드를 적법, 유효하게 사용할 수 있고, 은행의 경우에도 피해자의 지급정지 신청이 없는 한 피해자의 의사에 따라 그의 계산으로 적법하게 예금을 지급할 수밖에 없는 것이므로, 피고인이 피해자로부터 현금카드를 사용한 예금인출의 승낙을 받고 현금카드를 교부받은 행위와 이를 사용하여 현금자동지급기에서 예금을 여러 번 인출한 행위들은 모두 피해자의 예금을 갈취하고자 하는 피고인의 단일하고 계속된 범의 아래에서 이루어진 일련의 행위로서 포괄하여 하나의 공갈죄를 구성한다고 볼 것이지, 현금지급기에서 피해자의 예금을 취득한 행위를 현금지급기 관리자의 의사에 반하여 그가 점유하고 있는 현금을 절취한 것이라 하여 이를 현금카드 갈취행위와 분리하여 따로 절도죄로 처단할 수는 없다(대판 1996.9.20. 95도1728).

2 예금주인 현금카드 소유자로부터 그 카드를 편취하여, 비록 하자 있는 의사표시이기는 하지만 현금카드 소유자의 승낙에 의하여 사용권한을 부여받은 이상, 그 소유자가 승낙의 의사표시를 취소하기까지는 현금카드를 적법, 유효하게 사용할 수 있으며, 은행 등 금융기관은 현금카드 소유자의 지급정지 신청이 없는 한 카드 소유자의 의사에 따라 그의 계산으로 적법하게 예금을 지급할 수밖에 없는 것이므로, 피고인이 현금카드의 소유자로부터 현금카드를 사용한 예금인출의 승낙을 받고 현금카드를 교부받은 행위와 이를 사용하여 현금자동지급기에서 예금을 여러 번 인출한 행위들은 모두 현금카드 소유자의 예금을 편취하고자 하는 피고인의 단일하고 계속된 범의 아래에서 이루어진 일련의 행위로서 포괄하여 하나의 사기죄를 구성한다고 볼 것이지, 현금자동지급기에서 카드 소유자의 예금을 인출, 취득한 행위를 현금자동지급기 관리자의 의사에 반하여 그가 점유하고 있는 현금을 절취한 것이라 하여 이를 현금카드 편취행위와 분리하여 따로 절도죄로 처단할 수는 없다(대판 2005.9.30. 2005도5869).

3 강도죄는 공갈죄와는 달리 피해자의 반항을 억압할 정도로 강력한 정도의 폭행 · 협박을 수단으로 재물을 탈취하여야 성립하므로, 피해자로부터 현금카드를 강취하였다고 인정되는 경우에는 피해자로부터 현금카드의 사용에 관한 승낙의 의사표시가 있었다고 볼 여지가 없다. 따라서 강취한 현금카드를 사용하여 현금자동지급기에서 예금을 인출한 행위는 피해자의 승낙에 기한 것이라고 할 수 없으므로, 현금자동지급기 관리자의 의사에 반하여 그의 지배를 배제하고 그 현금을 자기의 지배하에 옮겨 놓는 것이 되어서 강도죄와는 별도로 절도죄를 구성한다고 할 것이다(대판 2007.5.10. 2007도1375).

4 강취한 신용카드를 가지고 자신이 그 신용카드의 정당한 소지인인양 가맹점의 점주를 속이고 그에 속은 점주로부터 주류 등을 제공받아 이를 취득한 것이라면 신용카드부정사용죄와 별도로 사기죄가 성립한다(대판 1997.1.21. 96도2715).

5 [1] 여신전문금융업법 제70조 제1항 제4호에 의하면, "강취 · 횡령하거나 사람을 기망 · 공갈하여 취득한 신용카드 또는 직불카드를 판매하거나 사용한 자"에 대하여 "7년 이하의 징역 또는 5천만원 이하의 벌금에 처한다"고 규정하고 있는 바, 여기서 강취, 횡령, 기망 또는 공갈로 취득한 신용카드는 소유자 또는 점유자의 의사에 기하지 않고, 그의 점유를 이탈하거나 그의 의사에 반하여 점유가 배제된 신용카드를 가리킨다.

피고인의 신용카드 사용 동기 및 경위에 비추어 보면 피해자가 피고인에게 신용카드 사용권한을 준 것으로 보이므로 비록 신용카드 사용대금에 대한 피고인의 편취행위가 인정된다고 하더라도 신용카드 부정사용이라고 할 수 없다고 보아, 이 부분 공소사실을 무죄로 판단하였다.

[2] 유흥주점 업주가 과다한 술값 청구에 항의하는 피해자들을 폭행 또는 협박하여 피해자들로부터 일정 금액을 지급받기로 합의한 다음, 피해자들이 결제하라고 건네준 신용카드로 합의에 따라 현금서비스를 받거나 물품을 구입한 경우, 신용카드에 대한 피해자들의 점유가 피해자들의 의사에 기하지 않고 이탈하였거나 배제되었다고 보기 어려워 여신전문금융업법상의 신용카드 부정사용에 해당하지 않는다(대판 2006.7.6. 2006도654).

★★
34 같은 날 무면허운전 행위를 여러 차례 반복한 경우라도 그 범의의 단일성 내지 계속성이 인정되지 않거나 범행 방법 등이 동일하지 않은 경우 각 무면허운전 범행은 실체적 경합 관계에 있다고 볼 수 있으나, 그와 같은 특별한 사정이 없다면 각 무면허운전 행위는 통틀어 포괄일죄에 해당한다.

O | X

판결요지

무면허운전으로 인한 도로교통법 위반죄에 관해서는 어느 날에 운전을 시작하여 다음 날까지 동일한 기회에 일련의 과정에서 계속 운전을 한 경우 등 특별한 경우를 제외하고는 사회통념상 운전한 날을 기준으로 운전한 날마다 1개의 운전행위가 있다고 보는 것이 상당하므로 운전한 날마다 무면허운전으로 인한 도로교통법 위반의 1죄가 성립한다고 보아야 한다. 한편 같은 날 무면허운전 행위를 여러 차례 반복한 경우라도 그 범의의 단일성 내지 계속성이 인정되지 않거나 범행 방법 등이 동일하지 않은 경우 각 무면허운전 범행은 실체적 경합 관계에 있다고 볼 수 있으나, 그와 같은 특별한 사정이 없다면 각 무면허운전 행위는 동일 죄명에 해당하는 수 개의 동종 행위가 동일한 의사에 의하여 반복되거나 접속·연속하여 행하여진 것으로 봄이 상당하고 그로 인한 피해법익도 동일한 이상, 각 무면허운전 행위를 통틀어 포괄일죄로 처단하여야 한다(대판 2022.10.27. 2022도8806). 정답 I O

★★
35 범죄단체 등에 소속된 조직원이 저지른 폭력행위 등 처벌에 관한 법률(이하 '폭력행위처벌법'이라 한다) 위반(단체 등의 공동강요)죄 등의 개별적 범행과 폭력행위처벌법 위반(단체 등의 활동)죄는 범행의 목적이나 행위 등 측면에서 일부 중첩되는 부분이 있더라도, 일반적으로 구성요건을 달리하는 별개의 범죄로서 범행의 상대방, 범행 수단 내지 방법, 결과 등이 다를 뿐만 아니라 그 보호법익이 일치한다고 볼 수 없다. 또한 폭력행위처벌법 위반(단체 등의 구성·활동)죄와 위 개별적 범행은 특별한 사정이 없는 한 법률상 1개의 행위로 평가되는 경우로 보기 어려워 상상적 경합이 아닌 실체적 경합관계에 있다고 보아야 한다.

O | X

판결요지

(대판 2022.9.7. 2022도6993) 정답 I O

| 동지판례 |

피고인이 보이스피싱 사기 범죄단체에 가입한 후 사기범죄의 피해자들로부터 돈을 편취하는 등 그 구성원으로서 활동하였다는 내용의 공소사실이 유죄로 인정된 사안에서, 범죄단체 가입행위 또는 범죄단체 구성원으로서 활동하는 행위와 사기행위는 각각 별개의 범죄구성요건을 충족하는 독립된 행위이고 서로 보호법익도 달라 법조경합 관계로 목적된 범죄인 사기죄만 성립하는 것은 아니라고 본 원심판단을 수긍한 사례(대판 2017.10.26. 2017도8600).

| 비교판례 |

범죄단체의 구성이나 가입은 범죄행위의 실행 여부와 관계없이 범죄단체 구성원으로서의 활동을 예정하는 것이고, 범죄단체 구성원으로서의 활동은 범죄단체의 구성이나 가입을 당연히 전제로 하는 것이므로, 양자는 모두 범죄단체의 생성 및 존속 · 유지를 도모하는, 범죄행위에 대한 일련의 예비 · 음모 과정에 해당한다는 점에서 범의의 단일성과 계속성을 인정할 수 있을 뿐만 아니라 피해법익도 다르지 않다. 따라서 범죄단체를 구성하거나 이에 가입한 자가 더 나아가 구성원으로 활동하는 경우, 이는 포괄일죄의 관계에 있다(대판 2015.9.10. 2015도7081).

36 아동 · 청소년이용음란물을 제작한 자가 그 음란물을 소지하게 되는 경우 청소년성보호법 위반(음란물소지)죄는 청소년성보호법 위반(음란물제작 · 배포등)죄에 흡수되나, 아동 · 청소년이용음란물을 제작한 자가 제작에 수반된 소지행위를 벗어나 사회통념상 새로운 소지가 있었다고 평가할 수 있는 별도의 소지행위를 개시하였다면 이는 청소년성보호법 위반(음란물제작 · 배포등)죄와 별개의 청소년성보호법 위반(음란물소지)죄에 해당한다. O | X

판결요지

(대판 2021.7.8. 2021도2993) 정답 | O

★★
37 아직 판결을 받지 아니한 죄가 이미 판결이 확정된 죄와 동시에 판결할 수 없었던 경우에는 형법 제39조 제1항에 따라 동시에 판결할 경우와 형평을 고려하여 형을 선고하거나 그 형을 감경 또는 면제할 수 없다. O | X

판결요지

형법 제37조 후단 및 제39조 제1항의 문언, 입법 취지 등에 비추어 보면, 아직 판결을 받지 아니한 죄가 이미 판결이 확정된 죄와 동시에 판결할 수 없었던 경우에는 형법 제39조 제1항에 따라 동시에 판결할 경우와 형평을 고려하여 형을 선고하거나 그 형을 감경 또는 면제할 수 없다. 한편 공직선거법 제18조 제1항 제3호에서 '선거범'이란 공직선거법 제16장 벌칙에 규정된 죄와 국민투표법 위반의 죄를 범한 자를 말하는데(공직선거법 제18조 제2항), 공직선거법 제18조 제1항 제3호에 규정된 죄와 다른 죄의 경합범에 대하여는 이를 분리 선고하여야 한다(공직선거법 제18조 제3항 전단). 따라서 판결이 확정된 선거범죄와 확정되지 아니한 다른 죄는 동시에 판결할 수 없었던 경우에 해당하므로 형법 제39조 제1항에 따라 동시에 판결할 경우와의 형평을 고려하여 형을 선고하거나 그 형을 감경 또는 면제할 수 없다고 해석함이 타당하다(대판 2021.10.14. 2021도8719). 정답 | O

★
38

국가정보원 직원이 동일한 사안에 관한 일련의 직무집행 과정에서 단일하고 계속된 범의로 일정 기간 계속하여 저지른 직권남용행위에 대하여는 설령 그 상대방이 수인이라고 하더라도 포괄일죄가 성립할 수 있다. O | X

판결요지

[1] 동일 죄명에 해당하는 수 개의 행위를 단일하고 계속된 범의로 일정 기간 계속하여 행하고 그 피해법익도 동일한 경우에는 이들 각 행위를 통틀어 포괄일죄로 처단하여야 하고, 그 경우 공소시효는 최종의 범죄행위가 종료한 때로부터 진행한다.
[2] 형법상 직권남용권리행사방해죄는 국가기능의 공정한 행사라는 국가적 법익을 보호하는 데 주된 목적이 있고, 직권남용으로 인한 국가정보원법 위반죄도 마찬가지이다. 따라서 국가정보원 직원이 동일한 사안에 관한 일련의 직무집행 과정에서 단일하고 계속된 범의로 일정 기간 계속하여 저지른 직권남용행위에 대하여는 설령 그 상대방이 수인이라고 하더라도 포괄일죄가 성립할 수 있다고 봄이 타당하다. 다만 각 직권남용 범행이 포괄일죄가 되느냐 경합범이 되느냐에 따라 공소시효의 완성 여부, 기판력이 미치는 범위 등이 달라질 수 있으므로, 개별 사안에서 포괄일죄의 성립 여부는 직무집행 대상의 동일 여부, 범행의 태양과 동기, 각 범행 사이의 시간적 간격, 범의의 단절이나 갱신 여부 등을 세밀하게 살펴 판단하여야 한다.
[3] 직권남용권리행사방해죄(이하 '직권남용죄'라 한다)는 공무원이 일반적 직무권한에 속하는 사항에 관하여 직권의 행사에 가탁하여 실질적 · 구체적으로 위법 · 부당한 행위를 한 경우에 성립한다. 여기에서 말하는 '직권남용'이란 공무원이 일반적 직무권한에 속하는 사항에 관하여 그 권한을 위법 · 부당하게 행사하는 것, 즉 형식적, 외형적으로는 직무집행으로 보이나 그 실질은 정당한 권한 이외의 행위를 하는 경우를 의미한다. 어떠한 직무가 공무원의 일반적 직무권한에 속하는 사항이라고 하기 위해서는 그에 관한 법령상 근거가 필요하다. 법령상 근거는 반드시 명문의 규정만을 요구하는 것이 아니라 명문의 규정이 없더라도 법령과 제도를 종합적 · 실질적으로 살펴보아 그것이 해당 공무원의 직무권한에 속한다고 해석되고, 이것이 남용된 경우 상대방으로 하여금 사실상 의무 없는 일을 하게 하거나 권리를 방해하기에 충분한 것이라고 인정되는 경우에는 직권남용죄에서 말하는 일반적 직무권한에 포함된다. 직권의 '남용'에 해당하는지는 구체적인 직무행위의 목적, 그 행위가 당시의 상황에서 필요성이나 상당성이 있는 것이었는지 여부, 직권 행사가 허용되는 법령상의 요건을 충족했는지 등의 여러 요소를 고려하여 결정하여야 한다. 직권남용죄에서 말하는 '사람으로 하여금 의무 없는 일을 하게 한 때'란 공무원이 직권을 남용하여 다른 사람으로 하여금 법령상 의무 없는 일을 하게 한 때를 의미한다. 따라서 공무원이 자신의 직무권한에 속하는 사항에 관하여 실무 담당자로 하여금 그 직무집행을 보조하는 사실행위를 하도록 하더라도 이는 공무원 자신의 직무집행으로 귀결될 뿐이므로 원칙적으로 의무 없는 일을 하게 한 때에 해당한다고 할 수 없다. 그러나 직무집행의 기준과 절차가 법령에 구체적으로 명시되어 있고 실무 담당자에게도 직무집행의 기준을 적용하고 절차에 관여할 고유한 권한과 역할이 부여되어 있다면 실무 담당자로 하여금 그러한 기준과 절차를 위반하여 직무집행을 보조하게 한 경우에는 '의무 없는 일을 하게 한 때'에 해당한다. 공무원의 직무집행을 보조하는 실무 담당자에게 직무집행의 기준을 적용하고 절차에 관여할 고유한 권한과 역할이 부여되어 있는지 여부 및 공무원의 직권남용행위로 인하여 실무 담당자가 한 일이 그러한 기준이나 절차를 위반하여 한 것으로서 법령상 의무 없는 일인지 여부는 관련 법령 등의 내용에 따라 개별적으로 판단하여야 한다(대판 2021.3.11. 2020도12583).

정답 | O

★★
39 단일하고도 계속된 범의 아래 일정 기간 반복하여 일련의 뇌물수수 행위와 부정한 행위가 행하여졌고 그 뇌물수수 행위와 부정한 행위 사이에 인과관계가 인정되며 피해법익도 동일하다면, 최후의 부정한 행위 이후에 저질러진 뇌물수수 행위도 최후의 부정한 행위 이전의 뇌물수수 행위 및 부정한 행위와 함께 수뢰후부정처사죄의 포괄일죄로 처벌할 수 있다. O | X

판결요지

수뢰후부정처사죄를 정한 형법 제131조 제1항은 공무원 또는 중재인이 형법 제129조(수뢰, 사전수뢰) 및 제130조(제3자뇌물제공)의 죄를 범하여 부정한 행위를 하는 것을 구성요건으로 하고 있다. 여기에서 '형법 제129조 및 제130조의 죄를 범하여'란 반드시 뇌물수수 등의 행위가 완료된 이후에 부정한 행위가 이루어져야 함을 의미하는 것은 아니고, 결합범 또는 결과적 가중범 등에서의 기본행위와 마찬가지로 뇌물수수 등의 행위를 하는 중에 부정한 행위를 한 경우도 포함하는 것으로 보아야 한다. 따라서 단일하고도 계속된 범의 아래 일정 기간 반복하여 일련의 뇌물수수 행위와 부정한 행위가 행하여졌고 그 뇌물수수 행위와 부정한 행위 사이에 인과관계가 인정되며 피해법익도 동일하다면, 최후의 부정한 행위 이후에 저질러진 뇌물수수 행위도 최후의 부정한 행위 이전의 뇌물수수 행위 및 부정한 행위와 함께 수뢰후부정처사죄의 포괄일죄로 처벌함이 타당하다(대판 2021.2.4. 2020도12103). **정답** I O

★★★
40 임의적 감경의 경우에는 감경사유의 존재가 인정되더라도 법관이 형법 제55조 제1항에 따른 법률상 감경을 할 수도 있고 하지 않을 수도 있다. 나아가 임의적 감경사유의 존재가 인정되고 법관이 그에 따라 징역형에 대해 법률상 감경을 하는 이상 형법 제55조 제1항 제3호에 따라 상한과 하한을 모두 2분의 1로 감경한다. O | X

판결요지

[다수의견] 필요적 감경의 경우에는 감경사유의 존재가 인정되면 반드시 형법 제55조 제1항에 따른 법률상 감경을 하여야 함에 반해, 임의적 감경의 경우에는 감경사유의 존재가 인정되더라도 법관이 형법 제55조 제1항에 따른 법률상 감경을 할 수도 있고 하지 않을 수도 있다. 나아가 임의적 감경사유의 존재가 인정되고 법관이 그에 따라 징역형에 대해 법률상 감경을 하는 이상 형법 제55조 제1항 제3호에 따라 상한과 하한을 모두 2분의 1로 감경한다. 이러한 현재 판례와 실무의 해석은 여전히 타당하다. 구체적인 이유는 다음과 같다.

① 형법은 필요적 감경의 경우에는 문언상 형을 '감경한다.'라고 표현하고, 임의적 감경의 경우에는 작량감경과 마찬가지로 문언상 형을 '감경할 수 있다.'라고 표현하고 있다. '할 수 있다.'는 말은 어떠한 명제에 대한 가능성이나 일반적인 능력을 나타내는 말로서 '하지 않을 수도 있다.'는 의미를 포함한다. '할 수 있다.'는 문언의 의미에 비추어 보면 입법자는 임의적 감경의 경우 정황 등에 따라 형을 감경하거나 감경하지 않을 수 있도록 한 것이고 그 권한 내지 재량을 법관에게 부여한 것이다. 이러한 해석은 문언상 자연스러울 뿐만 아니라 일상의 언어 사용에 가까운 것으로 누구나 쉽게 이해할 수 있다. 법문과 입법자의 의사에 부합하는 이상, 죄형법정주의 원칙상 허용되지 않는 유추해석에 해당하지도 않는다. 한편 형법 제55조 제1항은 형벌의 종류에 따라 법률상 감경의 방법을 규정하고 있는데, 형법 제55조 제1항 제3호는 "유기징역 또는 유기금고를 감경할 때에는 그 형기의 2분의 1로 한다."라고 규정하고 있다. 이와 같이 유기징역형을 감경할 경우에는 '단기'나 '장기'의 어느 하나만 2분의 1로 감경하는 것이 아니라 '형기' 즉 법정형의 장기와 단기를 모두 2분의 1로 감경함을 의미한다는 것은 법문상 명확하다. 처단형은 선고형의 최종적인 기준이 되므로 그 범위는 법률에 따라서 엄격하게 정하여야 하

고, 별도의 명시적인 규정이 없는 이상 형법 제56조에서 열거하고 있는 가중·감경할 사유에 해당하지 않는 다른 성질의 감경사유를 인정할 수는 없다. 따라서 유기징역형에 대한 법률상 감경을 하면서 형법 제55조 제1항 제3호에서 정한 것과 같이 장기와 단기를 모두 2분의 1로 감경하는 것이 아닌 장기 또는 단기 중 어느 하나만을 2분의 1로 감경하는 방식이나 2분의 1보다 넓은 범위의 감경을 하는 방식 등은 죄형법정주의 원칙상 허용될 수 없다.

② 법률상 감경사유는 구성요건해당성, 위법성, 책임 등 범죄의 성립요건과 관련이 있거나 불법의 정도나 보호법익의 침해 정도 등과 관련 있는 사유들이 대부분이다. 입법자는 범죄의 성립 및 처벌과 관련된 중요한 사항들을 법률상 감경의 요건으로 정한 뒤 해당 요건이 범죄의 성립 또는 처벌 범위의 결정에 일반적으로 미치는 영향이나 중요성을 종합적으로 고려하여 필요적 감경, 임의적 감경으로 구별하여 규정하였다.

위와 같이 필요적 감경사유와 임의적 감경사유가 구별되어 규정되어 있는 취지를 고려하면 그 법률효과도 명확히 구별되어야 한다(대판(전) 2021.1.21. 2018도5475). **정답 | O**

41 여러 사람의 권리의 목적이 된 자기의 물건을 취거, 은닉 또는 손괴함으로써 그 여러 사람의 권리행사를 방해하였다면 권리자별로 각각 권리행사방해죄가 성립하고 각 죄는 서로 상상적 경합범의 관계에 있다. **O | X**

판결요지

(대판 2022.5.12. 2021도16876) **정답 | O**

★ **42** 유사수신행위를 한 자가 출자자에게 별도의 기망행위를 하여 유사수신행위로 조달받은 자금의 전부 또는 일부를 다시 투자받는 행위가 유사수신행위의 규제에 관한 법률 위반죄의 불가벌적 사후행위에 해당한다. **O | X**

판결요지

유사수신행위의 규제에 관한 법률(이하 '유사수신행위법'이라 한다) 제6조 제1항, 제3조를 위반한 행위는 그 자체가 사기행위에 해당한다거나 사기행위를 반드시 포함한다고 할 수 없고, 유사수신행위법 위반죄가 형법 제347조 제1항의 사기죄와 구성요건을 달리하는 별개의 범죄로서 서로 보호법익이 다른 이상, 유사수신행위를 한 자가 출자자에게 별도의 기망행위를 하여 유사수신행위로 조달받은 자금의 전부 또는 일부를 다시 투자받는 행위는 유사수신행위법 위반죄와 다른 새로운 보호법익을 침해하는 것으로서 유사수신행위법 위반죄의 불가벌적 사후행위가 되는 것이 아니라 별죄인 사기죄를 구성한다(대판 2023.11.16. 2023도12424). **정답 | X**

43 중대재해 처벌 등에 관한 법률 위반(산업재해치사)죄와 근로자 사망으로 인한 산업안전보건법 위반죄 및 업무상과실치사죄는 상호 간 사회관념상 1개의 행위가 수 개의 죄에 해당하는 경우로서 상상적 경합 관계에 있다. O | X

판결요지

(대판 2023.12.28. 2023도12316) 정답 I O

형벌론

44 휴대전화 내 전자기록의 몰수의 경우 휴대전화는 '범죄행위에 제공된 물건', 촬영되어 저장된 동영상은 휴대전화에 저장된 전자기록으로서 '범죄행위로 인하여 생긴 물건'에 각각 해당하고 이러한 경우 법원이 휴대전화를 몰수하지 않고 동영상만을 몰수하는 것도 가능하다. O | X

판결요지

구 형법(2020. 12. 8. 법률 제17571호로 개정되기 전의 것) 제48조 제1항 제1호의 '범죄행위에 제공한 물건'은 범죄의 실행행위 자체에 사용한 물건만 의미하는 것이 아니라 실행행위 착수 전 또는 실행행위 종료 후 행위에 사용한 물건 중 범죄행위의 수행에 실질적으로 기여하였다고 인정되는 물건까지도 포함한다. 한편 위 조항에 따른 몰수는 임의적인 것이어서 그 요건에 해당되더라도 실제로 이를 몰수할 것인지 여부는 법원의 재량에 맡겨져 있지만 형벌 일반에 적용되는 비례의 원칙에 따른 제한을 받는데, 몰수가 비례의 원칙에 위반되는 여부를 판단하기 위해서는, 몰수 대상 물건이 범죄 실행에 사용된 정도와 범위 및 범행에서의 중요성, 물건의 소유자가 범죄 실행에서 차지하는 역할과 책임의 정도, 범죄 실행으로 인한 법익 침해의 정도, 범죄 실행의 동기, 범죄로 얻은 수익, 물건 중 범죄 실행과 관련된 부분의 별도 분리 가능성, 물건의 실질적 가치와 범죄와의 상관성 및 균형성, 물건이 행위자에게 필요불가결한 것인지 여부, 몰수되지 아니할 경우 행위자가 그 물건을 이용하여 다시 동종 범죄를 실행할 위험성 유무 및 그 정도 등 제반 사정이 고려되어야 한다. 또한, 전자기록은 일정한 저장매체에 전자방식이나 자기방식에 의하여 저장된 기록으로서 저장매체를 매개로 존재하는 물건이므로 위 조항에 정한 사유가 있는 때에는 이를 몰수할 수 있는바, 가령 휴대전화의 동영상 촬영기능을 이용하여 피해자를 촬영한 행위 자체가 범죄에 해당하는 경우, 휴대전화는 '범죄행위에 제공된 물건', 촬영되어 저장된 동영상은 휴대전화에 저장된 전자기록으로서 '범죄행위로 인하여 생긴 물건'에 각각 해당하고 이러한 경우 법원이 휴대전화를 몰수하지 않고 동영상만을 몰수하는 것도 가능하다(대판 2024.1.4. 2021도5723). 정답 I O

★
45

피고인의 차명재산이라는 이유만으로 제3자 명의로 등기되어 있는 부동산에 관하여 피고인에 대한 추징판결을 곧바로 집행하는 것이 허용되지 않는다. O | X

판결요지

피고인의 차명재산이라는 이유만으로 제3자 명의로 등기되어 있는 부동산에 관하여 피고인에 대한 추징판결을 곧바로 집행하는 것은 허용되지 아니한다. 그 이유는 다음과 같다.
형사소송법은, 추징의 집행은 민사집행법의 집행에 관한 규정을 준용하거나 국세징수법에 따른 국세체납처분의 예에 따르도록 규정하고 있다(제477조). 따라서 추징의 집행은 민사집행법에 의한 집행이나 국세징수법에 따른 국세체납처분의 일반원칙에 따라 이루어져야 하는데, 민사집행법에 의한 집행이나 국세체납처분을 할 때에 '채무자가 사실상 소유하는 재산'이라는 이유로 제3자 명의로 등기되어 있는 부동산에 관하여 곧바로 집행이나 체납처분을 하는 것은 허용되지 않는다.
피고인이 범죄행위를 통하여 취득한 불법수익 등을 철저히 환수할 필요성이 크더라도 추징의 집행 역시 형의 집행이므로 법률에서 정한 절차에 따라야 하고, 피고인이 제3자 명의로 부동산을 은닉하고 있다면 적법한 절차를 통하여 피고인 명의로 그 등기를 회복한 후 추징판결을 집행하여야 한다(대결 2021.4.9. 2020모4058).

정답 | O

★
46

피고인이 범죄행위에 이용한 웹사이트 매각을 통해 취득한 대가는 형법 제48조에 따라 몰수 또는 추징할 수 있다. O | X

판결요지

[1] 형법 제48조 제1항은 '범죄행위로 인하여 생하였거나 이로 인하여 취득한 물건'으로서 범인 이외의 자의 소유에 속하지 아니하거나 범죄 후 범인 이외의 자가 정을 알면서 취득한 물건의 전부 또는 일부를 몰수할 수 있다고 규정하면서(제2호), 제2항에서는 제1항에 기재한 물건을 몰수하기 불능한 때에는 그 가액을 추징하도록 규정하고 있다. 이와 같이 형법 제48조는 몰수의 대상을 '물건'으로 한정하고 있다. 민법 제98조는 물건에 관하여 '유체물 및 전기 기타 관리할 수 있는 자연력'을 의미한다고 정의하는데, 형법이 민법이 정의한 '물건'과 다른 내용으로 '물건'의 개념을 정의하고 있다고 볼 만한 사정도 존재하지 아니한다.
[2] 피고인이 甲, 乙과 공모하여 정보통신망을 통하여 음란한 화상 또는 영상을 배포하고, 도박 사이트를 홍보하였다는 공소사실로 기소되었는데, 원심이 공소사실을 유죄로 인정하면서 피고인이 범죄행위에 이용한 웹사이트 매각을 통해 취득한 대가를 형법 제48조에 따라 추징한 사안에서, 위 웹사이트는 범죄행위에 제공된 무형의 재산에 해당할 뿐 형법 제48조 제1항 제2호에서 정한 '범죄행위로 인하여 생하였거나 이로 인하여 취득한 물건'에 해당하지 않으므로, 피고인이 위 웹사이트 매각을 통해 취득한 대가는 형법 제48조 제1항 제2호, 제2항이 규정한 추징의 대상에 해당하지 않는다(대판 2021.10.14. 2021도7168).

정답 | X

47 무기징역형 집행 중인 피고인이 다른 재소자들과 공모하여 피해자를 살해한 경우 사형의 선택 기준이나 다른 유사사건과의 일반적 양형의 균형상 피고인에 대하여 사형을 선고하는 것은 위법하다. O | X

판결요지

무기징역형 집행 중인 피고인이 다른 재소자들과 공모하여 피해자를 살해하였다고 기소된 사안에서, 피고인이 범행 당시 20대의 나이라는 사정은 종래부터 다수의 판례에서 사형 선고가 정당화되기 어려운 사정 중 하나로 밝혀온 점, 범행 당시 코로나바이러스감염증-19의 영향으로 교도소 수용자들의 밀집도가 더 높아지고 운동이 제한되었던 시기로, 위 범행이 교도소에서 저지른 범죄라는 점을 불리한 정상으로만 볼 것이 아니라, 교도소의 특성이 수용자들의 심리와 행동에 영향을 미칠 여지가 있음을 고려하고 특히 당시 교정기관이 예측할 수 없었던 상황으로 수용자들에 대한 관리·감독이 어려울 수 있었다는 점을 감안할 필요가 있는 점, 위 범행은 장기간 누적된 폭행으로 인한 것으로, 이러한 폭행은 개개의 행위 시마다 피해자를 살해하기 위한 확정적인 고의에 따른 것이라기보다는 피해자를 괴롭히려는 목적과 미필적인 고의하에 이루어진 것이어서, 피고인이 미필적 고의로 범행을 저질렀다는 점은 중요한 양형요소에 해당하고, 여기에 피고인이 살인 범행에 흉기나 위험한 물건을 사용하지 않은 것과 피해자가 한 사람에 그친 것 또한 중요한 사정으로 다른 유사사건에서의 양형과 그 형평성을 비교할 수 있는 점 등을 종합하면, 사형 선고로 피고인에게 미치는 영향의 중대성이 다른 형벌과 비교할 수 없고, 법원의 신중한 양형판단 필요성 또한 다른 형의 경우와 비교할 수 없이 높으므로, 사형의 선택기준이나 다른 유사사건과의 일반적 양형의 균형상 피고인에 대하여 사형을 선택한 원심판단에 법리오해 등의 위법이 있다고 한 사례(대판 2023.7.13. 2023도2043).

정답 | O

48 형의 실효 등에 관한 법률 제7조 제1항에서 정한 기간의 경과로 형이 실효된 경우, 그 전과는 특정범죄 가중처벌 등에 관한 법률 제5조의4 제5항에서 정한 "징역형을 받은 경우"에 해당하지 않는다. O | X

판결요지

형의 실효 등에 관한 법률(이하 '형실효법'이라고 한다) 제7조 제1항은 '수형인이 자격정지 이상의 형을 받음이 없이 형의 집행을 종료하거나 그 집행이 면제된 날부터 같은 항 각호에서 정한 기간이 경과한 때에는 그 형은 실효된다.'고 정하고, 같은 항 제2호에서 3년 이하의 징역·금고형의 경우는 그 기간을 5년으로 정하고 있다. 위 규정에 따라 형이 실효된 경우에는 형의 선고에 의한 법적 효과가 장래에 향하여 소멸되므로, 그 전과를 특정범죄 가중처벌 등에 관한 법률 제5조의4 제5항에서 정한 "징역형을 받은 경우"로 볼 수 없다. 한편 형실효법의 입법 취지에 비추어 보면, 2번 이상의 징역형을 받은 자가 자격정지 이상의 형을 받음이 없이 마지막 형의 집행을 종료한 날부터 위 법에서 정한 기간을 경과한 때에는 그 마지막 형에 앞서는 형도 모두 실효되는 것으로 보아야 한다(대판 2023.11.30. 2023도10699).

정답 | O

★★
49 특정범죄 가중처벌 등에 관한 법률(이하 '특정범죄가중법'이라 한다) 제5조의4 제5항은 "형법 제329조부터 제331조까지, 제333조부터 제336조까지 및 제340조 · 제362조의 죄 또는 그 미수죄로 세 번 이상 징역형을 받은 사람이 다시 이들 죄를 범하여 누범으로 처벌하는 경우에는 다음 각 호의 구분에 따라 가중처벌한다."라고 규정하고, 같은 항 제1호는 "형법 제329조부터 제331조까지의 죄(미수범을 포함한다)를 범한 경우에는 2년 이상 20년 이하의 징역에 처한다."라고 규정한다. 징역형의 집행유예를 선고한 판결이 확정된 후 선고의 실효 또는 취소 없이 유예기간을 경과함에 따라 형 선고의 효력이 소멸되어 그 확정판결이 특정범죄가중법 제5조의4 제5항에서 정한 "징역형"에 해당하지 않음에도, 위 확정판결에 적용된 형벌 규정에 대한 위헌결정 취지에 따른 재심판결에서 다시 징역형의 집행유예가 선고 · 확정된 후 유예기간이 경과되지 않은 경우라면, 특정범죄가중법 제5조의4 제5항의 입법 취지에 비추어 위 재심판결은 위 조항에서 정한 "징역형"에 포함되지 아니한다. O | X

판결요지

특정범죄 가중처벌 등에 관한 법률(이하 '특정범죄가중법'이라 한다) 제5조의4 제5항은 "형법 제329조부터 제331조까지, 제333조부터 제336조까지 및 제340조 · 제362조의 죄 또는 그 미수죄로 세 번 이상 징역형을 받은 사람이 다시 이들 죄를 범하여 누범으로 처벌하는 경우에는 다음 각호의 구분에 따라 가중처벌한다."라고 규정하고, 같은 항 제1호는 "형법 제329조부터 제331조까지의 죄(미수범을 포함한다)를 범한 경우에는 2년 이상 20년 이하의 징역에 처한다."라고 규정한다. 징역형의 집행유예를 선고한 판결이 확정된 후 선고의 실효 또는 취소 없이 유예기간을 경과함에 따라 형 선고의 효력이 소멸되어 그 확정판결이 특정범죄가중법 제5조의4 제5항에서 정한 "징역형"에 해당하지 않음에도, 위 확정판결에 적용된 형벌 규정에 대한 위헌결정 취지에 따른 재심판결에서 다시 징역형의 집행유예가 선고 · 확정된 후 유예기간이 경과되지 않은 경우라면, 특정범죄가중법 제5조의4 제5항의 입법 취지에 비추어 위 재심판결은 위 조항에서 정한 "징역형"에 포함되지 아니한다(대판 2022.7.28. 2020도13705).

[판례해설] 형의 집행을 유예하는 판결을 선고받아 선고의 실효 또는 취소 없이 유예기간을 도과함에 따라 특정범죄가중법 제5조의4 제5항의 구성요건인 "징역형"에 해당하지 않게 되었음에도, 그 확정판결에 적용된 형벌 규정에 대한 위헌결정에 따른 재심절차에서 다시 징역형의 집행유예가 선고되었다는 우연한 사정변경만으로 위 조항의 구성요건에 해당한다거나 그 입법 취지에 저촉되는 불법성 · 비난가능성이 새로 발생하였다고 볼 수는 없다. **정답** | O

| 관련판례 | – 누범가중 처벌규정인 특정범죄 가중처벌 등에 관한 법률 제5조의4 제5항의 제2호 중 '이들 죄를 범하여 누범으로 처벌하는 경우' 부분에서 '이들 죄'의 의미★

특정범죄 가중처벌 등에 관한 법률(이하 '특정범죄가중법'이라 한다) 제5조의4 제5항❺ 은 '형법 제329조부터 제331조까지, 제333조부터 제336조까지 및 제340조 · 제362조의 죄 또는 그 미수죄로 세 번 이상 징역형을 받은 사람이 다시 이들 죄를 범하여 누범으로 처벌하는 경우에는 다음 각호의 구분에 따라 가중처벌한다.'라고 규정하면서 제2호에서 '형법 제333조부터 제336조까지의 죄 및 제340조 제1항의 죄(미수범을 포함한다)를 범한 경우'에 가중처벌한다고 정하고 있다. 이러한 특정범죄가중법 제5조의4 제5항의 규정 취지는 같은 항 각호에서 정한 죄 가운데 동일한 호에서 정한 죄를 3회 이상 반복 범행하고, 다시 그 반복 범행한 죄와 동일한 호에서 정한 죄를 범하여 누범에 해당하는 경우에는 동일한 호에서 정한 법정형으로 처벌한다는 뜻으로 보아야 한다. 그러므로 특정범죄가중법 제5조의4 제5항 제2호 중 '이들 죄를 범하여 누범으로 처벌하는 경우' 부분에서 '이들 죄'라 함은, 앞의 범행과 동일한 범죄일 필요는 없으나, 특정범죄가중법 제5조의4 제5항 각호에 열거된 모든 죄가 아니라 앞의 범죄와 동종의 범죄, 즉 형법 제333조 내지 제336조의 죄 및 제340조 제1항의 죄 또는 그 미수죄를 의미한다(대판 2023.12.21. 2023도12852, 2023전도1442020).

50

부패재산몰수법 제6조 제1항, 제3조 제1항, 제2조 제3호에서 정한 몰수 · 추징의 원인이 되는 범죄사실은 공소제기된 범죄사실에 한정되고, '범죄피해재산'은 그 공소제기된 범죄사실 피해자로부터 취득한 재산 또는 그 재산의 보유 · 처분에 의하여 얻은 재산에 한정되며, 그 피해자의 피해회복이 심히 곤란하다고 인정되는 경우에만 몰수 · 추징이 허용된다고 보아야 한다. **O | X**

판결요지

피고인에 대하여 피해자 1명에 대한 사기죄로 기소된 사안에서, "부패재산몰수법에서 정한 몰수 · 추징의 원인이 되는 범죄사실은 기소된 범죄사실에 한정되고, '범죄피해재산'은 그 기소된 범죄사실 피해자로부터 취득한 재산 또는 그 재산의 보유 · 처분에 의하여 얻은 재산에 한정되며, 그 피해자의 피해회복이 심히 곤란하다고 인정되는 경우에만 몰수 · 추징이 허용된다"고 판단하고, 이와 달리 "기소되지 않은 범죄사실이라고 하더라도 '범죄피해재산'에 대한 몰수의 특례를 인정하고 있는 「부패재산의 몰수 및 회복에 관한 특례법」(이하 '부패재산몰수법')에서 정한 범죄사실로 취득한 돈이라고 인정된다면 몰수가 가능하다"고 판단한 원심 판결의 몰수 부분을 파기 · 환송함(대판 2022.11.17. 2022도8662).❻

정답 | O

---

❺ 제5조의4(상습 강도 · 절도죄 등의 가중처벌) ⑤ 형법 제329조부터 제331조까지, 제333조부터 제336조까지 및 제340조 · 제362조의 죄 또는 그 미수죄로 세 번 이상 징역형을 받은 사람이 다시 이들 죄를 범하여 누범(累犯)으로 처벌하는 경우에는 다음 각 호의 구분에 따라 가중처벌한다. 〈개정 2016. 1. 6.〉
1. 형법 제329조부터 제331조까지의 죄(미수범을 포함한다)를 범한 경우에는 2년 이상 20년 이하의 징역에 처한다.
2. 형법 제333조부터 제336조까지의 죄 및 제340조제1항의 죄(미수범을 포함한다)를 범한 경우에는 무기 또는 10년 이상의 징역에 처한다.
3. 형법 제362조의 죄를 범한 경우에는 2년 이상 20년 이하의 징역에 처한다.

❻ 대법원은 이 판결을 통해 특별법인 부패재산몰수법에 따른 몰수 · 추징에 있어서도 기소되지 않은 범죄피해재산은 몰수 · 추징의 대상의 되지 않는다는 점을 최초로 판시함.

제2편

형법각론

제1장 개인적 법익에 관한 죄
제2장 사회적 법익에 관한 죄
제3장 국가적 법익에 관한 죄

제2편 | 형법각론

제1장 개인적 법익에 관한 죄

상해와 폭행의 죄

01 특정범죄가중처벌등에관한법률 제5조의10의 '자동차'는 도로교통법상의 자동차를 의미하고 도로교통법상 원동기장치자전거는 '자동차'에 포함되지 않는다. O | X

판결요지

(대판 2022.4.28. 2022도1013) 정답 | O

유기와 학대의 죄

업무상과실치사상죄

★★
02 수련병원의 전문의와 전공의 등의 관계처럼 의료기관 내의 직책상 주된 의사의 지위에서 지휘·감독 관계에 있는 다른 의사에게 특정 의료행위를 위임하는 수직적 분업의 경우에는, 그 다른 의사에게 전적으로 위임된 경우에도 주된 의사는 언제나 자신이 주로 담당하는 환자에 대하여 다른 의사가 하는 의료행위의 내용이 적절한 것인지 여부를 확인하고 감독하여야 할 업무상 주의의무가 있고, 만약 의사가 이와 같은 업무상 주의의무를 소홀히 하여 환자에게 위해가 발생하였다면 주된 의사는 그에 대한 과실 책임을 면할 수 없다. O | X

판결요지

수련병원의 전문의와 전공의 등의 관계처럼 의료기관 내의 직책상 주된 의사의 지위에서 지휘·감독 관계에 있는 다른 의사에게 특정 의료행위를 위임하는 수직적 분업의 경우에는, 그 다른 의사에게 전적으로 위임된 것이 아닌 이상 주된 의사는 자신이 주로 담당하는 환자에 대하여 다른 의사가 하는 의료행위의 내용이 적절한 것인지 여부를 확인하고 감독하여야 할 업무상 주의의무가 있고, 만약 의사가 이와 같은 업무상 주의의무를 소홀히 하여 환자에게 위해가 발생하였다면 주된 의사는 그에 대한 과실 책임을 면할 수 없다. 이때 그 의료행위가 지휘·감독 관계에 있는 다른 의사에게 전적으로 위임된 것으로 볼 수 있는지 여부는 위임받은 의사의 자격 내지 자질과 평소 수행한 업무, 위임의 경위 및 당시 상황, 그 의료행위가 전문적인 의료영역 및 해당 의료기관의 의료 시스템 내에서 위임하에 이루어질 수 있는 성격의 것이고 실제로도 그와 같이 이루어져 왔는지 여부 등 여러 사정에 비추어 해당 의료행위가 위임을 통해 분담 가능한 내용의 것이고 실제로도 그에 관한 위임이 있었다면, 그 위임 당시 구체적인 상황하에서 위임의 합리성을 인정하기 어려운 사정이 존재하고 이를 인식하였거나 인식할 수 있었다고 볼 만한 다른 사정에 대한 증명이 없는 한, 위임한 의사는 위임받은 의사의 과실로 환자에게 발생한 결과에 대한 책임이 있다고 할 수 없다. 나아가, 의료행위에 앞서 환자에게 그로 인하여 발생할 수 있는 위험성 등을 구체적으로 설명하여야 하는 주체는 원칙적으로 주된 지위에서 진료하는 의사라 할 것이나 특별한 사정이 없는 한 다른 의사를 통한 설명으로도 충분하다. 따라서 이러한 경우 다른 의사에게 의료행위와 함께 그로 인하여 발생할 수 있는 위험성에 대한 설명까지 위임한 주된 지위의 의사의 주의의무 위반에 따른 책임을 인정하려면, 그 위임사실에도 불구하고 위임하는 의사와 위임받는 의사의 관계 및 지위, 위임하는 의료행위의 성격과 그 당시의 환자 상태 및 그에 대한 각자의 인식 내용, 위임받은 의사가 그 의료행위 수행에 필요한 경험과 능력을 보유하였는지 여부 등에 비추어 위임의 합리성을 인정하기 어려운 경우에 해당하여야 한다(대판 2022.12.1. 2022도1499).

정답 | X

★
03

의료행위와 환자에게 발생한 상해 · 사망 등 결과 사이에 인과관계가 인정되는 경우에도, 검사가 공소사실에 기재한 바와 같은 업무상과실로 평가할 수 있는 행위의 존재 또는 그 업무상과실의 내용을 구체적으로 증명하지 못하였다면, 의료행위로 인하여 환자에게 상해 · 사망 등 결과가 발생하였다는 사정만으로 의사의 업무상과실을 추정하거나 단순한 가능성 · 개연성 등 막연한 사정을 근거로 함부로 이를 인정할 수는 없다. **O | X**

판결요지

의료사고에서 의사의 과실을 인정하기 위해서는, 의사가 결과 발생을 예견할 수 있었음에도 이를 예견하지 못하였거나 결과 발생을 회피할 수 있었음에도 이를 회피하지 못하였는지 여부를 검토하여야 하고, 과실 유무를 판단할 때에는 같은 업무 · 직무에 종사하는 일반적 평균인의 주의 정도를 표준으로 하여 사고 당시의 일반적 의학의 수준과 의료 환경 및 조건, 의료행위의 특수성 등을 고려하여야 한다. 의료사고에서 의사의 과실과 결과 발생 사이에 인과관계를 인정하기 위해서는, 주의의무 위반이 없었더라면 그러한 결과가 발생하지 않았을 것임이 증명되어야 한다.
그러므로 의사에게 의료행위로 인한 업무상과실치사상죄를 인정하기 위해서는, 의료행위 과정에서 공소사실에 기재된 업무상과실의 존재는 물론 그러한 업무상과실로 인하여 환자에게 상해 · 사망 등 결과가 발생한 점에 대하여도 엄격한 증거에 따라 합리적 의심의 여지가 없을 정도로 증명이 이루어져야 한다. 설령 의료행위와 환자에게 발생한 상해 · 사망 등 결과 사이에 인과관계가 인정되는 경우에도, 검사가 공소사실에 기재한 바와 같은 업무상과실로 평가할 수 있는 행위의 존재 또는 그 업무상과실의 내용을 구체적으로 증명하지 못하였다면, 의료행위로 인하여 환자에게 상해 · 사망 등 결과가 발생하였다는 사정만으로 의사의 업무상과실을 추정하거나 단순한 가능성 · 개연성 등 막연한 사정을 근거로 함부로 이를 인정할 수는 없다(대판 2023.1.12. 2022도11163).

[사실관계] 피고인은 의사로서 환자인 피해자의 어깨부위에 주사를 시행하는 과정에서 손 · 주사기 · 환자의 피부를 충분히 소독하는 등 상당한 주의를 기울여 감염이 발생하지 않도록 해야 할 업무상 주의의무를 소홀히 하여, 주사부위에 메티실린 내성 황색포도상구균(MRSA)을 감염시켜 피해자에게 약 4주간의 치료가 필요한 우측 견관절, 극상근 및 극하근의 세균성 감염 등의 상해를 입게 하였다고 하여 업무상과실치상으로 기소되었다. 1심과 2심은 피고인의 맨손 주사 또는 알코올 솜 미사용 · 재사용 등의 사실이 인정되지는 않으나, 피고인이 시행한 주사치료와 피해자의 상해 사이에는 상당인과관계가 인정되고, 피고인의 시술과 피해자의 상해 발생 및 그 관련성, 시기 등의 사정을 종합하여, 공소사실을 유죄로 인정하였다. 그러나 대법원은 피고인이 시행한 주사치료로 인하여 피해자에게 상해가 발생하였다는 점은 어느 정도 인정되나, 공소사실에 기재된 바와 같이 주사치료 과정에서 피고인이 맨손으로 주사하였다거나 알코올 솜의 미사용 · 재사용, 오염된 주사기의 사용 등 비위생적 조치를 취한 사실에 대한 증명이 합리적 의심을 배제할 정도로 이루어졌다고 볼 수 없고, 달리 공소사실에 기재된 바와 같은 피고인의 업무상과실로 평가될 만한 행위의 존재나 업무상과실의 내용이 구체적으로 증명되었다고 보기도 어렵다는 이유로 사건을 파기환송하였다. **정답 | O**

협박죄

★ **04** 대표이사인 피해자의 경영실패에 따라 임금 체불, 사무실 임대료 체납 등으로 이 사건 회사의 존립이 위태로운 상황에서 피고인들을 포함하여 이 사건 회사에 최종적으로 잔류한 직원들과 투자금 상실의 위기에 놓인 주요 투자자들이 상호 공동의 이해관계 아래 그러한 사정을 공유한 후 대표이사에게 '사임제안서'를 전달한 경우 협박죄가 성립한다. **O | X**

판결요지

민사적 법률관계하에서 이해관계가 상충되는 당사자 사이에 권리의 실현 · 행사 과정에서 이루어진 상대방에 대한 불이익이나 해악의 고지가 일반적으로 보아 공포심을 일으킬 수 있는 정도로서 협박죄의 '협박'에 해당하는지 여부와 그것이 사회상규에 비추어 용인할 수 있는 정도를 넘어선 것인지 여부를 판단할 때에는, 행위자와 상대방의 관계 및 사회경제적 위상의 차이, 고지된 불이익이나 해악의 내용이 당시 상황에 비추어 이해관계가 대립되는 당사자의 권리 실현 · 행사의 내용으로 통상적으로 예견 · 수용할 수 있는 범위를 현저히 벗어난 정도에 이르렀는지, 해악의 고지 방법과 그로써 추구하는 목적 사이에 합리적 관련성이 존재하는지 등 여러 사정을 세심히 살펴보아야 한다(대판 2022.12.15. 2022도9187). **정답 | X**

05 빌라 아래층에 살던 피고인이 불상의 도구로 여러 차례 벽 또는 천장을 두드려 '쿵쿵' 소리를 내어 이를 위층에 살던 피해자의 의사에 반하여 피해자에게 도달하게 한 행위가 객관적으로 불안감 또는 공포심을 일으킬 정도로 평가되는 스토킹행위에 해당한다. **O | X**

판결요지

[1] 스토킹행위를 전제로 하는 스토킹범죄는 행위자의 어떠한 행위를 매개로 이를 인식한 상대방에게 불안감 또는 공포심을 일으킴으로써 그의 자유로운 의사결정의 자유 및 생활형성의 자유와 평온이 침해되는 것을 막고 이를 보호법익으로 하는 위험범이라고 볼 수 있으므로, 구 스토킹범죄의 처벌 등에 관한 법률(2023. 7. 11. 법률 제19518호로 개정되기 전의 것, 이하 '구 스토킹처벌법'이라 한다) 제2조 제1호❶ 각 목의 행위가 객관적 · 일반적으로 볼 때 이를 인식한 상대방에게 불안감 또는 공포심을 일으키기에 충분한 정도라고 평가될 수 있다면 현실적으로 상대방이 불안감 내지 공포심을 갖게 되었는지와 관계없이 '스토킹행위'에 해당하고, 나아가 그와 같은 일련의 스토킹행위가 지속되거나 반복되면 '스토킹범죄'가 성립한다. 이때 구 스토킹처벌법 제2조 제1호 각 목의 행위가 객관적 · 일반적으로 볼 때 상대방에게 불안감 또는 공포심을 일으키기에 충분한 정도인지는 행위자와 상대방의 관계 · 지위 · 성향, 행위에 이르게 된 경위, 행위 태양, 행위자와 상대방의 언동, 주변의 상황 등 행위 전후의 여러 사정을 종합하여 객관적으로 판단하여야 한다.

[2] 빌라 아래층에 살던 피고인이 불상의 도구로 여러 차례 벽 또는 천장을 두드려 '쿵쿵' 소리를 내어 이를 위층에 살던 피해자의 의사에 반하여 피해자에게 도달하게 하였다는 공소사실로 스토킹범죄의 처벌 등에 관한 법률 위반죄로 기소된 사안에서, 이웃 간 소음 등으로 인한 분쟁과정에서 위와 같은 행위가 발생하였다고 하여 곧바로 정당한 이유 없이 객관적 · 일반적으로 불안감 또는 공포심을 일으키는 '스토킹행위'에 해당한다고 단정할 수는 없으나, 피고인이 층간소음 기타 주변의 생활소음에 불만을 표시하며 수개월에 걸쳐 이웃들이 잠드는 시각인 늦은 밤부터 새벽 사이에 반복하여 도구로 벽을 치거나 음향기기를 트는 등으로 피해자를 비롯한 주변 이웃들에게 큰 소리가 전달되게 하였고, 피고인의 반복되는 행위로 다수의 이웃들은 수개월 내에 이사를 갈 수밖에 없었으며, 피고인은 이웃의 112 신고에 의하여 출동한 경찰관으로부터 주거지 문을 열어 줄 것을 요청받고도 대화 및 출입을 거부하였을 뿐만 아니라 주변 이웃들의 대화 시도를 거부하고 오히려 대화를 시도한 이웃을 스토킹 혐의로 고소하는 등 이웃 간의 분쟁을 합리적으로 해결하려 하기보다 이웃을 괴롭힐 의도로 위 행위를 한 것으로 보이는 점 등 피고인과 피해자의 관계, 구체적 행위 태양 및 경위, 피고인의 언동, 행위 전후의 여러 사정들에 비추어 보면, 피고인의 위 행위는 층간소음의 원인 확인이나 해결방안 모색 등을 위한 사회통념상 합리적 범위 내의 정당한 이유 있는 행위라고 볼 수 없고, 객관적 · 일반적으로 상대방에게 불안감 내지 공포심을 일으키기에 충분하며, 나아가 위와 같은 일련의 행위가 지속되거나 반복되었으므로 '스토킹범죄'를 구성한다고 본 원심판단을 정당하다고 한 사례(대판 2023.12.14. 2023도10313).❷

정답 | ○

---

❶ 제2조(정의) 이 법에서 사용하는 용어의 뜻은 다음과 같다.

1. "스토킹행위"란 상대방의 의사에 반(反)하여 정당한 이유 없이 상대방 또는 그의 동거인, 가족에 대하여 다음 각 목의 어느 하나에 해당하는 행위를 하여 상대방에게 불안감 또는 공포심을 일으키는 것을 말한다.
   가. 접근하거나 따라다니거나 진로를 막아서는 행위
   나. 주거, 직장, 학교, 그 밖에 일상적으로 생활하는 장소(이하 "주거등"이라 한다) 또는 그 부근에서 기다리거나 지켜보는 행위
   다. 우편 · 전화 · 팩스 또는 「정보통신망 이용촉진 및 정보보호 등에 관한 법률」 제2조제1항제1호의 정보통신망을 이용하여 물건이나 글 · 말 · 부호 · 음향 · 그림 · 영상 · 화상(이하 "물건등"이라 한다)을 도달하게 하는 행위
   라. 직접 또는 제3자를 통하여 물건등을 도달하게 하거나 주거등 또는 그 부근에 물건등을 두는 행위
   마. 주거등 또는 그 부근에 놓여져 있는 물건등을 훼손하는 행위
2. "스토킹범죄"란 지속적 또는 반복적으로 스토킹행위를 하는 것을 말한다.
3. "피해자"란 스토킹범죄로 직접적인 피해를 입은 사람을 말한다.
4. "피해자등"이란 피해자 및 스토킹행위의 상대방을 말한다.

❷ 스토킹범죄의 처벌 등에 관한 법률 위반죄에 해당하는 판례이지만 편의상 이곳에 실어두었다.

체포와 감금의 죄

강요죄

★★
06 피고인이 피해자로 하여금 주차장을 이용하지 못하게 할 의도로 공소외인 차량을 피해자 주택 대문 앞에 주차하였으나, 주차 당시 피고인과 피해자 사이에 물리적 접촉이 있거나 피고인이 피해자에게 어떠한 유형력을 행사했다고 볼만한 사정이 없다면 피고인의 행위로 피해자에게 주택 외부에 있던 피해자 차량을 주택 내부의 주차장에 출입시키지 못하는 불편이 발생하였다고 하더라도 강요죄는 성립하지 않는다. O | X

판결요지

[1] 강요죄는 폭행 또는 협박으로 사람의 권리행사를 방해하거나 의무 없는 일을 하게 하는 범죄이다(형법 제324조 제1항). 여기에서 폭행은 사람에 대한 직접적인 유형력의 행사뿐만 아니라 간접적인 유형력의 행사도 포함하며, 반드시 사람의 신체에 대한 것에 한정되지 않는다. 사람에 대한 간접적인 유형력의 행사를 강요죄의 폭행으로 평가하기 위해서는 피고인이 유형력을 행사한 의도와 방법, 피고인의 행위와 피해자의 근접성, 유형력이 행사된 객체와 피해자의 관계 등을 종합적으로 고려해야 한다.
[2] 피고인이 甲과 공모하여 甲 소유의 차량을 乙 소유 주택 대문 바로 앞부분에 주차하는 방법으로 乙이 차량을 주택 내부의 주차장에 출입시키지 못하게 함으로써 乙의 차량 운행에 관한 권리행사를 방해하였다는 내용으로 기소된 사안에서, 피고인은 乙로 하여금 주차장을 이용하지 못하게 할 의도로 甲 차량을 乙 주택 대문 앞에 주차하였으나, 주차 당시 피고인과 乙 사이에 물리적 접촉이 있거나 피고인이 乙에게 어떠한 유형력을 행사했다고 볼만한 사정이 없는 점, 피고인의 행위로 乙에게 주택 외부에 있던 乙 차량을 주택 내부의 주차장에 출입시키지 못하는 불편이 발생하였으나, 乙은 차량을 용법에 따라 정상적으로 사용할 수 있었던 점을 종합하면, 피고인이 乙을 폭행하여 차량 운행에 관한 권리행사를 방해하였다고 평가하기 어렵다(대판 2021.11.25. 2018도1346). 정답 | O

약취와 유인의 죄

★
07 피고인과 甲은 각각 한국과 프랑스에서 따로 살며 이혼소송 중인 부부로서 자녀인 피해아동 乙(만 5세)은 프랑스에서 甲과 함께 생활하였는데, 피고인이 乙을 면접교섭하기 위하여 그를 보호·양육하던 甲으로부터 乙을 인계받아 국내로 데려온 후 면접교섭 기간이 종료하였음에도 乙을 데려다주지 아니한 채 甲과 연락을 두절한 후 법원의 유아인도명령 등에도 불응하였다면, 미성년자약취죄가 성립한다. O | X

판결요지

[1] 형법 제287조의 미성년자약취죄의 구성요건요소로서 약취란 폭행, 협박 또는 불법적인 사실상의 힘을 수단으로 사용하여 피해자를 그 의사에 반하여 자유로운 생활관계 또는 보호관계로부터 이탈시켜 자기 또는 제3자의 사실상 지배하에 옮기는 행위를 의미하고, 구체적 사건에서 어떤 행위가 약취

에 해당하는지 여부는 행위의 목적과 의도, 행위 당시의 정황, 행위의 태양과 종류, 수단과 방법, 피해자의 상태 등 관련 사정을 종합하여 판단하여야 한다.

[2] 미성년자를 보호 · 감독하는 사람이라고 하더라도 다른 보호감독자의 보호 · 양육권을 침해하거나 자신의 보호 · 양육권을 남용하여 미성년자 본인의 이익을 침해하는 때에는 미성년자에 대한 약취죄의 주체가 될 수 있으므로, 부모가 이혼하였거나 별거하는 상황에서 미성년의 자녀를 부모의 일방이 평온하게 보호 · 양육하고 있는데, 상대방 부모가 폭행, 협박 또는 불법적인 사실상의 힘을 행사하여 그 보호 · 양육 상태를 깨뜨리고 자녀를 자기 또는 제3자의 사실상 지배하에 옮긴 경우 그와 같은 행위는 특별한 사정이 없는 한 미성년자에 대한 약취죄를 구성한다.

[3] 피고인은 乙을 향후 계속하여 보호 · 양육함으로써 기존의 자유로운 생활 및 보호관계로부터 이탈시켜 자신의 사실상 지배하에 두기 위한 목적으로 乙의 반환을 거부한 것으로 보이는 점, 乙은 당시 만 5세에 불과한 유아였고 乙이 돌아가야 하는 곳은 외국인 프랑스였으므로, 피고인이 작위의무를 이행하여 乙을 데려다주지 않으면 乙 스스로는 자유로운 생활 및 보호관계로부터의 이탈이라는 위협에 대처할 수 있는 능력이 없는 상태였던 점, 피고인은 장기간 프랑스 법원의 양육자 지정 결정뿐 아니라 국내 법원의 양육자 지정 및 유아인도 심판, 그 이행명령, 면접교섭 사전처분 등 각종 결정을 지속적으로 위반한 점 등의 여러 사정을 종합하면, 피고인의 행위는 불법적인 사실상의 힘을 수단으로 乙을 그 의사와 복리에 반하여 자유로운 생활 및 보호관계로부터 이탈시켜 자기의 사실상 지배하에 옮긴 적극적 행위와 형법적으로 같은 정도의 행위로 평가할 수 있으므로 형법 제287조 미성년자약취죄의 약취행위에 해당한다(대판 2021.9.9. 2019도16421).

정답 | O

강간과 추행의 죄

★★★
08 판례에 의할 때 다음 기술의 옳고 그름을 판단하라.

(1) 행위자가 간음의 목적으로 피해자에게 오인, 착각, 부지를 일으키고 피해자의 그러한 심적 상태를 이용하여 간음의 목적을 달성하였다면 위계와 간음행위 사이의 인과관계를 인정할 수 있고, 따라서 위계에 의한 간음죄가 성립한다. 피해자가 오인, 착각, 부지에 빠지게 되는 대상은 간음행위 자체일 수도 있고, 간음행위에 이르게 된 동기이거나 간음행위와 결부된 금전적 · 비금전적 대가와 같은 요소일 수도 있다. **O | X**

(2) 위계에 의한 간음죄가 보호대상으로 삼는 아동 · 청소년, 미성년자, 심신미약자, 피보호자 · 피감독자, 장애인 등의 성적 자기결정 능력은 그 나이, 성장과정, 환경, 지능 내지 정신기능 장애의 정도 등에 따라 개인별로 차이가 있으므로 간음행위와 인과관계가 있는 위계에 해당하는지 여부를 판단함에 있어서는 충분한 보호와 교육을 받은 또래의 시각에서 판단되어야 한다. **O | X**

판결요지 미성년자 등에 대한 '위계간음죄'에서 '위계'의 의미에 대한 판례변경

[1] 행위자가 간음의 목적으로 피해자에게 오인, 착각, 부지를 일으키고 피해자의 그러한 심적 상태를 이용하여 간음의 목적을 달성하였다면 위계와 간음행위 사이의 인과관계를 인정할 수 있고, 따라서 위계에 의한 간음죄가 성립한다. 피해자가 오인, 착각, 부지에 빠지게 되는 대상은 간음행위 자체일 수도 있고, 간음행위에 이르게 된 동기이거나 간음행위와 결부된 금전적 · 비금전적 대가와 같은 요소일 수도 있다.

[2] 다만 행위자의 위계적 언동이 존재하였다는 사정만으로 위계에 의한 간음죄가 성립하는 것은 아니므로 위계적 언동의 내용 중에 피해자가 성행위를 결심하게 된 중요한 동기를 이룰 만한 사정이 포함되어 있어 피해자의 자발적인 성적 자기결정권의 행사가 없었다고 평가할 수 있어야 한다. 이와 같은 인과관계를 판단함에 있어서는 피해자의 연령 및 행위자와의 관계, 범행에 이르게 된 경위, 범행 당시와 전후의 상황 등 여러 사정을 종합적으로 고려하여야 한다.

[3] 한편 위계에 의한 간음죄가 보호대상으로 삼는 아동·청소년, 미성년자, 심신미약자, 피보호자·피감독자, 장애인 등의 성적 자기결정 능력은 그 나이, 성장과정, 환경, 지능 내지 정신기능 장애의 정도 등에 따라 개인별로 차이가 있으므로 간음행위와 인과관계가 있는 위계에 해당하는지 여부를 판단함에 있어서는 구체적인 범행 상황에 놓인 피해자의 입장과 관점이 충분히 고려되어야 하고, 일반적·평균적 판단능력을 갖춘 성인 또는 충분한 보호와 교육을 받은 또래의 시각에서 인과관계를 쉽사리 부정하여서는 안 된다(대판(전) 2020.8.27. 2015도9436).

[판례해설] 위와 같은 판례변경으로 피고인이 피해자를 여관으로 유인하기 위하여 남자를 소개시켜 주겠다고 거짓말을 하고 피해자가 이에 속아 여관으로 오게 되었고 거기에서 성관계를 하게 되었다 할지라도, 그녀가 여관으로 온 행위와 성교행위 사이에는 불가분의 관련성이 인정되지 아니하는 만큼 이로 인하여 피해자가 간음행위 자체에 대한 착오에 빠졌다거나 이를 알지 못하였다고 할 수는 없다 할 것이어서, 피고인의 위 행위는 형법 제302조 소정의 위계에 의한 심신미약자간음죄에 있어서 위계에 해당하지 아니한다(대판 2002.7.12. 2002도2029)는 기존의 판례 등의 법리와 결론은 유지될 수 없게 되었다.

정답 | (1) ○, (2) X

| 관련판례 |

1 피고인이 랜덤채팅 애플리케이션을 통해 알게 된 피해자(여, 15세)에게 연예기획사에서 일하는 매니저와 사진작가의 1인 2역을 하면서 거짓말을 하여 피해자로 하여금 모델이 되기 위한 연기 연습 및 사진 촬영 연습의 일환으로 성관계를 한다는 착각에 빠지게 한 후, 마치 자신이 위 매니저가 소개한 사진작가인 것처럼 행세하면서 피해자를 간음한 것을 비롯해, 같은 방법으로 10회에 걸쳐 위계로써 아동·청소년인 피해자를 간음하였으며, 이를 기화로 나체 상태의 피해자를 카메라로 촬영하고 간음 영상을 비디오카메라로 녹화한 것을 비롯해, 같은 방법으로 9회에 걸쳐 나체 상태의 피해자를 촬영함으로써 카메라를 이용하여 성적 욕망 또는 수치심을 유발할 수 있는 피해자의 신체를 피해자의 의사에 반하여 촬영하였다. 피고인에게는 아동·청소년의 성보호에 관한 법률위반(위계등간음)죄 및 성폭력범죄의 처벌 등에 관한 특례법 위반(카메라등이용촬영)죄가 성립한다(대판 2022.4.28. 2021도9041).

2 성폭력범죄의 처벌 등에 관한 특례법 제6조의 '신체적인 장애가 있는 사람에 대한 강간·강제추행 등의 죄'가 성립하려면 행위자가 범행 당시 피해자에게 이러한 신체적인 장애가 있음을 인식하여야한다(대판 2021.2.25. 2016도4404).

★★★
09 판례에 의할 때 다음 기술의 옳고 그름을 판단하라.

(1) 대법원은 강제추행죄의 '폭행 또는 협박'의 의미에 관하여 이를 두 가지 유형으로 나누어, 폭행행위 자체가 곧바로 추행에 해당하는 경우(이른바 기습추행형)에는 상대방의 의사를 억압할 정도의 것임을 요하지 않고 상대방의 의사에 반하는 유형력의 행사가 있는 이상 그 힘의 대소강약을 불문한다. **O | X**

(2) 강제추행죄의 '폭행 또는 협박'은 상대방의 항거를 곤란하게 할 정도로 강력할 것이 요구되지 아니하고, 상대방의 신체에 대하여 불법한 유형력을 행사(폭행)하거나 일반적으로 보아 상대방으로 하여금 공포심을 일으킬 수 있는 정도의 해악을 고지(협박)하는 것이라고 보아야 한다. **O | X**

판결요지 강제추행죄에서 '추행'의 의미에 대한 판례변경 ★★★

[1] **[다수의견]** (가) 형법 및 성폭력범죄의 처벌 등에 관한 특례법(이하 '성폭력처벌법'이라 한다)은 강제추행죄의 구성요건으로 '폭행 또는 협박'을 규정하고 있는데, 대법원은 강제추행죄의 '폭행 또는 협박'의 의미에 관하여 이를 두 가지 유형으로 나누어, 폭행행위 자체가 곧바로 추행에 해당하는 경우(이른바 기습추행형)에는 상대방의 의사를 억압할 정도의 것임을 요하지 않고 상대방의 의사에 반하는 유형력의 행사가 있는 이상 그 힘의 대소강약을 불문한다고 판시하는 한편, 폭행 또는 협박이 추행보다 시간적으로 앞서 그 수단으로 행해진 경우(이른바 폭행·협박 선행형)에는 상대방의 항거를 곤란하게 하는 정도의 폭행 또는 협박이 요구된다고 판시하여 왔다(이하 폭행·협박 선행형 관련 판례 법리를 '종래의 판례 법리'라 한다).
(나) 강제추행죄의 범죄구성요건과 보호법익, 종래의 판례 법리의 문제점, 성폭력범죄에 대한 사회적 인식, 판례 법리와 재판 실무의 변화에 따라 해석 기준을 명확히 할 필요성 등에 비추어 강제추행죄의 '폭행 또는 협박'의 의미는 다시 정의될 필요가 있다. 강제추행죄의 '폭행 또는 협박'은 상대방의 항거를 곤란하게 할 정도로 강력할 것이 요구되지 아니하고, 상대방의 신체에 대하여 불법한 유형력을 행사(폭행)하거나 일반적으로 보아 상대방으로 하여금 공포심을 일으킬 수 있는 정도의 해악을 고지(협박)하는 것이라고 보아야 한다. 구체적인 이유는 다음과 같다.
① 강제 추행죄에서 추행의 수단이 되는 '폭행 또는 협박'에 대해 피해자의 항거가 곤란할 정도일 것을 요구하는 종래의 판례 법리는 강제추행죄의 범죄구성요건이나 자유롭고 평등한 개인의 성적 자기결정권이라는 보호법익과 부합하지 아니한다. 형법 제298조 및 성폭력처벌법 제5조 제2항 등 강제추행죄에 관한 현행 규정은 **'폭행 또는 협박으로 사람에 대하여 추행을 한 자' 또는 '폭행 또는 협박으로 사람을 강제추행한 경우' 이를 처벌한다고 정하고 있을 뿐, 폭행·협박의 정도를 명시적으로 한정하고 있지 아니하다**. '강제추행'에서 '강제(強制)'의 사전적 의미는 '권력이나 위력으로 남의 자유의사를 억눌러 원하지 않는 일을 억지로 시키는 것'으로서, 반드시 상대방의 항거가 곤란할 것을 전제로 한다고 볼 수 없고, 폭행·협박을 수단으로 또는 폭행·협박의 방법으로 동의하지 않는 상대방에 대하여 추행을 하는 경우 그러한 강제성은 구현된다고 보아야 한다.
강제추행죄는 개인의 성적 자기결정권을 보호법익으로 한다. 종래의 판례 법리는 피해자의 '항거곤란'이라는 상태적 개념을 범죄구성요건에 포함시켜 폭행 또는 협박의 정도가 일반적인 그것보다 더 높은 수준일 것을 요구하였다. 그에 따라 강제추행죄가 성립하기 위해서는 높은 수준의 의사 억압 상태가 필요하다고 보게 되고, 이는 피해자가 실제로 어떠한 항거를 하였는지 살펴보게 하였으며, 반대로 항거가 없었던 경우에는 그러한 사정을 이유로 성적 자기결정권의 침해를 부정하는 결과를 초래하기도 하였다. 하지만 이와 같이 피해자의 '항거곤란'을 요구하는 것은 여전히 피해자에게 '정조'를 수호하는 태도를 요구하는 입장을 전제하고 있다고 볼 수 있고, 개인의 성적 자유 내지 성적 자기결정권을 보호법익으로 하는 현행법의 해석으로 더 이상 타당하다고 보기 어렵다.
② 강제추행죄에서 '폭행 또는 협박'은 형법상 폭행죄 또는 협박죄에서 정한 '폭행 또는 협박'을 의미하는 것으로 분명히 정의되어야 하고, 이는 판례 법리와 재판 실무의 변화에 비추어 볼 때 **법적 안정성 및 판결에 대한 예측가능성**을 높이기 위하여도 필요하다.
그동안 대법원은 개별적·구체적인 사건에서 강제추행죄의 성립 요건이나 피해자 진술의 신빙성 등을 심리하면서 고려해야 할 판단 기준과 방법에 관하여 판시하여 왔다. 또한 근래의 재판 실무는 종래의 판례 법리에도 불구하고 가해자의 행위가 폭행죄에서 정한 폭행이나 협박죄에서 정한 협박의

정도에 이르렀다면 사실상 상대방의 항거를 곤란하게 할 정도라고 해석하는 방향으로 변화하여 왔다. 이러한 법원의 판례와 재판 실무는 강제추행죄의 보호법익의 변화를 반영함과 아울러, 종래의 판례 법리에 따른 현실의 수사와 재판 과정에서 자칫 성폭력범죄의 피해자에게 이른바 '피해자다움'을 요구하거나 2차 피해를 야기할 수 있다는 문제 인식을 토대로 형평과 정의에 합당한 형사재판을 실현하기 위한 것인바, 한편 그로 인하여 강제추행죄의 구성요건으로 피해자의 항거가 곤란할 정도의 폭행 또는 협박을 요구하는 종래의 판례 법리는 그 의미가 상당 부분 퇴색하였다. 그렇다면 이제 범죄 구성요건의 해석 기준을 명확히 함으로써 사실상 변화된 기준을 적용하고 있는 현재의 재판 실무와 종래의 판례 법리 사이의 불일치를 해소하고, 오해의 소지와 혼란을 방지할 필요가 있다.

③ 강제추행죄의 '폭행 또는 협박'의 의미를 위와 같이 정의한다고 하여 위력에 의한 추행죄와 구별이 불분명해지는 것은 아니다.

위력에 의한 추행죄에서 '위력'이란 사람의 자유의사를 제압하거나 혼란하게 할 만한 일체의 세력을 말하는 것으로, 유형적이든 무형적이든 묻지 아니하는바, 이는 강제추행죄에서의 '폭행 또는 협박'과 개념적으로 구별된다. 그리고 형법 및 성폭력처벌법 등은 미성년자, 심신미약자, 신체적인 또는 정신적인 장애가 있는 사람, 피보호자 · 피감독자, 아동 · 청소년을 위력으로 추행한 사람을 처벌하는 규정(형법 제302조, 성폭력처벌법 제6조 제6항, 제7조 제5항, 제10조 제1항, 아동 · 청소년의 성보호에 관한 법률 제7조 제5항)을 두고 있는바, 위력에 의한 추행죄는 성폭력 범행에 특히 취약한 사람을 보호대상으로 하여 강제추행죄의 '폭행 또는 협박'과 다른 '위력'을 범행수단으로 한 성적 침해 또는 착취행위를 범죄로 규정하여 처벌하려는 것이다.

이러한 위력과 폭행 · 협박의 개념상 차이, 위력에 의한 추행죄와 강제추행죄의 구성요건, 각 보호법익과 체계 등을 고려하면, 위력에 의한 추행죄에서 '위력'은 유형력의 대상이나 내용 등에 비추어 강제추행죄의 '폭행 또는 협박'에 해당하지 아니하는 폭행 · 협박은 물론, 상대방의 자유의사를 제압하거나 혼란하게 할 만한 사회적 · 경제적 · 정치적인 지위나 권세를 이용하는 것을 포함한다. 따라서 강제추행죄의 폭행 또는 협박의 의미를 종래의 판례 법리와 같이 제한 해석하여야만 위력과 구별이 용이해진다고 볼 수는 없다.

(다) 요컨대, 강제추행죄는 상대방의 신체에 대해 불법한 유형력을 행사하거나 상대방으로 하여금 공포심을 일으킬 수 있는 정도의 해악을 고지하여 상대방을 추행한 경우에 성립한다. 어떠한 행위가 강제추행죄의 '폭행 또는 협박'에 해당하는지 여부는 행위의 목적과 의도, 구체적인 행위태양과 내용, 행위의 경위와 행위 당시의 정황, 행위자와 상대방과의 관계, 그 행위가 상대방에게 주는 고통의 유무와 정도 등을 종합하여 판단하여야 한다.

이와 달리 강제추행죄의 폭행 또는 협박이 상대방의 항거를 곤란하게 할 정도일 것을 요한다고 본 대법원 2012. 7. 26. 선고 2011도8805 판결을 비롯하여 같은 취지의 종전 대법원판결은 이 판결의 견해에 배치되는 범위 내에서 모두 변경하기로 한다.

[대법관 이동원의 별개의견] 폭행 · 협박 선행형의 강제추행죄에서 '폭행 또는 협박'의 정도에 관하여 상대방의 항거를 곤란하게 하는 정도의 폭행 또는 협박이 요구된다고 판시한 '종래의 판례 법리'는 여전히 타당하므로 그대로 유지되어야 한다. 다수의견과 같이 강제추행죄의 처벌범위를 확대하는 해석론은 사회적 공감대가 형성된 후 국회의 입법절차를 통하여 해결하는 것이 바람직하다. 그 이유는 다음과 같다.

첫째, 종래의 판례 법리는 형사법 문언과 체계에 부합한다. 강제추행죄의 '폭행 또는 협박'의 정도에 관하여 상대방의 항거를 곤란하게 하는 정도로 제한 해석해야 단순추행죄, 위력에 의한 추행죄와 분명한 구별이 가능하고, 준강제추행죄의 항거불능과도 균형이 맞는다.

둘째, 종래의 판례 법리는 피해자의 현실적 저항을 요구하거나 2차 피해를 야기하는 법리가 아니다. 설령 강제추행 피해자에 대한 조사 · 심리 과정에서 2차 피해를 야기할 위험성이 있다고 하더라도 현행법상의 제도 등을 적극 활용함으로써 그 문제를 해결하여야 하는 것이지 이를 이유로 범죄구성요건의 내용을 달리 정할 것은 아니다.
셋째, 종래의 판례 법리는 대법원이 수십 년 동안 반복적으로 선언한 법리로서 학계의 지지를 받고 있고, '종합판단기준설'의 발전적인 해석을 통하여 구체적 타당성을 도모할 수 있는 법리이다. 판례를 변경하려면 이를 정당화할 명확한 근거가 있어야 한다. 다수의견의 논거는 이에 미치지 못하고 있다.
넷째, 종래의 판례 법리를 전제로 성폭력처벌법 등 특별법에서 일정한 유형의 강제추행에 대해 중범죄로 가중처벌하고 있다. 성범죄 피해자 보호를 입법을 통하여 해결하지 않은 채 다수의견과 같이 해석으로 폭행·협박의 정도를 완화할 경우 위 특별법과의 체계상 정합성에 지장을 초래하고, 죄형법정주의나 형벌불소급의 원칙에 실질적으로 어긋날 우려가 있다.
[2] 피고인이 자신의 주거지 방안에서 4촌 친족관계인 피해자 甲(여, 15세)의 학교 과제를 도와주던 중 甲을 양팔로 끌어안은 다음 침대에 쓰러뜨린 후 甲의 가슴을 만지는 등 강제로 추행하였다는 성폭력범죄의 처벌 등에 관한 특례법 위반(친족관계에 의한 강제추행)의 주위적 공소사실로 기소된 사안에서, 당시 피고인은 방안에서 甲의 숙제를 도와주던 중 甲의 왼손을 잡아 자신의 성기 쪽으로 끌어당겼고, 이를 거부하고 자리를 이탈하려는 甲의 의사에 반하여 甲을 끌어안은 다음 침대로 넘어져 甲의 위에 올라탄 후 甲의 가슴을 만졌으며, 방문을 나가려는 甲을 뒤따라가 끌어안았는바, 이러한 피고인의 행위는 甲의 신체에 대하여 불법한 유형력을 행사하여 甲을 강제추행한 것에 해당한다고 볼 여지가 충분하다는 이유로, 이와 달리 피고인의 행위가 甲의 항거를 곤란하게 할 정도의 폭행 또는 협박에 해당하지 않는다고 보아 위 공소사실을 무죄로 판단한 원심의 조치에 강제추행죄의 폭행에 관한 법리오해 등의 잘못이 있다고 한 사례(대판(전) 2023.9.21. 2018도13877).

정답 | (1) ○, (2) ○

★★★
10 강간죄는 사람을 강간하기 위하여 피해자의 항거를 불능하게 하거나 현저히 곤란하게 할 정도의 폭행 또는 협박을 개시한 때에 그 실행의 착수가 있다고 보아야 할 것이지, 실제 간음행위가 시작되어야만 그 실행의 착수가 있다고 볼 것은 아니다. 유사강간죄의 경우도 이와 같다. **O | X**

판결요지

[1] (성폭법상) 주거침입강제추행죄 및 주거침입강간죄 등은 사람의 주거 등을 침입한 자가 피해자를 간음, 강제추행 등 성폭력을 행사한 경우에 성립하는 것으로서, 주거침입죄를 범한 후에 사람을 강간하는 등의 행위를 하여야 하는 일종의 신분범이고, 선후가 바뀌어 강간죄 등을 범한 자가 그 피해자의 주거에 침입한 경우에는 이에 해당하지 않고 강간죄 등과 주거침입죄 등의 실체적 경합범이 된다. 그 실행의 착수시기는 주거침입 행위 후 강간죄 등의 실행행위에 나아간 때이다.
[2] 강간죄는 사람을 강간하기 위하여 피해자의 항거를 불능하게 하거나 현저히 곤란하게 할 정도의 폭행 또는 협박을 개시한 때에 그 실행의 착수가 있다고 보아야 할 것이지, 실제 간음행위가 시작되어야만 그 실행의 착수가 있다고 볼 것은 아니다. 유사강간죄의 경우도 이와 같다(대판 2021.8.12. 2020도17796).

정답 | ○

| 관련판례 | ★★

피고인이 모텔 객실의 문이 살짝 열려 있는 것을 발견하고 객실에 침입한 후 불을 끈 상태로 침대에 누워 있던 甲(여)의 가슴, 허리 및 엉덩이를 만져 甲을 강제추행하였다는 성폭력범죄의 처벌 등에 관한 특례법(이하 '성폭력처벌법'이라 한다) 위반(주거침입강제추행)의 공소사실에 대하여, 원심이 성폭력처벌법 제3조 제1항, 형법 제319조 제1항, 제298조를 적용하여 유죄로 인정하였는데, 원심판결 선고 후 헌법재판소가 성폭력처벌법(2020. 5. 19. 법률 제17264호로 개정된 것) 제3조 제1항 중 '형법 제319조 제1항(주거침입)의 죄를 범한 사람이 같은 법 제298조(강제추행), 제299조(준강제추행) 가운데 제298조의 예에 의하는 부분의 죄를 범한 경우에는 무기징역 또는 7년 이상의 징역에 처한다.' 는 부분에 대하여 위헌결정을 선고한 사안에서, 위 법률조항 부분은 헌법재판소법 제47조 제3항 본문에 따라 소급하여 효력을 상실하였고, 위헌결정으로 인하여 형벌에 관한 법률 또는 법률조항이 소급하여 효력을 상실한 경우 해당 법조를 적용하여 기소한 피고사건은 범죄로 되지 아니하는 때에 해당하므로, 공소사실을 유죄로 인정한 원심판결은 그대로 유지될 수 없게 되었다고 한 사례(대판 2023.4.13. 2023도162).

11 구 성폭력처벌법 제14조 제2항에서 유포 행위의 한 유형으로 열거하고 있는 '공공연한 전시'란 불특정 또는 다수인이 촬영물 등을 인식할 수 있는 상태에 두는 것을 의미하고, 촬영물 등의 '공공연한 전시'로 인한 범죄는 불특정 또는 다수인이 전시된 촬영물 등을 실제 인식하지 못했다고 하더라도 촬영물 등을 위와 같은 상태에 둠으로써 성립한다. O | X

판결요지

피고인은 자신이 운영하는 네이버 밴드를 누구든지 볼 수 있는 전체공개로 전환한 다음 이 사건 촬영물을 피해자의 의사에 반하여 게시한 사실이 인정된다. 이 사건 촬영물은 피고인이 이 사건 밴드를 전체공개로 전환한 이후에는 해당 애플리케이션 등에 대한 별도의 가입절차 없이 인터넷을 사용하는 누구라도 접근할 수 있는 상태에 놓이게 되었으므로 피고인이 이 사건 밴드에 이 사건 촬영물을 게시한 것은 이 사건 촬영물을 공공연하게 전시한 행위에 해당하고, 피고인에게 그러한 고의도 인정된다(대판 2022.6.9. 2022도1683).

정답 | O

12 성폭력범죄의 처벌 등에 관한 특례법 제6조에서 정하는 '정신적인 장애가 있는 사람'이란 '정신적인 기능이나 손상 등의 문제로 일상생활이나 사회생활에서 상당한 제약을 받는 사람'을 가리킨다. 장애인복지법에 따른 장애인 등록을 하지 않았다거나 그 등록 기준을 충족하지 못하더라도 여기에 해당할 수 있다. O | X

판결요지

(대판 2021.10.28. 2021도9051)

정답 | O

| 관련판례 |

1 「성폭력범죄의 처벌 등에 관한 특례법」(이하 '성폭력처벌법'이라고 한다) 제14조 제1항은 '카메라나 그 밖에 이와 유사한 기능을 갖춘 기계장치를 이용하여 성적 욕망 또는 수치심을 유발할 수 있는 다른 사람의 신체를 그 의사에 반하여 촬영'하는 행위를 처벌하도록 규정한다. 성폭력처벌법 제14조 제1항에서 정한 '카메라등이용촬영죄'는 이른바 '몰래카메라'의 폐해가 사회문제가 되면서 촬영대상자의 의사에 반하는 촬영 및 반포 등의 행위를 처벌하기 위하여 신설된 조항으로서, 피해자의 성적 자기결정권 및 일반적 인격권 보호, 사회의 건전한 성풍속 확립을 그 보호법익으로 하며(헌재 2016.12.20. 2016헌바153 등 참조), 구체적으로 인격체인 피해자의 성적 자유와

함부로 촬영당하지 아니할 자유를 보호하기 위한 것이다(대판 2008.9.25. 2008도7007 참조). 여기에서 '성적 자유'는 소극적으로 자기 의사에 반하여 성적 대상화가 되지 않을 자유를 의미한다(대판 2020.12.24. 2019도16258 참조). 촬영한 대상이 '성적 욕망 또는 수치심을 유발할 수 있는 다른 사람의 신체'에 해당하는지는 객관적으로 피해자와 같은 성별, 연령대의 일반적이고 평균적인 사람들의 관점에서 성적 욕망 또는 수치심을 유발할 수 있는 신체에 해당하는지를 고려함과 아울러, 피해자의 옷차림, 노출의 정도 등은 물론, 촬영자의 의도와 촬영에 이르게 된 경위, 촬영 장소와 촬영 각도 및 촬영 거리, 촬영된 원판의 이미지, 특정 신체 부위의 부각 여부 등을 종합적으로 고려하여 구체적·개별적으로 결정하여야 한다(대판 2022.3.17. 2021도13203).

[사실관계] 이 사건 엑셀 파일에 정리된 사진 중 피고인이 청바지를 입은 여성을 따라다니면서 계단을 오르는 모습을 바로 뒤에서 엉덩이를 부각하여 촬영한 경우는 성적 수치심을 유발할 수 있다고 볼 여지가 있다. 그러나 특별히 엉덩이를 부각하지 않고 일상복인 청바지를 입은 여성의 뒷모습 전신을 어느 정도 떨어진 거리에서 촬영하였을 뿐이라면 일반적이고 평균적인 사람들의 관점에서 성적 욕망이 유발될 수 있다거나 그와 같은 촬영을 당하였을 때 성적 수치심을 유발할 수 있는 경우에 해당한다고 단정하기 어렵다.

2 성폭력범죄의 처벌 등에 관한 특례법(이하 '성폭력처벌법'이라 한다)은 제14조 제1항에서 '카메라나 그 밖에 이와 유사한 기능을 갖춘 기계장치를 이용하여 성적 욕망 또는 수치심을 유발할 수 있는 사람의 신체를 촬영대상자의 의사에 반하여 촬영'하는 행위를 처벌하면서, 같은 조 제2항에서 '그 촬영물 또는 복제물(이하 '촬영물 등'이라 한다)을 반포·판매·임대·제공 또는 공공연하게 전시·상영(이하 '반포 등'이라 한다)하거나 촬영 당시에는 촬영대상자의 의사에 반하지 아니한 경우에도 사후에 그 촬영물 등을 촬영대상자의 의사에 반하여 반포 등'을 하는 행위도 처벌대상으로 정하고 있다.

이와 같이 성폭력처벌법 제14조 제2항 위반죄는 반포 등 행위 시를 기준으로 촬영대상자의 의사에 반하여 그 행위를 함으로써 성립하고, 촬영이 촬영대상자의 의사에 반하지 아니하였더라도 그 성립에 지장이 없다. 촬영대상자의 신원이 파악되지 않는 등 촬영대상자의 의사를 명확히 확인할 수 없는 경우 촬영대상자의 의사에 반하여 반포 등을 하였는지 여부는, 촬영물 등을 토대로 확인할 수 있는 촬영대상자와 촬영자의 관계 및 촬영 경위, 그 내용이 성적 욕망 또는 수치심을 유발하는 정도, 촬영대상자의 특정가능성, 촬영물 등의 취득·반포 등이 이루어진 경위 등을 종합하여 판단하여야 한다. 이때 해당 촬영물 등이 인터넷 등 정보통신망을 통하여 급속도로 광범위하게 유포될 경우 피해자에게 심각한 피해와 고통을 초래할 수 있다는 점도 아울러 고려하여야 한다(대판 2023.6.15. 2022도15414).❸

---

❸ **[판결이유]** 이 사건 사진에 나타난 남녀의 얼굴과 신체적 특징으로 촬영대상자들에 대한 특정이 가능하다. 여기에 앞서 본 이 사건 사진의 내용까지 더해 보면, 위 사진이 촬영대상자들의 의사에 반하여 반포될 경우 촬영대상자들에게 피해와 고통을 야기할 가능성이 상당하다. 피고인은 이 사건 사진에 등장하는 남녀를 전혀 알지 못하고 이들로부터 위 사진의 반포에 관하여 어떠한 동의나 양해를 받은 사실도 없이 인터넷 검색을 통해 위 사진을 취득한 다음 불특정 다수인이 쉽게 접근할 수 있는 인터넷 사이트에 이를 게시하였다. 이러한 사정을 앞서 본 법리에 비추어 살펴보면, 이 사건 사진의 촬영대상자들, 적어도 여성이 위 사진의 반포에 동의하리라고는 도저히 기대하기 어렵다. 피고인의 이 사건 사진 반포는 촬영대상자들의 의사에 반하여 이루어졌고 피고인도 그러한 사정을 인식하고 있었다고 볼 여지가 충분하다.

★★★
13

피해자가 의식상실 상태에 빠져 있지는 않지만 알코올의 영향으로 의사를 형성할 능력이나 성적 자기결정권 침해행위에 맞서려는 저항력이 현저하게 저하된 상태였다면 '항거불능'에 해당하여, 이러한 피해자에 대한 성적 행위 역시 준강간죄 또는 준강제추행죄를 구성할 수 있다. O | X

판결요지

[1] 형법 제299조는 '사람의 심신상실 또는 항거불능의 상태를 이용하여 추행을 한 자'를 처벌하도록 규정한다. 이러한 준강제추행죄는 정신적 · 신체적 사정으로 인하여 성적인 자기방어를 할 수 없는 사람의 성적 자기결정권을 보호해 주는 것을 보호법익으로 하며, 그 성적 자기결정권은 원치 않는 성적 관계를 거부할 권리라는 소극적 측면을 말한다.

[2] 준강간죄에서 '심신상실'이란 정신기능의 장애로 인하여 성적 행위에 대한 정상적인 판단능력이 없는 상태를 의미하고, '항거불능'의 상태란 심신상실 이외의 원인으로 심리적 또는 물리적으로 반항이 절대적으로 불가능하거나 현저히 곤란한 경우를 의미한다. 이는 준강제추행죄의 경우에도 마찬가지이다. 피해자가 깊은 잠에 빠져 있거나 술 · 약물 등에 의해 일시적으로 의식을 잃은 상태 또는 완전히 의식을 잃지는 않았더라도 그와 같은 사유로 정상적인 판단능력과 대응 · 조절능력을 행사할 수 없는 상태에 있었다면 준강간죄 또는 준강제추행죄에서의 심신상실 또는 항거불능 상태에 해당한다.

[3] (가) 의학적 개념으로서의 '알코올 블랙아웃(black out)'은 중증도 이상의 알코올 혈중농도, 특히 단기간 폭음으로 알코올 혈중농도가 급격히 올라간 경우 그 알코올 성분이 외부 자극에 대하여 기록하고 해석하는 인코딩 과정(기억형성에 관여하는 뇌의 특정 기능)에 영향을 미침으로써 행위자가 일정한 시점에 진행되었던 사실에 대한 기억을 상실하는 것을 말한다.

알코올 블랙아웃은 인코딩 손상의 정도에 따라 단편적인 블랙아웃과 전면적인 블랙아웃이 모두 포함한다. 그러나 알코올의 심각한 독성화와 전형적으로 결부된 형태로서의 의식상실의 상태, 즉 알코올의 최면진정작용으로 인하여 수면에 빠지는 의식상실(passing out)과 구별되는 개념이다.

(나) 따라서 음주 후 준강간 또는 준강제추행을 당하였음을 호소한 피해자의 경우, 범행 당시 알코올이 위의 기억형성의 실패만을 야기한 알코올 블랙아웃 상태였다면 피해자는 기억장애 외에 인지기능이나 의식 상태의 장애에 이르렀다고 인정하기 어렵지만, 이에 비하여 피해자가 술에 취해 수면상태에 빠지는 등 의식을 상실한 패싱아웃 상태였다면 심신상실의 상태에 있었음을 인정할 수 있다.

또한 '준강간죄 또는 준강제추행죄에서의 심신상실 · 항거불능'의 개념에 비추어, 피해자가 의식상실 상태에 빠져 있지는 않지만 알코올의 영향으로 의사를 형성할 능력이나 성적 자기결정권 침해행위에 맞서려는 저항력이 현저하게 저하된 상태였다면 '항거불능'에 해당하여, 이러한 피해자에 대한 성적 행위 역시 준강간죄 또는 준강제추행죄를 구성할 수 있다.

(다) 그런데 법의학 분야에서는 알코올 블랙아웃이 '술을 마시는 동안에 일어난 중요한 사건에 대한 기억상실'로 정의되기도 하며, 일반인 입장에서는 '음주 후 발생한 광범위한 인지기능 장애 또는 의식상실'까지 통칭하기도 한다.

(라) 따라서 음주로 심신상실 상태에 있는 피해자에 대하여 준강간 또는 준강제추행을 하였음을 이유로 기소된 피고인이 '피해자가 범행 당시 의식상실 상태가 아니었고 그 후 기억하지 못할 뿐이다.'라는 취지에서 알코올 블랙아웃을 주장하는 경우, 법원은 피해자의 범행 당시 음주량과 음주 속도, 경과한 시간, 피해자의 평소 주량, 피해자가 평소 음주 후 기억장애를 경험하였는지 여부 등 피해자의 신체 및 의식 상태가 범행 당시 알코올 블랙아웃인지 아니면 패싱아웃 또는 행위통제능력이 현저히 저하된 상태였는지를 구분할 수 있는 사정들과 더불어 CCTV나 목격자를 통하여 확인되는 당시 피해자의 상태, 언동, 피고인과의 평소 관계, 만나게 된 경위, 성적 접촉이 이루어진 장소와 방식, 그 계기와 정황, 피해자의 연령 · 경험 등 특성, 성에 대한 인식 정도, 심리적 · 정서적 상태, 피해자와 성적 관계를 맺게 된 경위에 대한 피고인의 진술 내용의 합리성, 사건 이후 피고인과 피해자의 반응을 비롯한 제반 사정

을 면밀하게 살펴 범행 당시 피해자가 심신상실 또는 항거불능 상태에 있었는지 여부를 판단해야 한다. 또한 피해사실 전후의 객관적 정황상 피해자가 심신상실 등이 의심될 정도로 비정상적인 상태에 있었음이 밝혀진 경우 혹은 피해자와 피고인의 관계 등에 비추어 피해자가 정상적인 상태하에서라면 피고인과 성적 관계를 맺거나 이에 수동적으로나마 동의하리라고 도저히 기대하기 어려운 사정이 인정되는데도, 피해자의 단편적인 모습만으로 피해자가 단순히 '알코올 블랙아웃'에 해당하여 심신상실 상태에 있지 않았다고 단정하여서는 안 된다(대판 2021.2.4. 2018도9781). **정답 | O**

★
14 피고인이 아파트 놀이터의 의자에 앉아 전화통화를 하고 있던 피해자의 뒤로 몰래 다가가 甲의 머리카락 및 옷 위에 소변을 본 행위는 추행행위에 해당한다. **O | X**

판결요지

피고인이 아파트 놀이터의 의자에 앉아 전화통화를 하고 있던 피해자의 뒤로 몰래 다가가 甲의 머리카락 및 옷 위에 소변을 보아 강제추행하였다는 내용으로 기소된 사안에서, 피고인이 처음 보는 여성인 甲의 뒤로 몰래 접근하여 성기를 드러내고 甲을 향한 자세에서 甲의 등 쪽에 소변을 본 행위는 객관적으로 일반인에게 성적 수치심이나 혐오감을 일으키게 하고 선량한 성적 도덕관념에 반하는 행위로서 甲의 성적 자기결정권을 침해하는 추행행위에 해당한다고 볼 여지가 있고, 행위 당시 甲이 이를 인식하지 못하였더라도 마찬가지이다(대판 2021.10.28. 2021도7538). **정답 | O**

15 아동·청소년 등이 일상적인 생활을 하면서 신체를 노출한 것일 뿐 적극적인 성적 행위를 한 것이 아니더라도 이를 몰래 촬영하는 방식 등으로 성적 대상화하였다면 이와 같은 행위를 표현한 영상 등은 아동·청소년이용음란물에 해당한다. **O | X**

판결요지

(대판 2023.11.16. 2021도4265) **정답 | O**

명예에 관한 죄

★
16 개별적으로 소수의 사람에게 사실을 적시하였더라도 그 상대방이 불특정 또는 다수인에게 적시된 사실을 전파할 가능성이 있는 때에는 공연성이 인정되고, 이러한 법리는 모욕죄에도 동일하게 적용된다. **O | X**

판결요지

[1] 형법 제311조(모욕)는 '공연히 사람을 모욕한 자'를 처벌한다고 규정하는바, 형법 제307조(명예훼손)가 '공연히 사실 또는 허위의 사실을 적시하여 사람의 명예를 훼손한 자'를 처벌한다고 규정하는

것과 마찬가지로 '공연성'을 요건으로 한다. 대법원 2020.11.19. 선고 2020도5813 전원합의체 판결은 명예훼손죄의 구성요건인 공연성이란 '불특정 또는 다수인이 인식할 수 있는 상태'를 의미하는데, 개별적으로 소수의 사람에게 사실을 적시하였더라도 그 상대방이 불특정 또는 다수인에게 적시된 사실을 전파할 가능성이 있는 때에는 공연성이 인정된다는 종전 대법원의 일관된 판시를 재확인하였고, 이러한 법리는 모욕죄에도 동일하게 적용된다.

[2] 공연성의 존부는 발언자와 상대방 또는 피해자 사이의 관계나 지위, 발언의 경위와 상황, 발언 내용, 상대방에게 발언을 전달한 방법과 장소 등 행위 당시의 객관적 제반 사정에 관하여 심리한 다음, 그로부터 발언을 들은 상대방이 불특정 또는 다수인에게 전파할 가능성이 있는지 여부를 검토하여 종합적으로 판단하여야 한다(앞서 본 대법원 2020도5813 전원합의체 판결 등 참조). 발언 상대방이 발언자나 피해자의 배우자, 친척, 친구 등 사적으로 친밀한 관계에 있어 그러한 관계로 인하여 비밀의 보장이 상당히 높은 정도로 기대되는 경우에는 공연성이 부정된다(명예훼손죄에 관한 대판 1978.4.25. 78도473, 대판 1981.10.27. 81도1023, 대판 1984.3.27. 84도86, 대판 2000.2.11. 99도4579 등 참조).

[3] 피고인들이 자신들의 주거지인 아파트에서 위층에 사는 피해자가 손님들을 데리고 와 시끄럽게 한다는 이유로 그 음향이 거실에 울려 퍼지는 인터폰으로 피해자에게 전화하여 손님과 그 자녀들이 듣고 있는 가운데 욕설을 하여 피해자를 모욕한 사안에서, 위와 같은 법리에 따라 전파가능성 이론에 따른 공연성 인정 여부 등을 판단해야 하는데, 원심이 위와 같은 법리에 따른 심리를 하지 않은 채 모욕죄의 공연성 및 미필적 고의가 없다는 이유로 무죄 판단을 한 것은 잘못이라고 보아 원심을 파기환송한 사례(대판 2022.6.16. 2021도15122)

정답 | O

17 동장이 동 주민자치위원에게 전화를 걸어 '어제 열린 당산제(마을제사) 행사에 남편과 이혼한 甲도 참석을 하여, 이에 대해 행사에 참여한 사람들 사이에 안 좋게 평가하는 말이 많았다.'는 취지로 말하고, 동 주민들과 함께한 저녁식사 모임에서 '甲은 이혼했다는 사람이 왜 당산제에 왔는지 모르겠다.'는 취지로 말한 경우, 동장의 위 발언은 甲의 사회적 가치나 평가를 침해하는 구체적인 사실의 적시에 해당하지 않는다.

O | X

판결요지

[1] 명예훼손죄가 성립하려면 사실의 적시가 있어야 하고 적시된 사실은 특정인의 사회적 가치나 평가가 침해될 가능성이 있을 정도로 구체성을 띠어야 한다. 사실의 적시란 가치판단이나 평가를 내용으로 하는 의견표현에 대치되는 개념으로서 시간과 공간적으로 구체적인 과거 또는 현재의 사실관계에 관한 보고나 진술을 뜻하며, 표현내용이 증거에 의한 증명이 가능한 것을 말한다. 판단할 진술이 사실인지 아니면 의견인지를 구별할 때에는 언어의 통상적 의미와 용법, 증명가능성, 문제 된 말이 사용된 문맥, 표현이 이루어진 사회적 상황 등 전체적 정황을 고려하여 판단해야 한다.

[2] 피고인이 위 발언을 통해 甲에 관하여 적시하고 있는 사실은 '甲이 이혼하였다.'는 사실과 '甲이 당산제에 참여하였다.'는 것으로, 이혼에 대한 부정적인 인식과 평가가 점차 사라지고 있음을 감안하면 피고인이 甲의 이혼 경위나 사유, 혼인관계 파탄의 책임 유무를 언급하지 않고 이혼 사실 자체만을 언급한 것은 甲의 사회적 가치나 평가를 떨어뜨린다고 볼 수 없고, 또한 '甲이 당산제에 참여하였다.'는 것도 그 자체로는 가치중립적인 사실로서 甲의 사회적 가치나 평가를 침해한다고 보기 어려운 점, 피고인은 주민 사이에 '이혼한 사람이 당산제에 참여하면 부정을 탄다.'는 인식이 있음을 전제로 하여 발언을 한 것으로서, 발언 배경과 내용 등에 비추어 이는 甲에 관한 과거의 구체적인 사실을 진술하기 위한 것이 아니라 당산제 참석과 관련하여 甲이 이혼한 사람이기 때문에 '부정적 영향'을 미칠 수 있음을 언급한 것으로서 甲의 당산제 참석에 대한 부정적인 가치판단이나 평가를 표현하고

있을 뿐이라고 보아야 하는 점을 종합하면, 피고인의 위 발언은 甲의 사회적 가치나 평가를 침해하는 구체적인 사실의 적시에 해당하지 않고 甲의 당산제 참여에 관한 의견표현에 지나지 않는다(대판 2022.5.13. 2020도15642).

정답 I O

18 빌라를 관리하고 있는 피고인들이 빌라 아랫집에 거주하는 甲으로부터 누수 문제로 공사 요청을 받게 되자, 甲과 전화통화를 하면서 빌라를 임차하여 거주하고 있는 피해자들에 대하여 누수 공사 협조의 대가로 과도하고 부당한 요구를 하거나 막말과 욕설을 하였다는 취지로 발언하고, '무식한 것들', '이중인격자' 등으로 말한 경우 전파가능성에 대한 인식과 위험을 용인하는 내심의 의사가 인정된다.

O | X

판결요지

[1] 공연성은 명예훼손죄와 모욕죄의 구성요건으로서, 명예훼손이나 모욕에 해당하는 표현을 특정 소수에게 한 경우 공연성이 부정되는 유력한 사정이 될 수 있으므로, 전파될 가능성에 관해서는 검사의 엄격한 증명이 필요하다. 명예훼손죄와 모욕죄에서 전파가능성을 이유로 공연성을 인정하는 경우에는 적어도 범죄구성요건의 주관적 요소로서 미필적 고의가 필요하므로, 전파가능성에 대한 인식이 있음은 물론 나아가 위험을 용인하는 내심의 의사가 있어야 한다. 친밀하고 사적인 관계뿐만 아니라 공적인 관계에서도 조직 등의 업무와 관련하여 사실의 확인 또는 규명 과정에서 발언하게 된 것이거나, 상대방의 가해에 대하여 대응하는 과정에서 발언하게 된 경우와 수사 · 소송 등 공적인 절차에서 당사자 사이에 공방을 하던 중 발언하게 된 경우 등이라면 발언자의 전파가능성에 대한 인식과 위험을 용인하는 내심의 의사를 인정하는 것은 신중하여야 한다.
[2] 위 발언들은 신속한 누수 공사 진행을 요청하는 甲에게 임차인인 피해자들의 협조 문제로 공사가 지연되는 상황을 설명하는 과정에서 나온 것으로서, 이에 관한 피고인들의 진술내용을 종합해 보더라도 피고인들이 전파가능성에 대한 인식과 위험을 용인하는 내심의 의사에 기하여 위 발언들을 하였다고 단정하기 어려운 점, 위 발언들이 불특정인 또는 다수인에게 전파되지 않은 것은 비록 위 발언들 이후의 사정이기는 하지만 공연성 여부를 판단할 때 소극적 사정으로 고려될 수 있는 점, 위 발언들이 피해자 본인에게 전달될 가능성이 높다거나 실제 전달되었다는 사정만으로는 불특정인 또는 다수인에게 전파될 가능성이 있었다고 볼 수 없는 점 등을 종합하면, 피고인들이 甲에게 한 위 발언들이 불특정인 또는 다수인에게 전파될 가능성이 있었고 피고인들에게 이에 대한 인식과 위험을 용인하는 내심의 의사가 있었다고 본 원심판단에 법리오해의 잘못이 있다고 한 사례(대판 2022.7.28. 2020도8336).

정답 I X

★★
19 작업장의 책임자인 피고인이 甲으로부터 작업장에서 발생한 성추행 사건에 대해 보고받은 사실이 있음에도, 직원 5명이 있는 회의 자리에서 상급자로부터 경과보고를 요구받으면서 과태료 처분에 관한 책임을 추궁받자 이에 대답하는 과정에서 '甲은 성추행 사건에 대해 애초에 보고한 사실이 없다. 그런데도 이를 수사기관 등에 신고하지 않았다고 과태료 처분을 받는 것은 억울하다.'는 취지로 발언한 경우 피고인에게는 허위사실적시 명예훼손죄가 성립한다.

O | X

판결요지

위와 같이 회의 자리에서 상급자로부터 책임을 추궁당하며 질문을 받게 되자 이에 대답하는 과정에서 타인의 명예를 훼손하는 듯한 사실을 발설하게 된 것이라면 그 발설 내용과 경위 · 동기 및 상황 등에 비추어 명예훼손의 고의를 인정하기 어렵고, 또한 질문에 대하여 단순한 확인 취지의 답변을 소극적으로 한 것에 불과하다면 이를 명예훼손에서 말하는 사실의 적시라고 단정할 수도 없다는 이유로, 이와 달리 보아 피고인에게 유죄를 인정한 원심판결에 명예훼손죄의 고의와 사실의 적시에 관한 법리오해의 잘못이 있다(대판 2022.4.14. 2021도17744). **정답 I X**

20 정통망법 제70조 제1항의 비방할 목적이 있는지는 피고인이 드러낸 사실이 사회적 평가를 떨어트릴 만한 것인지와 별개의 구성요건으로서, 드러낸 사실이 사회적 평가를 떨어트리는 것이라고 해서 비방할 목적이 당연히 인정되는 것은 아니다. **O | X**

판결요지

피고인 甲은 양육비채권자의 제보를 받아 양육비 미지급자의 신상정보를 공개하는 인터넷 사이트 'Bad Fathers'의 운영에 관계된 사람이고, 피고인 乙은 위 사이트에 자신의 전 배우자 丙을 제보한 사람인데, 피고인들은 각자 또는 공모하여 위 사이트에 丙을 비롯한 피해자 5명의 이름, 얼굴 사진, 거주지, 직장명 등 신상정보를 공개하는 글이 게시되게 하고, 피고인 乙은 자신의 인스타그램에 위 사이트 게시 글의 링크 주소를 첨부하고 丙에 대하여 '미친년'이라는 표현 등을 덧붙인 글을 게시함으로써 피해자들을 비방할 목적으로 사실을 적시하였다는 정보통신망 이용촉진 및 정보보호 등에 관한 법률 위반(명예훼손)의 공소사실로 기소된 사안에서, 피고인들이 위 사이트의 신상정보 공개를 통해 양육비 미지급 사실을 알린 것은 결과적으로 양육비 미지급 문제라는 공적 관심 사안에 관한 사회의 여론형성이나 공개토론에 기여하였다고 볼 수 있으나, 글 게시 취지 · 경위 · 과정 등에 비추어 그 신상정보 공개는 특정된 개별 양육비채무자를 압박하여 양육비를 신속하게 지급하도록 하는 것을 주된 목적으로 하는 사적 제재 수단의 일환에 가까운 점, 위 사이트에서 신상정보를 공개하면서 공개 여부 결정의 객관성을 확보할 수 있는 기준이나 양육비채무자에 대한 사전 확인절차를 두지 않고 양육비 지급 기회를 부여하지도 않은 채 일률적으로 공개한 것은 우리 법질서에서 허용되는 채무불이행자 공개 제도와 비교하여 볼 때 양육비채무자의 권리를 침해하는 정도가 커 정당화되기 어려운 점, 위 사이트에서 공개된 신상정보인 얼굴 사진, 구체적인 직장명, 전화번호는 그 특성상 공개 시 양육비채무자가 입게 되는 피해의 정도가 매우 큰 반면, 피고인들에게 양육비 미지급으로 인한 사회적 문제를 공론화하기 위한 목적이 있었더라도 얼굴 사진 등의 공개는 위와 같은 공익적인 목적과 직접적인 관련성이 있다고 보기 어렵고, 얼굴 사진 등을 공개하여 양육비를 즉시 지급하도록 강제할 필요성이나 급박한 사정도 엿보이지 않는 점 등 제반 사정을 종합하면, 피고인들에게 신상정보가 공개된 피해자들을 비방할 목적이 인정된다는 이유로, 같은 취지에서 피고인들에 대한 위 공소사실을 모두 유죄로 판단한 원심판결이 정당하다고 한 사례(대판 2024.1.4. 2022도699). **정답 I O**

21 군형법 제64조 제3항의 행위에 대해 형법 제307조 제1항의 행위에 대한 위법성조각사유를 규정한 형법 제310조가 유추적용된다. O | X

판결요지

(대판 2024.4.16. 2023도13333) 정답 | O

★

22 대학교 총학생회장이 총학생회 주관의 농활 사전답사 과정에서 乙을 비롯한 학생회 임원진의 음주 및 음주운전 사실이 있었음을 계기로 음주운전 및 이를 묵인하는 관행을 공론화하여 '총학생회장으로서 음주운전을 끝까지 막지 못하여 사과드립니다.'라는 제목의 글을 써 페이스북 등에 게시한 경우, 제310조에 따라 위법성이 조각되지 아니하여 제307 제1항의 명예훼손죄가 성립한다. O | X

판결요지

게시글의 전체적인 취지·내용에 비추어 중요한 부분은 '乙이 술을 마신 상태에서 음주운전을 하였고 피고인도 이를 끝까지 제지하지 않았으며, 피고인 역시 음주운전 차량에 동승하였다.'는 점으로서 객관적 사실과 합치되므로, 비록 乙이 마신 술의 종류·양과 같은 세부적 부분이 객관적 사실과 정확히 일치하지 않더라도 게시글의 중요한 부분은 '진실한 사실'에 해당하는 점, 피고인은 사회적으로 음주운전에 엄격해진 분위기와 달리 농활 과정의 관성적인 음주운전 문화가 해당 개인은 물론 농활에 참여한 학내 구성원 등의 안전을 위협하고 이로 인해 총학생회의 자치활동에마저 부정적인 사회적 인식을 초래할 수 있다는 문제의식 아래 게시글을 올린 것으로 보이므로, 게시글은 주된 의도·목적의 측면에서 공익성이 충분히 인정되는 점, 게시글을 올린 시점이 乙의 음주운전 행위일로부터 약 4개월이 경과되었고, 乙의 甲 대학교 단과대학 학생회장 출마 시점으로부터 약 2주일 전이라는 점에서 그 의도·목적상 乙의 출마와 관련성이 있다고 볼 여지도 있으나, 게시글의 중요 부분은 객관적인 사실로서 乙의 준법의식·도덕성·윤리성과 직결되는 부분이어서 단과대학 학생회장으로서의 적격 여부와 상당한 관련성이 있을 뿐만 아니라 단과대학 구성원 전체의 관심과 이익에 관한 사항에 해당하는 점 등을 종합하면, 피고인의 행위는 형법 제310조에 따라 위법성이 조각된다고 봄이 타당하다(대판 2023.2.2. 2022도13425). 정답 | X

★

23 비방할 목적이 있는지 여부는 피고인이 드러낸 사실이 거짓인지 여부와 별개의 구성요건으로서, 드러낸 사실이 거짓이라고 해서 비방할 목적이 당연히 인정되는 것은 아니다. O | X

판결요지

비방할 목적이 있는지 여부는 피고인이 드러낸 사실이 거짓인지 여부와 별개의 구성요건으로서, 드러낸 사실이 거짓이라고 해서 비방할 목적이 당연히 인정되는 것은 아니다. 그리고 이 규정에서 정한 모든 구성요건에 대한 증명책임은 검사에게 있다(대판 2020.12.10. 2020도11471; 동지 대판 2022.7.28. 2022도4171).❹

❹ 정보통신망 이용촉진 및 정보보호 등에 관한 법률과 관련된 판례이지만 법리를 인용하여 두었다.

[판결이유] 피고인이 고등학교 동창인 甲으로부터 사기 범행을 당했던 사실과 관련하여 같은 학교 동창 10여 명이 참여하던 단체 채팅방에서 '甲이 내 돈을 갚지 못해 사기죄로 감방에서 몇 개월 살다가 나왔다. 집에서도 포기한 애다. 너희들도 조심해라.'라는 내용의 글을 게시함으로써 甲의 명예를 훼손하였다고 하여 정보통신망 이용촉진 및 정보보호 등에 관한 법률 위반(명예훼손)으로 기소된 사안에서, 피고인이 드러낸 사실의 내용, 게시 글의 작성 경위와 동기 등 제반 사정을 종합하면, 게시글은 채팅방에 참여한 고등학교 동창들로 구성된 사회집단의 이익에 관한 사항으로 볼 수 있고, 피고인의 주요한 동기와 목적은 공공의 이익을 위한 것으로 볼 여지가 있고 피고인에게 甲을 비방할 목적이 있다는 사실이 합리적 의심의 여지가 없을 정도로 증명되었다고 볼 수 없다. **정답 I O**

★★★
24 다음을 읽고 옳고 그름을 판단하라.

(1) 어떤 글이 모욕적 표현을 담고 있는 경우에도 그 글이 객관적으로 타당성이 있는 사실을 전제로 하여 그 사실관계나 이를 둘러싼 문제에 관한 자신의 판단과 피해자의 태도 등이 합당한가 하는 데 대한 자신의 의견을 밝히고, 자신의 판단과 의견이 타당함을 강조하는 과정에서 부분적으로 모욕적인 표현이 사용된 것에 불과하다면 사회상규에 위배되지 않는 행위로서 형법 제20조에 의하여 위법성이 조각될 수 있다. **O | X**

(2) 인터넷 신문사 소속 기자 甲이 작성한 기사가 인터넷 포털 사이트의 '핫이슈' 난에 게재되자, 피고인이 "이런걸 기레기라고 하죠?"라는 댓글을 게시한 경우 '기레기'라는 표현은 모욕적 언사에 해당하지 아니하므로 구성요건해당성을 충족하지 못하므로 모욕죄가 성립하지 않는다. **O | X**

판결요지

[1] 모욕죄에서 말하는 모욕이란 사실을 적시하지 아니하고 사람의 사회적 평가를 저하시킬 만한 추상적 판단이나 경멸적 감정을 표현하는 것을 의미한다.
다만 어떤 글이 모욕적 표현을 담고 있는 경우에도 그 글이 객관적으로 타당성이 있는 사실을 전제로 하여 그 사실관계나 이를 둘러싼 문제에 관한 자신의 판단과 피해자의 태도 등이 합당한가 하는 데 대한 자신의 의견을 밝히고, 자신의 판단과 의견이 타당함을 강조하는 과정에서 부분적으로 모욕적인 표현이 사용된 것에 불과하다면 사회상규에 위배되지 않는 행위로서 형법 제20조에 의하여 위법성이 조각될 수 있다. 그리고 특정 사안에 대한 의견을 공유하는 인터넷 게시판 등의 공간에서 작성된 단문의 글에 모욕적 표현이 포함되어 있더라도, 그 글이 동조하는 다른 의견들과 연속적 · 전체적인 측면에서 볼 때, 그 내용이 객관적으로 타당성이 있는 사정에 기초하여 관련 사안에 대한 자신의 판단 내지 피해자의 태도 등이 합당한가 하는 데 대한 자신의 의견을 강조하거나 압축하여 표현한 것이라고 평가할 수 있고, 그 표현도 주로 피해자의 행위에 대한 것으로서 지나치게 악의적이지 않다면, 다른 특별한 사정이 없는 한 그 글을 작성한 행위는 사회상규에 위배되지 않는 행위로서 위법성이 조각된다고 보아야 한다.
[2] 인터넷 신문사 소속 기자 甲이 작성한 기사가 인터넷 포털 사이트의 '핫이슈' 난에 게재되자, 피고인이 "이런걸 기레기라고 하죠?"라는 댓글을 게시함으로써 공연히 甲을 모욕하였다는 내용으로 기소된 사안에서, '기레기'는 모욕적 표현에 해당하나, 위 댓글의 내용, 작성 시기와 위치, 위 댓글 전후로 게시된 다른 댓글의 내용과 흐름 등을 종합하면, 위 댓글을 작성한 행위는 사회상규에 위배되지 않는 행위로서 형법 제20조에 의하여 위법성이 조각된다고 한 사례(대판 2021.3.25. 2017도17643).
[판례해설] '기레기'는 모욕적 표현에 해당한다는 점을 주의하여야 한다. **정답 I (1) O, (2) X**

| 동지판례 | ★★★

1 피고인이 자신의 페이스북에 甲에 대한 비판적인 글을 게시하면서 "철면피, 파렴치, 양두구육, 극우부패세력"이라는 표현을 사용하여 甲을 모욕하였다는 내용으로 기소된 사안에서, 피고인이 사용한 위 표현이 모욕적 표현으로서 모욕죄의 구성요건에는 해당하나, 제반 사정을 종합할 때 피고인이 甲의 공적 활동과 관련한 자신의 의견을 담은 게시글을 작성하면서 위 표현을 한 것은 사회상규에 위배되지 않는 행위로서 위법성이 조각된다고 볼 여지가 크다고 한 사례(대판 2022.8.25. 2020도16897).

2 지역버스노동조합 조합원인 피고인이 자신의 페이스북에 집회 일정을 알리면서 노동조합 집행부인 피해자 甲과 乙을 지칭하며 "버스노조 악의 축, 甲과 乙 구속수사하라!!"라는 표현을 적시하여 피해자들을 모욕하였다는 내용으로 기소된 사안에서, 위 표현이 피해자들의 사회적인 평가를 저해시킬 만한 경멸적인 표현에 해당하는 것으로 보이지만, 제반 사정을 종합할 때 피고인이 노동조합 집행부의 공적 활동과 관련한 자신의 의견을 담은 게시글을 작성하면서 그러한 표현을 한 것은 사회상규에 위배되지 않는 정당행위로서 위법성이 조각된다고 볼 여지가 크다고 한 사례(대판 2022.10.27. 2019도14421).

| 비교판례 | ★★★

1 피고인들이 소속 노동조합 위원장 甲을 '어용', '앞잡이' 등으로 지칭하여 표현한 현수막, 피켓 등을 장기간 반복하여 일반인의 왕래가 잦은 도로변 등에 게시한 사안에서, '어용'이란 자신의 이익을 위하여 권력자나 권력 기관에 영합하여 줏대 없이 행동하는 것을 낮잡아 이르는 말, '앞잡이'란 남의 사주를 받고 끄나풀 노릇을 하는 사람을 뜻하는 말로서 언제나 위 표현들이 지칭된 상대방에 대한 모욕에 해당한다거나 사회상규에 비추어 허용되지 않는 것은 아니지만, 제반 사정에 비추어 피고인들의 위 행위는 甲에 대한 모욕적 표현으로서 사회상규에 위배되지 않는 행위로 보기 어렵다(대판 2021.9.9. 2016도88).

2 피고인이 인터넷 포털사이트 뉴스 댓글난에 연예인인 피해자를 '국민호텔녀'로 지칭하는 댓글을 게시하여 모욕죄로 기소된 사안에서, '국민호텔녀'라는 표현은 피해자의 사생활을 들추어 피해자가 종전에 대중에게 호소하던 청순한 이미지와 반대의 이미지를 암시하면서 피해자를 성적 대상화하는 방법으로 비하하는 것으로서 여성 연예인인 피해자의 사회적 평가를 저하시킬 만한 모멸적인 표현으로 평가할 수 있고, 정당한 비판의 범위를 벗어난 것으로서 정당행위로 보기도 어렵다고 한 사례(대판 2022.12.15. 2017도19229).

25 모욕죄의 구성요건인 '공연성'에 관하여도 명예훼손죄의 '공연성'에 관한 법리가 동일하게 적용되므로, 피해자의 입장에서 불쾌함을 느낄 정도의 부정적 · 비판적 의견이나 불편한 감정을 거칠게 나타낸 정도의 표현에 그치는 것으로서 발언에 담긴 취지가 아니라 그와 같은 조악한 표현 자체를 피해자에게 그대로 옮겨 전파하리라는 사정을 쉽게 예상하기 어려운 경우에는 전파가능성 인정에 더욱 신중해야 한다. **O | X**

판결요지

특히 발언의 내용 역시 피해자의 외부적 명예나 인격적 가치에 대한 사회적 평가를 저하시키거나 인격을 허물어뜨릴 정도로 모멸감을 주는 혐오스러운 표현이라기보다는 전체적으로 피해자의 입장에서 불쾌함을 느낄 정도의 부정적 · 비판적 의견이나 불편한 감정을 거칠게 나타낸 정도의 표현에 그치는 것으로서, 발언에 담긴 취지가 아니라 그와 같은 조악한 표현 자체를 피해자에게 그대로 옮겨 전파하리라는 사정을 쉽게 예상하기 어려운 경우에는 전파가능성을 인정함에 더욱 신중을 기할 필요가 있다(대판 2024.1.4. 2022도14571).

[사실관계] 피고인 · 상대방 · 피해자는 모두 같은 정당에 소속된 당원으로, 피고인은 대구 ○구의회 의원으로, 상대방은 대구 ○구을 지역위원회 여성위원장 및 대구 △△ 자율방범대 대장으로, 피해자는 대구 △△ 자율방범대 대원으로 활동하였다. 상대방은 2019. 1.경 피고인과 인사하면서 서로 알게 되었고, 그 후 공식적으로 몇 번 인사를 나눈 일이 있으나, 사적으로 특별히 친밀하다거나 신뢰관계가 있지는 않았다. 한편 상대방은 2020. 7.경 피해자가 대구 △△ 자율방범대 대원으로 새로 가입하면서 서로 친분을 갖게 되었다. 피고인은 2020. 7.경부터 피해자에 대해 부정적인 평가 · 감정을 가진 상태에서, 2020. 10. 11. 상대방에게 카카오톡 메신저로 피해자가 같은 정당 소속 의원과 간담회에 참석한 사진을 보내면서 '거기에 술꾼인 피해자가 송충이랑 가 있네요 ㅋ 거기는술 안 사주는데. 입 열면 막말과 비속어, 욕설이 난무하는 피해자와 가까이 해서 대장님이 득 될 것은 없다 봅니다.'는 취지의 메시지를 전송하였다.

[판례해설] 메시지에 담긴 내용 역시 피해자의 외부적 명예나 인격적 가치에 대한 사회적 평가를 저하시키거나 인격을 허물어뜨릴 정도로 모멸감을 주는 혐오스러운 표현이라기보다는 단지 피해자의 입장에서 불쾌함을 느낄 정도의 부정적 · 비판적 의견이나 불편한 감정을 거칠게 나타낸 정도의 표현에 그치는 것이자, 그러한 개인적 의견과 감정을 공통의 이해관계인으로서 단체의 대표자에게 제보하는 취지의 것으로, 모욕죄의 '모욕'에 해당한다고 단정하기도 어렵다. 이는 전제되는 객관적 사실관계를 토대로, 자신의 판단과 피해자가 취한 태도 등이 합당한가 하는데 대한 자신의 판단 · 의견을 밝히고 그 타당성을 강조하는 과정에서 부분적으로 모욕적인 표현이 사용된 것에 불과하다면, 이는 사회상규에 위배되지 않는 행위로서 형법 제20조에 의하여 위법성이 조각된다는 점에서 보더라도 그러하다.

정답 | O

★★★
26 모욕의 수단과 방법에는 제한이 없으므로 언어적 수단이 아닌 비언어적 · 시각적 수단만을 사용하여 표현을 하더라도 그것이 사람의 사회적 평가를 저하시킬 만한 추상적 판단이나 경멸적 감정을 전달하는 것이라면 모욕죄가 성립한다. **O | X**

판결요지

[1] 모욕의 수단과 방법에는 제한이 없으므로 언어적 수단이 아닌 비언어적 · 시각적 수단만을 사용하여 표현을 하더라도 그것이 사람의 사회적 평가를 저하시킬 만한 추상적 판단이나 경멸적 감정을 전달하는 것이라면 모욕죄가 성립한다. 최근 영상 편집 · 합성 기술이 발전함에 따라 합성 사진 등을 이용한 모욕 범행의 가능성이 높아지고 있고, 시각적 수단만을 사용한 모욕이라 하더라도 그 행위로 인하여 피해자가 입는 피해나 범행의 가벌성 정도는 언어적 수단을 사용한 경우와 비교하여 차이가 없다.
[2] 피고인이 자신의 유튜브 채널에 甲의 방송 영상을 게시하면서 甲의 얼굴에 '개' 얼굴을 합성하는 방법으로 甲을 모욕하였다는 내용으로 기소된 사안에서, 원심판단 중 피고인이 甲을 '개'로 지칭하지는 않은 점 및 효과음, 자막을 사용하지 않았다는 사정을 무죄의 근거로 든 것은 적절하지 않으나, 영상의 전체적인 내용을 살펴볼 때, 피고인이 甲의 얼굴을 가리는 용도로 동물 그림을 사용하면서 甲에 대한 부정적인 감정을 다소 해학적으로 표현하려 한 것에 불과하다고 볼 여지도 상당하므로, 해당 영상이 甲을 불쾌하게 할 수 있는 표현이기는 하지만 객관적으로 甲의 인격적 가치에 대한 사회적 평가를 저하시킬 만한 모욕적 표현을 한 경우에 해당한다고 단정하기 어렵다는 취지에서 공소사실을 무죄로 판단한 것은 수긍할 수 있다고 한 사례(대판 2023.2.2. 2022도4719). **정답 | O**

| 동지판례 |

사업소 소장인 피고인이 직원들에게 甲이 관리하는 다른 사업소의 문제를 지적하는 내용의 카카오톡 문자메시지를 발송하면서 “甲은 정말 야비한 사람인 것 같습니다.”라고 표현하여 甲을 모욕하였다는 내용으로 기소된 사안에서, 제반 사정에 비추어 볼 때 위 표현은 피고인의 甲에 대한 부정적 · 비판적 의견이나 감정이 담긴 경미한 수준의 추상적 표현에 불과할 뿐 甲의 외부적 명예를 침해할 만한 표현이라고 단정하기 어렵다는 이유로, 이와 달리 본 원심판결에 형법상 모욕의 의미에 관한 법리오해의 잘못이 있다고 한 사례(대판 2022.8.31. 2019도7370).

★ **27** 학문적 표현행위는 기본적 연구윤리를 위반하거나 해당 학문 분야에서 통상적으로 용인되는 범위를 심각하게 벗어나 학문적 과정이라고 보기 어려운 행위의 결과라거나, 논지나 맥락과 무관한 표현으로 타인의 권리를 침해하는 등의 사정이 있더라도 원칙적으로 학문적 연구를 위한 정당한 행위로 보는 것이 타당하다. **O | X**

판결요지

[1] 정신적 자유의 핵심인 학문의 자유는 기존의 인식과 방법을 답습하지 아니하고 끊임없이 문제를 제기하거나 비판을 가함으로써 새로운 인식을 얻기 위한 활동을 보장하는 데에 그 본질이 있다. 학문적 표현의 자유는 학문의 자유의 근간을 이룬다. 학문적 표현행위는 연구 결과를 대외적으로 공개하고 학술적 대화와 토론을 통해 새롭고 다양한 비판과 자극을 받아들여 연구 성과를 발전시키는 행위로서 그 자체가 진리를 탐구하는 학문적 과정이며 이러한 과정을 자유롭게 거칠 수 있어야만 궁극적으로 학문이 발전할 수 있다. 헌법 제22조 제1항이 학문의 자유를 특별히 보호하는 취지에 비추어 보면, 학문적 표현의 자유에 대한 제한은 필요 최소한에 그쳐야 한다. 따라서 학문적 표현행위는 기본적 연구윤리를 위반하거나 해당 학문 분야에서 통상적으로 용인되는 범위를 심각하게 벗어나 학문적 과정이라고 보기 어려운 행위의 결과라거나, 논지나 맥락과 무관한 표현으로 타인의 권리를 침해하는 등의 특별한 사정이 없는 한 원칙적으로 학문적 연구를 위한 정당한 행위로 보는 것이 타당하다. 한편 헌법 제10조는 인간의 존엄과 가치를 규정하고 있고, 인격권에 대한 보호 근거도 같은 조항에서 찾을 수 있다. 학문 연구도 헌법질서 내에서 이루어질 때에 보호받을 수 있으므로, 인간의 존엄성 및 그로부터 도출되는 인격권에 대한 존중에 바탕을 두어야 한다. 따라서 연구자들은 연구 주제의 선택, 연구의 실행뿐만 아니라 연구 결과 발표에 이르기까지 타인의 명예를 보호하고, 개인의 자유와 자기결정권을 존중하며, 사생활의 비밀을 보호하는 것을 소홀히 하여서는 안 된다. 특히 사회적 약자나 소수자와 같이, 연구에 대한 의견을 표출하거나 연구 결과를 반박하는 데에 한계가 있는 개인이나 집단을 대상으로 연구를 하는 경우에는, 연구의 전 과정에 걸쳐 이들의 권리를 존중하여야 할 특별한 책임을 부담한다.

[2] 대법원은 명예훼손죄에서 ‘사실의 적시’에 관하여, 객관적으로 피해자의 사회적 평가를 저하시키는 사실에 관한 발언이 보도, 소문이나 제3자의 말을 인용하는 방법으로 단정적인 표현이 아닌 전문 또는 추측의 형태로 표현되었더라도, 표현 전체의 취지로 보아 사실이 존재할 수 있다는 것을 암시하는 방식으로 이루어진 경우에는 사실의 적시로 인정하여 왔다.

하지만 학문적 표현의 자유를 실질적으로 보장하기 위해서는, 학문적 연구 결과 발표에 사용된 표현의 적절성은 형사 법정에서 가려지기보다 자유로운 공개토론이나 학계 내부의 동료평가 과정을 통하여 검증되는 것이 바람직하다. 그러므로 학문적 연구에 따른 의견 표현을 명예훼손죄에서 사실의 적시로 평가하는 데에는 신중할 필요가 있다. 역사학 또는 역사적 사실을 연구 대상으로 삼는 학문

영역에서의 '역사적 사실'과 같이, 그것이 분명한 윤곽과 형태를 지닌 고정적인 사실이 아니라 사후적 연구, 검토, 비판의 끊임없는 과정 속에서 재구성되는 사실인 경우에는 더욱 그러하다. 이러한 점에서 볼 때, 학문적 표현을 그 자체로 이해하지 않고, 표현에 숨겨진 배경이나 배후를 섣불리 단정하는 방법으로 암시에 의한 사실 적시를 인정하는 것은 허용된다고 보기 어렵다(대판 2023.10.26. 2017도18697).

정답 I X

★ **28** 회사의 대표이사인 피고인이 피해자에게 해고를 통보하자 피해자가 반발한 상황에서, 피고인이 휴대전화를 사용하여 피해자에게 메시지를 7회 전송하고 전화를 2회 건 경우 정보통신망을 이용하여 공포심이나 불안감을 유발하는 문언 · 음향을 반복적으로 피해자에게 도달한 경우에 해당한다.

O | X

판결요지

[1] 정보통신망 이용촉진 및 정보보호 등에 관한 법률 제74조 제1항 제3호, 제44조의7 제1항 제3호는 정보통신망을 통하여 공포심이나 불안감을 유발하는 부호 · 문언 · 음향 · 화상 또는 영상을 반복적으로 상대방에게 도달하게 하는 행위를 처벌한다. 여기서 '공포심이나 불안감을 유발하는 문언을 반복적으로 상대방에게 도달하게 하는 행위'에 해당하는지는 상대방에게 보낸 문언의 내용과 그 표현 방법 및 함축된 의미, 피고인과 상대방 사이의 관계, 문언을 보낸 경위, 횟수 및 그 전후의 사정, 상대방이 처한 상황 등을 종합적으로 고려해서 판단하여야 한다. 나아가 이 범죄는 구성요건상 위 조항에서 정한 정보통신망을 이용하여 상대방의 불안감 등을 조성하는 일정 행위의 반복을 필수적인 요건으로 삼고 있을 뿐만 아니라 그 입법 취지에 비추어 보더라도 정보통신망을 이용한 일련의 불안감 조성행위가 이에 해당한다고 하기 위해서는 각 행위 상호 간에 일시 · 장소의 근접, 방법의 유사성, 기회의 동일, 범의의 계속 등 밀접한 관계가 있어 전체적으로 상대방의 불안감 등을 조성하기 위한 일련의 반복적인 행위로 평가할 수 있는 경우여야만 하고, 그와 같이 평가될 수 없는 일회성 내지 비연속적인 단발성 행위가 여러 번 이루어진 것에 불과한 경우에는 각 행위의 구체적 내용 및 정도에 따라 협박죄나 경범죄처벌법상 불안감 조성행위 등 별개의 범죄로 처벌할 수 있음은 별론으로 하더라도 위 법 위반죄로 처벌할 수 없다.

[2] 회사의 대표이사인 피고인이 피해자에게 해고를 통보하자 피해자가 반발한 상황에서, 피고인이 휴대전화를 사용하여 피해자에게 메시지를 7회 전송하고 전화를 2회 걸어 정보통신망을 통하여 공포심이나 불안감을 유발하는 문언 · 음향을 반복적으로 피해자에게 도달하도록 하였다는 내용으로 기소된 사안에서, 피고인의 행위는 전체적으로 일회성 내지 비연속적인 단발성 행위가 수차 이루어진 것으로 볼 여지가 있을 뿐 정보통신망을 이용하여 상대방의 불안감 등을 조성하는 일련의 행위를 반복한 경우에 해당한다고 단정할 수 없다고 한 사례(대판 2023.9.14. 2023도5814).❺

정답 I X

❺ 정통망법과 관련된 판례이나 편의상 이곳에 실어두었다.

신용 · 업무와 경매에 관한 죄

29 주택재개발정비사업조합 구역 내 건물의 소유자인 甲 등이 위 건물에 대한 건물명도소송 확정판결에 따른 강제집행을 보상액이 적다는 이유로 위력으로 방해한 경우 이는 집행위임을 한 조합의 이주 · 철거업무를 방해한 것이다. **O | X**

판결요지

주택재개발정비사업조합(이하 '조합'이라 한다) 구역 내 건물의 소유자인 피고인들이 위 건물에 대한 건물명도소송 확정판결에 따른 강제집행을 보상액이 적다는 이유로 위력으로 방해함으로써 집행관에게 집행위임을 한 조합의 이주・철거업무를 방해하였다는 내용으로 기소된 사안에서, 위 강제집행은 특별한 사정이 없는 한 집행위임을 한 조합의 업무가 아닌 집행관의 고유한 직무에 해당하고, 설령 피고인들이 집행관의 강제집행 업무를 방해하였더라도 이를 채권자인 조합의 업무를 직접 방해한 것으로 볼 만한 증거도 부족하므로, 피고인들이 조합의 업무를 방해하였다고 볼 수 없고 피고인들의 행위와 조합의 업무방해 사이에 상당인과관계가 있다고 단정할 수도 없다는 이유로, 이와 달리 보아 피고인들에게 유죄를 인정한 원심판결에 심리미진 및 업무방해죄의 업무에 관한 법리오해의 잘못이 있다(대판 2023.4.27. 2020도34). **정답 | X**

★★★
30 의료인인 甲의 명의로 의료인이 아닌 乙이 개설하여 운영하는 병원에서, 피고인이 11회에 걸쳐 큰 소리를 지르거나 환자 진료 예약이 있는 甲을 붙잡고 있는 등의 방법으로 위력으로써 甲의 진료 업무를 방해한 경우 甲의 진료행위도 丙 병원의 운영에 관한 업무에 포함되어 별개의 보호가치 있는 업무로 볼 수 없다. **O | X**

판결요지

[1] 의료인이나 의료법인이 아닌 자가 의료기관을 개설하여 운영하는 행위는 업무방해죄의 보호대상이 되는 업무에 해당하지 않는다. 그러나 무자격자에 의해 개설된 의료기관에 고용된 의료인이 환자를 진료한다고 하여 그 진료행위 또한 당연히 반사회성을 띠는 행위라고 볼 수는 없다. 이때 의료인의 진료 업무가 업무방해죄의 보호대상이 되는 업무인지는 의료기관의 개설 · 운영 형태, 해당 의료기관에서 이루어지는 진료의 내용과 방식, 피고인의 행위로 인하여 방해되는 업무의 내용 등 사정을 종합적으로 고려하여 판단해야 한다.

[2] 의료인인 甲의 명의로 의료인이 아닌 乙이 개설하여 운영하는 丙 병원에서, 피고인이 단독으로 또는 공모하여 11회에 걸쳐 큰 소리를 지르거나 환자 진료 예약이 있는 甲을 붙잡고 있는 등의 방법으로 위력으로써 甲의 진료 업무를 방해하였다는 내용으로 기소된 사안에서, 피고인의 행위와 당시의 주변 상황 등을 종합하면, 공소사실 전부 또는 그중 일부는 피고인이 甲의 환자에 대한 진료행위를 방해한 것으로 볼 여지가 있으므로, 피고인이 丙 병원의 일반적인 운영 외에 甲의 진료행위를 방해한 것인지에 대해 더 세밀하게 심리하여 업무방해죄 성립 여부를 판단하였어야 함에도, 원심이 丙 병원의 운영에 관한 업무는 업무방해죄의 보호대상이 되는 업무에 해당하지 않는다고 전제한 다음, 甲의 진료행위도 丙 병원의 운영에 관한 업무에 포함되어 별개의 보호가치 있는 업무로 볼 수 없다고 단정하여 공소사실을 무죄로 판단한 것에 업무방해죄의 업무에 관한 법리오해의 잘못이 있다고 한 사례(대판 2023.3.16. 2021도16482). **정답 | X**

★

31 甲 고등학교의 교장인 피고인이 신입생 입학 사정회의 과정에서 면접위원인 피해자들에게 "참 선생님들이 말을 안 듣네. 중학교는 이 정도면 교장 선생님한테 권한을 줘서 끝내는데. 왜 그러는 거죠?" 등 특정 학생을 합격시키라는 취지의 발언을 한 경우 위력에 의한 업무방해죄가 성립한다. **O | X**

판결요지

[1] 형법상 업무방해죄에서 말하는 '위력'은 반드시 유형력의 행사에 국한되지 아니하므로 폭력 · 협박은 물론 사회적 · 경제적 · 정치적 지위와 권세에 의한 압박 등도 이에 포함되지만, 적어도 그러한 위력으로 인하여 피해자의 자유의사를 제압하기에 충분하다고 평가될 정도의 세력에는 이르러야 한다. 한편 어떤 행위의 결과 상대방의 업무에 지장이 초래되었더라도 행위자가 상대방의 의사결정에 관여할 수 있는 권한을 가지고 있거나 업무상의 지시를 할 수 있는 지위에 있는 경우에는 그 행위의 내용이나 수단이 사회통념상 허용될 수 없는 등 특별한 사정이 없는 한 위력을 행사한 것이라고 할 수 없다. 또한 업무방해죄의 성립에는 업무방해의 결과가 실제로 발생할 것을 요하지 아니하지만 업무방해의 결과를 초래할 위험은 발생하여야 하고, 그 위험의 발생이 위계 또는 위력으로 인한 것인지 신중하게 판단되어야 한다.
[2] 특성화고등학교인 甲 고등학교의 교장인 피고인이 신입생 입학 사정회의(이하 '사정회의'라고 한다) 과정에서 면접위원인 피해자들에게 "참 선생님들이 말을 안 듣네. 중학교는 이 정도면 교장 선생님한테 권한을 줘서 끝내는데. 왜 그러는 거죠?" 등 특정 학생을 합격시키라는 취지의 발언을 하여 특정 학생의 면접 점수를 상향시켜 신입생으로 선발되도록 함으로써 위력으로 피해자들의 신입생 면접 업무를 방해하였다는 내용으로 기소된 사안에서, 피고인은 학교 교장이자 전형위원회 위원장으로서 사정회의에 참석하여 자신의 의견을 밝힌 후 계속하여 논의가 길어지자 발언을 한 것인바, 그 발언에 다소 과도한 표현이 사용되었더라도 그것만으로 그 행위의 내용이나 수단이 사회통념상 허용할 수 없는 것이었다거나 피해자들의 자유의사를 제압하기에 충분한 위력을 행사하였다고 단정하기 어렵고, 그로 인하여 피해자들의 신입생 면접 업무가 방해될 위험이 발생하였다고 보기도 어렵다는 이유로, 이와 달리 보아 공소사실을 유죄로 인정한 원심판결에 업무방해죄의 성립에 관한 법리오해 및 심리미진의 잘못이 있다고 한 사례(대판 2023.3.30. 2019도7446). **정답** I X

32 피고인이 건설공사에 반대하는 여러 사람들과 함께 건설공사현장 출입구 중앙에 일렬로 의자를 놓고 앉아서 버티는 방법으로 공사차량의 통행을 가로막은 경우 업무방해죄의 위력에 해당하지 않는다. **O | X**

판결요지

도로 가운데 앉은 채로 이 사건 공사현장에 출입하는 차량의 앞을 가로막은 피고인의 행위는 위 차량이 그대로 진행할 경우 인명 피해의 가능성이 큰 상황을 조성한 것으로서, 공사현장 출입이 가로막힌 차량의 운전자들과 공사현장에서 실제 공사를 수행하던 피해자의 자유의사를 제압하기에 충분한 세력에 해당한다. 따라서 피고인의 위와 같은 행위는 업무방해죄에서 말하는 '위력'의 행사에 해당한다. 피고인의 행위로 인해 공사 차량의 출입에 장애가 생겼고, 그 당시 피해자의 공사업무를 위한 차량의 출입이 필요한 상황이었던 이상, 피고인의 행위로 인해 피해자가 수행하던 공사업무가 방해될 위험은 이미 발생하였다고 봄이 타당하다. 당시 여러 명의 경찰관들이 피고인 등의 공사 방해행위를 제지하기 위해 그 주변에 머물렀고, 위 공사 방해행위가 일정 기간 지속될 경우 이를 제지하는 조치를 즉각적으로 취하였다고 하여, 피고인의 위력 행사나 그로 인한 업무방해의 위험 발생을 부정

할 수 없다(대판 2021.10.28. 2020도2081). 정답 I X

33

전화금융사기 조직의 현금 수거책인 피고인이 무매체 입금거래의 '1인 1일 100만 원' 한도 제한을 회피하기 위하여 은행 자동화기기에 제3자의 주민등록번호를 입력하는 방법으로 이른바 '쪼개기 송금'을 한 행위는 은행에 대한 업무방해죄가 성립한다. **O | X**

판결요지

위계에 의한 업무방해죄에서 '위계'란 행위자가 행위 목적을 달성하기 위하여 상대방에게 오인, 착각 또는 부지를 일으키게 하여 이를 이용하는 것을 말한다. 컴퓨터 등 정보처리장치에 정보를 입력하는 등의 행위도 그 입력된 정보 등을 바탕으로 업무를 담당하는 사람의 오인, 착각 또는 부지를 일으킬 목적으로 행해진 경우에는 여기서 말하는 위계에 해당할 수 있으나(대판 2013.11.28. 2013도5117 참조), 위와 같은 행위로 말미암아 업무과 관련하여 오인, 착각 또는 부지를 일으킨 상대방이 없었던 경우에는 위계가 있었다고 볼 수 없다(대판 2007.12.27. 2005도6404 참조). 따라서 검사가 제출한 증거들만으로는 피고인이 위계로 써 피해자 은행들의 자동화기기를 통한 무통장·무카드 입금거래에 관한 업무를 방해하였음이 인정되지 않는다(대판 2022.2.11. 2021도12394).

[판례해설] 자동화기기에 허위의 정보를 입력하였으나 오인, 착각, 부지를 일으킨 것은 기계이지 사람이 아니므로 오인, 착각 또는 부지를 일으킨 상대방이 없어 위계가 성립하지 않는다. 정답 I X

34

계좌개설 신청인이 접근매체를 양도할 의사로 금융기관에 법인 명의 계좌를 개설하면서 예금거래신청서 등에 금융거래의 목적이나 접근매체의 양도의사 유무 등에 관한 사실을 허위로 기재하였으나, 계좌개설 심사업무를 담당하는 금융기관의 업무담당자가 단순히 예금거래신청서 등에 기재된 계좌개설 신청인의 허위 답변만을 그대로 믿고 그 내용의 진실 여부를 확인할 수 있는 증빙자료의 요구 등 추가적인 확인조치 없이 법인 명의의 계좌를 개설해 준 경우, 신청인에게 위계에 의한 업무방해죄가 성립하지 않는다. **O | X**

판결요지

상대방으로부터 신청을 받아 일정한 자격요건 등을 갖춘 경우에 한하여 그에 대한 수용 여부를 결정하는 업무에 관해서는 신청서에 기재된 사유가 사실과 부합하지 않을 수 있음을 전제로 하여 자격요건 등을 심사·판단하는 것이므로, 업무담당자가 사실을 충분히 확인하지 아니한 채 신청인이 제출한 허위 신청사유나 허위 소명자료를 가볍게 믿고 수용하였다면 이는 업무담당자의 불충분한 심사에 기인한 것으로서 신청인의 위계가 업무방해의 위험성을 발생시켰다고 할 수 없어 위계에 의한 업무방해죄를 구성하지 않는다. 따라서 계좌개설 신청인이 접근매체를 양도할 의사로 금융기관에 법인 명의의 계좌를 개설하면서 예금거래신청서 등에 금융거래의 목적이나 접근매체의 양도의사 유무 등에 관한 사실을 허위로 기재하였으나, 계좌개설 심사업무를 담당하는 금융기관의 업무담당자가 단순히 예금거래신청서 등에 기재된 계좌개설 신청인의 허위 답변만을 그대로 믿고 그 내용의 진실 여부를 확인할 수 있는 증빙자료의 요구 등 추가적인 확인조치 없이 법인 명의의 계좌를 개설해 준 경우 그 계좌개설은 금융기관 업무담당자의 불충분한 심사에 기인한 것이므로, 계좌개설 신청인의 위계가 업무방해의 위험성을 발생시켰다고 할 수 없어 위계에 의한 업무방해죄를 구성하지 않는다고 보아야 한다(대판 2023.8.31. 2021도17151). 정답 I O

★
35 피고인들이 공모하여 이사회에서 '급여규정 일부 개정안'에 대하여 허위로 설명 또는 보고하거나 개정안과 관련하여 허위의 자료를 작성하여 제시한 경우 위와 같은 행위는 위계로써 甲 농협 감사의 甲 농협의 재산과 업무집행상황에 대한 감사, 이사회에 대한 의견 진술 등에 관한 업무를 방해한 경우에 해당한다.

O | X

판결요지

업무방해죄의 보호대상이 되는 "업무"라 함은 직업 또는 사회생활상의 지위에 기하여 계속적으로 종사하는 사무나 사업을 말하는 것으로, 이러한 주된 업무와 밀접불가분의 관계에 있는 부수적인 업무도 이에 포함된다(대판 1993.2.9. 92도2929 등 참조). 피고인들이 공모하여 이사회에서 '급여규정 일부 개정안'에 대하여 허위로 설명 또는 보고하거나 개정안과 관련하여 허위의 자료를 작성하여 제시하였는데, 위와 같은 행위로 위계로써 甲 농협 감사의 甲 농협의 재산과 업무집행상황에 대한 감사, 이사회에 대한 의견 진술 등에 관한 업무를 방해하였다는 내용으로 기소된 사안에서 이사회가 의안 심의 및 결의에 관한 업무와 관련하여 특정 안건의 심의 및 의결 절차의 편의상 이사회 구성원이 아닌 감사 등의 의견을 청취하는 것은 그 실질에 있어 이사회 구성원인 이사들의 의안 심의 및 결의에 관한 계속적 업무 혹은 그와 밀접불가분의 관계에 있는 업무에 해당할 뿐, 그와 같은 경위로 이사회에 출석하여 의견을 진술한 이사회 구성원 아닌 감사의 업무를 방해한 경우에 해당한다고 볼 수 없다(대판 2023.9.27. 2023도9332).

정답 | X

비밀침해의 죄

★★
36 피고인이 사무실에서 비밀장치가 되어 있지 않은 피해자의 노트북 컴퓨터에 키로그 프로그램을 몰래 설치하여 위 프로그램을 사용함으로써 피해자가 네이트온, 카카오톡, 구글 계정에 접속하는 과정에서 컴퓨터 키보드에 입력한 이 사건 아이디 등을 알아낸 경우 제316조 제2항 소정의 전자기록등내용탐지죄가 성립한다.

O | X

판결요지

[1] 그 자체로서 객관적 · 고정적 의미를 가지면서 독립적으로 쓰이는 것이 아니라 개인 또는 법인이 전자적 방식에 의한 정보의 생성 · 처리 · 저장 · 출력을 목적으로 구축하여 설치 · 운영하는 시스템에서 쓰임으로써 예정된 증명적 기능을 수행하는 것은 전자기록에 포함된다. 이처럼 개정 형법이 전자기록 등 특수매체기록을 위 각 범죄의 행위 객체로 신설 · 추가한 입법취지, 전자기록등내용탐지죄의 보호법익과 그 침해행위의 태양 및 가벌성 등에 비추어 볼 때, 이 사건 아이디 등은 전자방식에 의하여 피해자의 노트북 컴퓨터에 저장된 기록으로서 형법 제316조 제2항의 '전자기록 등 특수매체기록'에 해당한다.

[2] 형법 제316조 제2항 소정의 전자기록등내용탐지죄는 봉함 기타 비밀장치한 전자기록 등 특수매체기록을 기술적 수단을 이용하여 그 내용을 알아낸 자를 처벌하는 규정인바, 전자기록 등 특수매체기록에 해당하더라도 봉함 기타 비밀장치가 되어 있지 아니한 것은 이를 기술적 수단을 동원해서 알아냈더라도 전자기록등내용탐지죄가 성립하지 않는다(대판 2022.3.31. 2021도8900).

[판례해설] 이 사건 아이디 등이 형법 제316조 제2항에 규정된 전자기록 등 특수매체기록에는 해당하더라도 이에 대하여 별도의 보안장치가 설정되어 있지 않은 등 비밀장치가 된 것으로 볼 수 없는 이상, 이 사건 아이디 등을 위 프로그램을 이용하여 알아냈더라도 전자기록등내용탐지죄가 성립하지 않는다. **정답 | X**

주거침입죄

☑ 주거침입죄 최신판례 정리*** ❻

<table>
<tr><th>장소</th><th colspan="2">사건</th><th>침입여부</th></tr>
<tr><td rowspan="3">공동거주</td><td colspan="2">① 상간녀 판례(전합)</td><td>×</td></tr>
<tr><td colspan="2">② 별거 중 남편 사건(전합)</td><td>×</td></tr>
<tr><td colspan="2">③ 스마트키 절도 사건</td><td>×</td></tr>
<tr><td rowspan="3">공동주택</td><td colspan="2">④ 헤어진 남친 아파트 공동현관문 비밀번호 사건</td><td>○</td></tr>
<tr><td colspan="2">⑤ 헤어진 남친 빌라 마스크 사건</td><td>○</td></tr>
<tr><td colspan="2">⑥ 아파트 입주자대표회의 지하주차장 용역계약 사건</td><td>○</td></tr>
<tr><td rowspan="6">공중개방</td><td rowspan="4">상시허용</td><td>⑦ 음식점 녹화물 설치사건(초원복집 판례 변경)(전합)</td><td>×</td></tr>
<tr><td>⑧ 시청 1층 로비사건</td><td>×</td></tr>
<tr><td>⑨ 대형마트 2층 매장사건</td><td>×</td></tr>
<tr><td>⑩ 은행 및 건설회사 사건</td><td>×</td></tr>
<tr><td rowspan="2">승낙허용</td><td>⑪ 교도소 · 구치소 녹화장비 사건</td><td>×</td></tr>
<tr><td>⑫ 법원의 접근금지가처분 결정 사건</td><td>○</td></tr>
<tr><td rowspan="2">공동주택+
공중개방</td><td colspan="2" rowspan="2">⑬ 추행목적 아파트 1층 및 상가 1층 출입사건</td><td>아파트 1층 ○</td></tr>
<tr><td>상가 1층 ×</td></tr>
</table>

① **[상간녀 사건]** 배우자 있는 사람과의 혼외 성관계 목적으로 다른 배우자가 부재중인 주거에 출입한 경우 주거침입죄의 불성립(대판(전) 2020도12630).

② **[별거 중 남편 사건]** 가정불화로 처(乙)와 일시 별거 중인 남편 甲이 그의 부모(丙, 丁)와 함께 주거지에 들어가려고 하는데 처로부터 집을 돌보아 달라는 부탁을 받은 처제(戊)가 출입을 못하게 하자, 출입문에 설치된 잠금장치를 손괴하고 주거지에 들어간 경우, 甲, 丙, 丁은 폭력행위 등 처벌에 관한 법률위반(공동주거침입)죄 불성립(대판(전) 2020도6085). ➜ 폭처법 공동재물손괴는 인정에 유의!

③ **[스마트키 절도 사건]** 피고인이 피해자로부터 교부받은 스마트키를 이용하여 야간에 피해 회사 사무실에 절도 목적으로 출입한 경우 건조물침입죄 불성립(대판 2023도3351). ➜ 야간주거침입절도에서 주거침입이 인정되지 않음

④ **[헤어진 남친 아파트 공동현관문 비밀번호 사건]** 피고인이 교제하다 헤어진 피해자의 주거가 속해 있는 아파트 동의 출입구에 설치된 공동출입문에 피해자나 다른 입주자의 승낙 없이 비밀번호를 입력하는 방법으로 아파트의 공용부분에 출입한 경우 주거침입죄 성립(대판 2021도15507).

---

❻ 수험을 위하여 편의상 공동거주와 공동주택 및 공중개방으로 분류하였다. 제12회 변호사시험에서 공동거주와 관련된 전합 판례가 출제되었으므로 제13회 이후의 시험에서는 그 이하의 판례들의 출제가 유력하다. 따라서 사실관계까지 숙지하여 철저하게 대비하여야 한다.

⑤ **[헤어진 남친 빌라 마스크 사건]** 피고인이 예전 여자친구인 甲의 사적 대화 등을 몰래 녹음하거나 현관문에 甲에게 불안감을 불러일으킬 수 있는 문구가 기재된 마스크를 걸어놓거나 甲이 다른 남자와 찍은 사진을 올려놓으려는 의도로 3차례에 걸쳐 야간에 甲이 거주하는 빌라 건물의 공동현관, 계단을 통해 甲의 2층 주거 현관문 앞까지 들어간 경우 주거침입죄 성립(대판 2023도15164).

⑥ **[아파트 입주자대표회의 지하주차장 용역계약 사건]** 입주자대표회의가 입주자 등이 아닌 자(이하 '외부인')의 단지 안 주차장에 대한 출입을 금지하는 결정을 하고 그 사실을 외부인에게 통보하였음에도 외부인이 입주자대표회의의 결정에 반하여 그 주차장에 들어갔다면, 출입 당시 관리자로부터 구체적인 제지를 받지 않았다고 하더라도 그 주차장의 관리권자인 입주자대표회의의 의사에 반하여 들어간 것이므로 건조물침입죄가 성립(대판 2017도21323).

⑦ **[음식점 녹화물 설치사건]** 피고인들이 공모하여 피해자가 운영하는 음식점에서 인터넷 언론사 기자를 만나 식사를 대접하면서 기자가 부적절한 요구를 하는 장면 등을 확보할 목적으로 녹음 · 녹화장치를 설치하거나 장치의 작동 여부 확인 및 이를 제거하기 위하여 각 음식점의 방실에 들어간 경우 주거침입죄 불성립(대판(전) 2017도18272).

⑧ **[시청 1층 로비 사건]** 피고인들이 공동하여 ○○시청에 이르러 150여 명의 조합원들과 함께 시청 1층 로비로 들어가 바닥에 앉아 구호를 외치며 소란을 피운 경우 건조물 침입죄 불성립(대판 2021도7087).

⑨ **[대형마트 2층 매장사건]** 마트산업노동조합 간부와 조합원인 피고인들이 공동하여, 대형마트 지점에 방문한 대표이사 등에게 해고와 전보 인사발령에 항의하기 위하여 지점장 甲의 의사에 반하여 정문을 통해 지점 2층 매장으로 들어간 경우 폭력행위 등 처벌에 관한 법률 위반(공동주거침입)죄 불성립(대판 2021도9055). ➜ 위력에 의한 업무방해죄 불성립

⑩ **[은행 및 건설회사 사건]** 업무시간 중 일반적으로 출입이 허용되어 개방된 'OSB저축은행 · 대신저축은행'과 업무상 이해관계인의 출입에 별다른 제한이 없는 영업장소인 '신영건설'에 업무상 이해관계인 자격으로 관리자의 출입제한이나 제지가 없는 상태에서 사전에 면담약속 · 방문 통지를 한 후 방문한 것이거나 면담요청을 하기 위해 통상적인 방법으로 들어간 경우 폭력행위처벌법위반(공동주거침입)죄 불성립(대판 2022도15955).

⑪ **[교도소 · 구치소 녹화장비 사건]** 교도관 H에게 F의 지인인 것처럼 신분을 속이고 접견신청서를 작성 · 제출하여 접견을 허가받은 후, 반입이 금지되어 있는 명함지갑 모양의 녹음 · 녹화 장비를 소지하고 접견실로 들어가 약 10분간 F를 접견하면서 그 장면을 촬영하고 대화내용을 녹음한 경우 건조물침입죄 불성립[교도소 녹화사건도 동일](대판 2018도15213 ; 대판 2019도333).❼ ➜ 위계에 의한 공무집행방해죄는 성립하지 않음에 유의!

⑫ **[접근금지가처분결정 사건]** 甲이 'A에게 100m 이내로 접근하지 말 것' 등을 명하는 법원의 접근금지가처분 결정이 있는 등 甲이 A를 방문하는 것을 A가 싫어하는 것을 알고 있음에도 임의로 A가 근무하는 사무실 안으로 들어간 경우 건조물침입죄 성립(대판 2023도16595).❽

⑬ **[추행목적 아파트 1층 및 상가 1층 출입사건]** 피고인이 추행하기로 마음먹고 피해자를 뒤따라가 피해자의 주거지인 아파트에 들어가 아파트 1층 계단을 오르는 피해자의 뒤에서 갑자기 피해자의 교복 치마 안으로 손을 넣어 피해자의 음부와 허벅지를 만진 경우 주거침입죄 성립. 피고인이 추행하기로 마음먹고, 피해자를 뒤따라 상가 1층에 들어가, 그곳에서 엘리베이터를 기다리는 피해자의 뒤에서 갑자기 피해자의 교복 치마 안으로 손을 넣어 피해자의 음부를 만진 경우 주거침입죄 불성립(대판 2022도3801). ➜ 아파트 1층과 상가를 정확하게 구별할 것

---

❼ 관리자에 의해 출입이 통제되는 건조물에 관리자의 승낙을 받아 건조물에 통상적인 출입방법으로 들어갔다면, 이러한 승낙의 의사표시에 기망이나 착오 등의 하자가 있더라도 특별한 사정이 없는 한 형법 제319조 제1항에서 정한 건조물침입죄가 성립하지 않는다. 이러한 경우 관리자의 현실적인 승낙이 있었으므로 가정적 · 추정적 의사는 고려할 필요가 없다. 단순히 승낙의 동기에 착오가 있다고 해서 승낙의 유효성에 영향을 미치지 않으므로, 관리자가 행위자의 실제 출입 목적을 알았더라면 출입을 승낙하지 않았을 사정이 있더라도 건조물침입죄가 성립한다고 볼 수 없다. 나아가 관리자의 현실적인 승낙을 받아 통상적인 출입방법에 따라 건조물에 들어간 경우에는 출입 당시 객관적 · 외형적으로 드러난 행위태양에 비추어 사실상의 평온상태를 해치는 모습으로 건조물에 들어간 것이라고 평가할 수도 없다(대판 2022.3.31. 2018도15213).

❽ 피고인이 위 결정에 반하여 甲이 근무하는 사무실에 출입한 것은 甲의 명시적인 의사에 반하는 행위일 뿐만 아니라, 출입의 금지나 제한을 무시하고 출입한 경우로서 출입 당시 객관적 · 외형적으로 드러난 행위태양을 기준으로 보더라도 사실상 평온상태가 침해된 것으로 볼 수 있으므로 건조물침입죄가 성립한다.

★★★
37 배우자 있는 사람과의 혼외 성관계 목적으로 다른 배우자가 부재중인 주거에 출입하면 주거침입죄가 성립한다. O | X

판결요지

[다수의견] [1] 외부인이 공동거주자의 일부가 부재중에 주거 내에 현재하는 거주자의 현실적인 승낙을 받아 통상적인 출입방법에 따라 공동주거에 들어간 경우라면 그것이 부재중인 다른 거주자의 추정적 의사에 반하는 경우에도 주거침입죄가 성립하지 않는다고 보아야 한다. 구체적인 이유는 다음과 같다.

(가) 주거침입죄의 보호법익은 사적 생활관계에 있어서 사실상 누리고 있는 주거의 평온, 즉 '사실상 주거의 평온'으로서, 주거를 점유할 법적 권한이 없더라도 사실상의 권한이 있는 거주자가 주거에서 누리는 사실적 지배 · 관리관계가 평온하게 유지되는 상태를 말한다. 외부인이 무단으로 주거에 출입하게 되면 이러한 사실상 주거의 평온이 깨어지는 것이다. 이러한 보호법익은 주거를 점유하는 사실상태를 바탕으로 발생하는 것으로서 사실적 성질을 가진다. 한편 공동주거의 경우에는 여러 사람이 하나의 생활공간에서 거주하는 성질에 비추어 공동거주자 각자는 다른 거주자와의 관계로 인하여 주거에서 누리는 사실상 주거의 평온이라는 법익이 일정 부분 제약될 수밖에 없고, 공동거주자는 공동주거관계를 형성하면서 이러한 사정을 서로 용인하였다고 보아야 한다.

부재중인 일부 공동거주자에 대하여 주거침입죄가 성립하는지를 판단할 때에도 이러한 주거침입죄의 보호법익의 내용과 성질, 공동주거관계의 특성을 고려하여야 한다. 공동거주자 개개인은 각자 사실상 주거의 평온을 누릴 수 있으므로 어느 거주자가 부재중이라고 하더라도 사실상의 평온상태를 해치는 행위태양으로 들어가거나 그 거주자가 독자적으로 사용하는 공간에 들어간 경우에는 그 거주자의 사실상 주거의 평온을 침해하는 결과를 가져올 수 있다. 그러나 공동거주자 중 주거 내에 현재하는 거주자의 현실적인 승낙을 받아 통상적인 출입방법에 따라 들어갔다면, 설령 그것이 부재중인 다른 거주자의 의사에 반하는 것으로 추정된다고 하더라도 주거침입죄의 보호법익인 사실상 주거의 평온을 깨트렸다고 볼 수는 없다. 만일 외부인의 출입에 대하여 공동거주자 중 주거 내에 현재하는 거주자의 승낙을 받아 통상적인 출입방법에 따라 들어갔음에도 불구하고 그것이 부재중인 다른 거주자의 의사에 반하는 것으로 추정된다는 사정만으로 주거침입죄의 성립을 인정하게 되면, 주거침입죄를 의사의 자유를 침해하는 범죄의 일종으로 보는 것이 되어 주거침입죄가 보호하고자 하는 법익의 범위를 넘어서게 되고, '평온의 침해' 내용이 주관화 · 관념화되며, 출입 당시 현실적으로 존재하지 않는, 부재중인 거주자의 추정적 의사에 따라 주거침입죄의 성립 여부가 좌우되어 범죄 성립 여부가 명확하지 않고 가벌성의 범위가 지나치게 넓어지게 되어 부당한 결과를 가져오게 된다.

(나) 주거침입죄의 구성요건적 행위인 침입은 주거침입죄의 보호법익과의 관계에서 해석하여야 한다. 따라서 침입이란 '거주자가 주거에서 누리는 사실상의 평온상태를 해치는 행위태양으로 주거에 들어가는 것'을 의미하고, 침입에 해당하는지 여부는 출입 당시 객관적 · 외형적으로 드러난 행위태양을 기준으로 판단함이 원칙이다. 사실상의 평온상태를 해치는 행위태양으로 주거에 들어가는 것이라면 대체로 거주자의 의사에 반하는 것이겠지만, 단순히 주거에 들어가는 행위 자체가 거주자의 의사에 반한다는 거주자의 주관적 사정만으로 바로 침입에 해당한다고 볼 수는 없다. 외부인이 공동거주자 중 주거 내에 현재하는 거주자로부터 현실적인 승낙을 받아 통상적인 출입방법에 따라 주거에 들어간 경우라면, 특별한 사정이 없는 한 사실상의 평온상태를 해치는 행위태양으로 주거에 들어간 것이라고 볼 수 없으므로 주거침입죄에서 규정하고 있는 침입행위에 해당하지 않는다.

[2] 피고인이 甲의 부재중에 甲의 처(妻) 乙과 혼외 성관계를 가질 목적으로 乙이 열어 준 현관 출입문을 통하여 甲과 乙이 공동으로 거주하는 아파트에 3회에 걸쳐 들어간 사안에서, 피고인이 乙로부터 현실적인 승낙을 받아 통상적인 출입방법에 따라 주거에 들어갔으므로 주거의 사실상 평온상태를

해치는 행위태양으로 주거에 들어간 것이 아니어서 주거에 침입한 것으로 볼 수 없고, 설령 피고인의 주거 출입이 부재중인 甲의 의사에 반하는 것으로 추정되더라도 그것이 사실상 주거의 평온을 보호법익으로 하는 주거침입죄의 성립 여부에 영향을 미치지 않는다(대판(전) 2021.9.9. 2020도12630).

정답 I X

★★★
38 형법은 제319조 제1항에서 주거침입죄의 객체는 행위자 이외의 사람, 즉 '타인'이 거주하는 주거 등이라고 할 것이므로 행위자 자신이 단독으로 또는 다른 사람과 공동으로 거주하거나 관리 또는 점유하는 주거 등에 임의로 출입하더라도 주거침입죄를 구성하지 않는다. O | X

판결요지

[다수의견] [1] 형법은 제319조 제1항의 주거침입죄의 객체는 행위자 이외의 사람, 즉 '타인'이 거주하는 주거 등이라고 할 것이므로 행위자 자신이 단독으로 또는 다른 사람과 공동으로 거주하거나 관리 또는 점유하는 주거 등에 임의로 출입하더라도 주거침입죄를 구성하지 않는다. 다만 다른 사람과 공동으로 주거에 거주하거나 건조물을 관리하던 사람이 공동생활관계에서 이탈하거나 주거 등에 대한 사실상의 지배 · 관리를 상실한 경우 등 특별한 사정이 있는 경우에 주거침입죄가 성립할 수 있을 뿐이다.
[2] 주거침입죄가 사실상 주거의 평온을 보호법익으로 하는 이상, 공동주거에서 생활하는 공동거주자 개개인은 각자 사실상 주거의 평온을 누릴 수 있다고 할 것이다. 그런데 공동거주자 각자는 특별한 사정이 없는 한 공동주거관계의 취지 및 특성에 맞추어 공동주거 중 공동생활의 장소로 설정한 부분에 출입하여 공동의 공간을 이용할 수 있는 것과 같은 이유로, 다른 공동거주자가 이에 출입하여 이용하는 것을 용인할 수인의무도 있다. 그것이 공동거주자가 공동주거를 이용하는 보편적인 모습이기도 하다. 이처럼 공동거주자 각자가 공동생활의 장소에서 누리는 사실상 주거의 평온이라는 법익은 공동거주자 상호 간의 관계로 인하여 일정 부분 제약될 수밖에 없고, 공동거주자는 이러한 사정에 대한 상호 용인하에 공동주거관계를 형성하기로 하였다고 보아야 한다. 따라서 공동거주자 상호 간에는 특별한 사정이 없는 한 다른 공동거주자가 공동생활의 장소에 자유로이 출입하고 이를 이용하는 것을 금지할 수 없다. 공동거주자 중 한 사람이 법률적인 근거 기타 정당한 이유 없이 다른 공동거주자가 공동생활의 장소에 출입하는 것을 금지한 경우, 다른 공동거주자가 이에 대항하여 공동생활의 장소에 들어갔더라도 이는 사전 양해된 공동주거의 취지 및 특성에 맞추어 공동생활의 장소를 이용하기 위한 방편에 불과할 뿐, 그의 출입을 금지한 공동거주자의 사실상 주거의 평온이라는 법익을 침해하는 행위라고는 볼 수 없으므로 주거침입죄는 성립하지 않는다. 설령 그 공동거주자가 공동생활의 장소에 출입하기 위하여 출입문의 잠금장치를 손괴하는 등 다소간의 물리력을 행사하여 그 출입을 금지한 공동거주자의 사실상 평온상태를 해쳤더라도 그러한 행위 자체를 처벌하는 별도의 규정에 따라 처벌될 수 있음은 별론으로 하고, 주거침입죄가 성립하지 아니함은 마찬가지이다.
[3] 공동거주자 각자가 상호 용인한 통상적인 공동생활 장소의 출입 및 이용행위의 내용과 범위는 공동주거의 형태와 성질, 공동주거를 형성하게 된 경위 등에 따라 개별적 · 구체적으로 살펴보아야 한다. 공동거주자 중 한 사람의 승낙에 따른 외부인의 공동생활 장소의 출입 및 이용행위가 외부인의 출입을 승낙한 공동거주자의 통상적인 공동생활 장소의 출입 및 이용행위의 일환이자 이에 수반되는 행위로 평가할 수 있는 경우에는 이러한 외부인의 행위는 전체적으로 그 공동거주자의 행위와 동일하게 평가할 수 있다. 따라서 공동거주자 중 한 사람이 법률적인 근거 기타 정당한 이유 없이 다른 공동거주자가 공동생활의 장소에 출입하는 것을 금지하고, 이에 대항하여 다른 공동거주자가 공동생활의 장소에 들어가는 과정에서 그의 출입을 금지한 공동거주자의 사실상 평온상태를 해쳤더라도 주거침입죄가 성립하지 않는 경우로서, 그 공동거주자의 승낙을 받아 공동생활의 장소에 함께 들어간

외부인의 출입 및 이용행위가 전체적으로 그의 출입을 승낙한 공동거주자의 통상적인 공동생활 장소의 출입 및 이용행위의 일환이자 이에 수반되는 행위로 평가할 수 있는 경우라면, 이를 금지하는 공동거주자의 사실상 평온상태를 해쳤음에도 불구하고 그 외부인에 대하여도 역시 주거침입죄가 성립하지 않는다고 봄이 타당하다.

[반대의견] 주거 내에 현재하는 공동거주자가 출입을 금지하였는데도 불구하고 폭력적인 방법 또는 비정상적인 경로로 공동주거에 출입한 경우는 출입 당시 객관적 · 외형적으로 드러난 행위태양에 비추어 주거 내에 현재하는 공동거주자의 평온상태를 명백히 해치는 것이어서 침입행위에 해당하므로 주거침입죄가 성립한다. 그러한 주거침입행위자가 스스로 집을 나간 공동거주자이거나, 그 공동거주자로부터 승낙을 받은 외부인이라 하여도 마찬가지이다(대판(전) 2021.9.9. 2020도6085).

[사실관계] 피고인 甲은 처(妻) 乙과의 불화로 인해 乙과 공동생활을 영위하던 아파트에서 짐 일부를 챙겨 나왔는데, 그 후 자신의 부모인 피고인 丙, 丁과 함께 아파트에 찾아가 출입문을 열 것을 요구하였으나 乙은 외출한 상태로 乙의 동생인 戊가 출입문에 설치된 체인형 걸쇠를 걸어 "언니가 귀가하면 오라."며 문을 열어 주지 않자 공동하여 걸쇠를 손괴한 후 아파트에 침입하였다고 하여 폭력행위 등 처벌에 관한 법률 위반(공동주거침입)으로 기소된 사안. **정답 | O**

39

피고인이 피해 회사의 설립 당시부터 업무상 편의를 위해 피해자로부터 피해 회사의 출입을 위한 스마트키를 교부 받았고, 피해 회사에는 피고인의 지문까지 등록되어 있었는데 소지한 스마트키를 이용하여 야간에 피해 회사에 침입하여 피해 회사 및 피해자의 재물을 가지고 나온 경우 야간 주거침입절도죄가 성립한다. **O | X**

판결요지

[1] 주거침입죄는 사실상 주거의 평온을 보호법익으로 한다. 주거침입죄의 구성요건적 행위인 침입은 주거침입죄의 보호법익과의 관계에서 해석하여야 하므로, 침입이란 거주자가 주거에서 누리는 사실상의 평온상태를 해치는 행위태양으로 주거에 들어가는 것을 의미하고, 침입에 해당하는지 여부는 출입 당시 객관적 · 외형적으로 드러난 행위태양을 기준으로 판단함이 원칙이다. 사실상의 평온을 해치는 행위태양으로 주거에 들어가는 것이라면 특별한 사정이 없는 한 거주자의 의사에 반하는 것이겠지만, 단순히 주거에 들어가는 행위 자체가 거주자의 의사에 반한다는 거주자의 주관적 사정만으로 바로 침입에 해당한다고 볼 수 없다. 이는 건조물침입죄의 경우에도 마찬가지이다.

[2] 형법은 제319조 제1항에서 '사람의 주거, 관리하는 건조물, 선박이나 항공기 또는 점유하는 방실에 침입한 자'를 주거침입죄로 처벌한다고 규정하였는바, 주거침입죄는 주거에 거주하는 거주자, 건조물이나 선박, 항공기의 관리자, 방실의 점유자 이외의 사람이 위 주거, 건조물, 선박이나 항공기, 방실(이하 '주거 등'이라 한다)에 침입한 경우에 성립한다. 따라서 주거침입죄의 객체는 행위자 이외의 사람, 즉 '타인'이 거주하는 주거 등이라고 할 것이므로 행위자 자신이 단독으로 또는 다른 사람과 공동으로 거주하거나 관리 또는 점유하는 주거 등에 임의로 출입하더라도 주거침입죄를 구성하지 않는다. 다만 다른 사람과 공동으로 주거에 거주하거나 건조물을 관리하던 사람이 공동생활관계에서 이탈하거나 주거 등에 대한 사실상의 지배 · 관리를 상실한 경우 등 특별한 사정이 있는 경우에 주거침입죄가 성립할 수 있을 뿐이다(대판(전) 2021.9.9. 2020도6085 참조, 대판 2023.6.29. 2023도3351).

[판례해설] 적어도 피해자가 피고인에게 피해 회사에 대한 출입권한을 부여한 이상, 피해 회사는 피해자가 단독으로 관리 · 점유하는 건조물에 해당된다고 보기 어렵다. 즉, 피고인은 피해자와 공동으로 관리 · 점유하는 피해 회사 사무실에 임의로 출입한 것이므로 원칙적으로 건조물침입죄가 성립한다고 볼 수 없다. 또한 피고인이 피해자와의 관계에서 피해 회사에 대한 출입과 관련하여 공동생활관계

에서 이탈하였거나 이에 관한 사실상의 지배·관리를 상실한 경우 등의 특별한 사정이 있다고 보기도 어렵다. 비록 피고인이 공소사실 기재와 같이 일요일 야간에 피해 회사 사무실에 절도 목적으로 출입하였으나, 피고인은 피해자로부터 교부받은 스마트키를 이용하여 피해회사에서 예정한 통상적인 출입방법에 따라 위 사무실에 들어간 것일 뿐 그 당시 객관적·외형적으로 드러난 행위태양을 기준으로 볼 때 사실상의 평온상태를 해치는 방법으로 피해 회사에 들어갔다고 볼 만한 사정도 보이지 않는다.

정답 I X

★★★
40

피고인이 교제하다 헤어진 피해자의 주거가 속해 있는 아파트 동의 출입구에 설치된 공동출입문에 피해자나 다른 입주자의 승낙 없이 비밀번호를 입력하는 방법으로 아파트의 공용 부분에 출입하였다면 주거침입죄가 성립한다. **O | X**

판결요지

[1] 주거침입죄는 사실상 주거의 평온을 보호법익으로 한다. 주거침입죄의 구성요건적 행위인 침입은 주거침입죄의 보호법익과의 관계에서 해석하여야 하므로, 침입이란 거주자가 주거에서 누리는 사실상의 평온상태를 해치는 행위태양으로 주거에 들어가는 것을 의미하고, 침입에 해당하는지 여부는 출입 당시 객관적·외형적으로 드러난 행위태양을 기준으로 판단함이 원칙이다. 사실상의 평온을 해치는 행위태양으로 주거에 들어가는 것이라면 특별한 사정이 없는 한 거주자의 의사에 반하는 것이겠지만, 단순히 주거에 들어가는 행위 자체가 거주자의 의사에 반한다는 거주자의 주관적 사정만으로 바로 침입에 해당한다고 볼 수 없다. 따라서 침입에 해당한다고 인정하기 위해서는 거주자의 의사에 반한다는 사정만으로는 부족하고, 주거의 형태와 용도·성질, 외부인의 출입에 대한 통제·관리상태, 출입의 경위와 태양 등을 종합적으로 고려하여 객관적·외형적으로 판단할 때 주거의 사실상의 평온상태를 해치는 경우에 이르러야 한다.

[2] 다가구용 단독주택이나 다세대주택·연립주택·아파트와 같은 공동주택 내부의 엘리베이터, 공용 계단, 복도 등 공용 부분도 그 거주자들의 사실상 주거의 평온을 보호할 필요성이 있어 주거침입죄의 객체인 '사람의 주거'에 해당한다. 거주자가 아닌 외부인이 공동주택의 공용 부분에 출입한 것이 공동주택 거주자들에 대한 주거침입에 해당하는지 여부를 판단함에 있어서도 그 공용 부분이 일반 공중에 출입이 허용된 공간이 아니고 주거로 사용되는 각 가구 또는 세대의 전용 부분에 필수적으로 부속하는 부분으로서 거주자들 또는 관리자에 의하여 외부인의 출입에 대한 통제·관리가 예정되어 있어 거주자들의 사실상 주거의 평온을 보호할 필요성이 있는 부분인지, 공동주택의 거주자들이나 관리자가 평소 외부인이 그곳에 출입하는 것을 통제·관리하였는지 등의 사정과 외부인의 출입 목적 및 경위, 출입의 태양과 출입한 시간 등을 종합적으로 고려하여 '주거의 사실상의 평온상태를 침해하였는지'의 관점에서 객관적·외형적으로 판단하여야 한다. 따라서 아파트 등 공동주택의 공동현관에 출입하는 경우에도, 그것이 주거로 사용하는 각 세대의 전용 부분에 필수적으로 부속하는 부분으로 거주자와 관리자에게만 부여된 비밀번호를 출입문에 입력하여야만 출입할 수 있거나, 외부인의 출입을 통제·관리하기 위한 취지의 표시나 경비원이 존재하는 등 외형적으로 외부인의 무단출입을 통제·관리하고 있는 사정이 존재하고, 외부인이 이를 인식하고서도 그 출입에 관한 거주자나 관리자의 승낙이 없음은 물론, 거주자와의 관계 기타 출입의 필요 등에 비추어 보더라도 정당한 이유 없이 비밀번호를 임의로 입력하거나 조작하는 등의 방법으로 거주자나 관리자 모르게 공동현관에 출입한 경우와 같이, 그 출입 목적 및 경위, 출입의 태양과 출입한 시간 등을 종합적으로 고려할 때 공동주택 거주자의 사실상 주거의 평온상태를 해치는 행위태양으로 볼 수 있는 경우라면 공동주택 거주자들에 대한 주거침입에 해당할 것이다(대판 2022.1.27. 2021도15507).

정답 I O

| 동지판례 |

甲이 예전 여자친구인 A의 사적 대화 등을 몰래 녹음하거나 현관문에 A에게 불안감을 불러일으킬 수 있는 문구가 기재된 마스크를 걸어놓거나 A가 다른 남자와 찍은 사진을 올려놓으려는 의도로 3차례에 걸쳐 야간에 A가 거주하는 빌라 건물의 공동현관, 계단을 통해 A의 2층 주거 현관문 앞까지 들어간 사안에서, 빌라 건물 공용 부분의 성격, 외부인의 무단출입에 대한 통제·관리 방식과 상태, 甲과 A의 관계, 甲의 출입 목적 및 경위와 출입 시간, 출입행위를 전후한 甲의 행동, A의 의사와 행동, 주거공간 무단출입에 관한 사회 통념 등 제반 사정을 종합하면, 甲은 A 주거의 사실상 평온상태를 해치는 행위태양으로 빌라 건물에 출입하였다고 볼 여지가 충분하다는 이유로, 이와 달리 본 원심판결에 주거침입죄의 '침입'에 관한 법리오해 등의 잘못이 있다(대판 2024.2.15. 2023도15164).

★★
41 입주자대표회의가 입주자 등이 아닌 자(이하 '외부인'이라 한다)의 단지 안 주차장에 대한 출입을 금지하는 결정을 하고 그 사실을 외부인에게 통보하였음에도 외부인이 입주자대표회의의 결정에 반하여 그 주차장에 들어갔다면, 출입 당시 관리자로부터 구체적인 제지를 받지 않았다고 하더라도 그 주차장의 관리권자인 입주자대표회의의 의사에 반하여 들어간 것이므로 건조물침입죄가 성립한다.

O | X

판결요지

설령 외부인이 일부 입주자 등의 승낙을 받고 단지 안의 주차장에 들어갔다고 하더라도 개별 입주자 등은 그 주차장에 대한 본질적인 권리가 침해되지 않는 한 입주자대표회의의 단지 안의 주차장 관리에 관한 결정에 따를 의무가 있으므로 건조물침입죄의 성립에 영향이 없다. 외부인의 단지 안 주차장 출입을 금지하는 입주자대표회의의 결정이 개별 입주자 등의 본질적인 권리를 침해하는지 여부는 주차장의 유지 및 운영에 관한 입주자대표회의에서 제정·개정한 제 규정의 내용, 주차장의 본래 사용 용도와 목적, 입주자 등 사이의 관계, 입주자 등과 외부인 사이의 관계, 외부인의 출입 목적과 출입 방법 등을 종합적으로 고려하여 판단하여야 한다(대판 2021.1.14. 2017도21323).

[판결이유] 이 사건 아파트의 입주자대표회의는 입주자 등의 재산상의 피해나 각종 사고 등을 예방하기 위하여 이 사건 아파트 단지 내를 통행하는 차량의 통행을 제한할 수 있고, 입주자 등은 입주자대표회의의 이러한 결정에 따를 의무가 있다. 따라서 입주자대표회의가 일부 입주자 등과 세차용역계약을 체결한 피고인에 대하여 세차영업을 위하여 이 사건 아파트의 지하주차장으로 출입하는 것을 금지하였다고 하더라도 그것이 일부 입주자 등의 지하주차장에 대한 본질적인 권리를 침해한 것이라고 볼 수 없으므로, 피고인이 피고인과 세차용역계약을 체결한 일부 입주자 등의 승낙을 받고 이 사건 아파트의 지하주차장에 출입하였다고 하여도 건조물침입죄의 성립에 영향이 없다. **정답 | O**

★
42 피고인들이 골프장 부지에 설치된 사드(THAAD)기지 외곽 철조망을 미리 준비한 각목과 장갑을 이용해 통과하여 300m 정도 진행하다가 내곽 철조망에 도착하자 미리 준비한 모포와 장갑을 이용해 통과하여 사드기지 내부 1km 지점까지 진입하였다면, 위 사드기지의 부지는 기지 내 건물의 위요지에 해당하므로, 피고인들은 폭력행위 등 처벌에 관한 법률 위반(공동주거침입)죄가 성립한다.

O | X

판결요지

[1] 건조물침입죄에서 건조물이란 단순히 건조물 그 자체만을 말하는 것이 아니고 위요지를 포함하는 개념이다. 위요지란 건조물에 직접 부속한 토지로서 그 경계가 장벽 등에 의하여 물리적으로 명확하게 구획되어 있는 장소를 말한다.
[2] 피고인들이 골프장 부지에 설치된 사드(THAAD: 고고도 미사일 방어 체계)기지 외곽 철조망을 미리 준비한 각목과 장갑을 이용해 통과하여 300m 정도 진행하다가 내곽 철조망에 도착하자 미리 준비한 모포와 장갑을 이용해 통과하여 사드기지 내부 1km 지점까지 진입함으로써 대한민국 육군과 주한미군이 관리하는 건조물에 침입하였다고 하여 폭력행위 등 처벌에 관한 법률 위반(공동주거침입)으로 기소된 사안에서, 위 사드기지는 더 이상 골프장으로 사용되고 있지 않을 뿐만 아니라 이미 사드발사대 2대가 반입되어 이를 운용하기 위한 병력이 골프장으로 이용될 당시의 클럽하우스, 골프텔 등의 건축물에 주둔하고 있었고, 군 당국은 외부인 출입을 엄격히 금지하기 위하여 사드기지의 경계에 외곽 철조망과 내곽 철조망을 2중으로 설치하여 외부인의 접근을 철저하게 통제하고 있었으므로, 위 사드기지의 부지는 기지 내 건물의 위요지에 해당한다고 한 사례(대판 2020.3.12. 2019도16484)

정답 | O

★★★
43

피고인들이 공모하여 인터넷 언론사 기자 丙을 만나 식사를 대접하면서 丙이 부적절한 요구를 하는 장면 등을 확보할 목적으로 녹음 · 녹화장치를 설치하거나 장치의 작동 여부 확인 및 이를 제거하기 위하여 음식점의 들어간 경우 주거침입죄가 성립한다. **O | X**

판결요지

[1] 주거침입죄는 사실상 주거의 평온을 보호법익으로 한다. 주거침입죄의 구성요건적 행위인 침입은 주거침입죄의 보호법익과의 관계에서 해석하여야 하므로, 침입이란 주거의 사실상 평온상태를 해치는 행위 태양으로 주거에 들어가는 것을 의미하고, 침입에 해당하는지는 출입 당시 객관적 · 외형적으로 드러난 행위 태양을 기준으로 판단함이 원칙이다. 사실상의 평온상태를 해치는 행위 태양으로 주거에 들어가는 것이라면 대체로 거주자의 의사에 반하겠지만, 단순히 주거에 들어가는 행위 자체가 거주자의 의사에 반한다는 주관적 사정만으로는 바로 침입에 해당한다고 볼 수 없다. 거주자의 의사에 반하는지는 사실상의 평온상태를 해치는 행위 태양인지를 평가할 때 고려할 요소 중 하나이지만 주된 평가 요소가 될 수는 없다. 따라서 침입행위에 해당하는지는 거주자의 의사에 반하는지가 아니라 사실상의 평온상태를 해치는 행위 태양인지에 따라 판단되어야 한다.
[2] 행위자가 거주자의 승낙을 받아 주거에 들어갔으나 범죄나 불법행위 등(이하 '범죄 등'이라 한다)을 목적으로 한 출입이거나 거주자가 행위자의 실제 출입 목적을 알았더라면 출입을 승낙하지 않았을 것이라는 사정이 인정되는 경우 행위자의 출입행위가 주거침입죄에서 규정하는 침입행위에 해당하려면, 출입하려는 주거 등의 형태와 용도 · 성질, 외부인에 대한 출입의 통제 · 관리 방식과 상태, 행위자의 출입 경위와 방법 등을 종합적으로 고려하여 행위자의 출입 당시 객관적 · 외형적으로 드러난 행위 태양에 비추어 주거의 사실상 평온상태가 침해되었다고 평가되어야 한다. 이때 거주자의 의사도 고려되지만 주거 등의 형태와 용도 · 성질, 외부인에 대한 출입의 통제 · 관리 방식과 상태 등 출입 당시 상황에 따라 그 정도는 달리 평가될 수 있다. 일반인의 출입이 허용된 음식점에 영업주의 승낙을 받아 통상적인 출입방법으로 들어갔다면 특별한 사정이 없는 한 주거침입죄에서 규정하는 침입행위에 해당하지 않는다. 설령 행위자가 범죄 등을 목적으로 음식점에 출입하였거나 영업주가 행위자의 실제 출입 목적을 알았더라면 출입을 승낙하지 않았을 것이라는 사정이 인정되더라도 그러한

사정만으로는 출입 당시 객관적·외형적으로 드러난 행위 태양에 비추어 사실상의 평온상태를 해치는 방법으로 음식점에 들어갔다고 평가할 수 없으므로 침입행위에 해당하지 않는다(대판(전) 2022.3.24. 2017도18272).

[사실관계] 피고인들이 공모하여, 甲, 乙이 운영하는 각 음식점에서 인터넷 언론사 기자 丙을 만나 식사를 대접하면서 丙이 부적절한 요구를 하는 장면 등을 확보할 목적으로 녹음·녹화장치를 설치하거나 장치의 작동 여부 확인 및 이를 제거하기 위하여 각 음식점의 방실에 들어감으로써 甲, 乙의 주거에 침입하였다는 내용으로 기소된 사안.

정답 I X

| 관련판례 | ★★★

1 피고인들 등이 시청 1층 로비에 들어간 것이 '침입행위'에 해당하는지 여부

[1] 일반적으로 출입이 허용되어 개방된 시청사 로비에 관리자의 출입 제한이나 제지가 없는 상태에서 통상적인 방법으로 들어간 이상 사실상의 평온상태를 해치는 행위 태양으로 시청 1층 로비에 들어갔다고 볼 수 없으므로 건조물침입죄에서 규정하는 침입행위에 해당하지 않는다.

[2] 피고인들이 공동하여 ○○시청에 이르러 150여 명의 조합원들과 함께 시청 1층 로비로 들어가 바닥에 앉아 구호를 외치며 소란을 피움으로써 시청 건물 관리자의 의사에 반하여 건조물에 침입하였다고 기소된 사안에서, 당시 피고인들 등 조합원들은 시청 1층 중앙현관을 통해 1층 로비에 들어가면서 공무원 등으로부터 아무런 제지를 받지 않았고, 다수의 힘 또는 위세를 이용하여 들어간 정황이 없었다는 이유 등을 들어, 관리자의 의사를 주된 근거로 유죄를 인정한 원심판결을 파기환송한 사례(대판 2021.6.16. 2021도7087).

2 마트산업노동조합 간부와 조합원인 피고인들이 공동하여, 대형마트 지점에 방문한 대표이사 등에게 해고와 전보 인사발령에 항의하기 위하여 지점장 甲의 의사에 반하여 정문을 통해 지점 2층 매장으로 들어감으로써 건조물에 침입하였다고 하여 폭력행위 등 처벌에 관한 법률 위반(공동주거침입)으로 기소된 사안에서, 제반 사정에 비추어 피고인들에 대하여 건조물침입죄가 성립하지 않는다는 이유로, 이와 달리 본 원심판단에 법리오해의 잘못이 있다고 한 사례(대판 2022.9.7. 2021도9055).❾

★★★

3 피고인이 추행하기로 마음먹고 피해자를 뒤따라가 피해자의 주거지인 아파트에 들어가 아파트 1층 계단을 오르는 피해자의 뒤에서 갑자기 피해자의 교복 치마 안으로 손을 넣어 피해자의 음부와 허벅지를 만진 경우 주거침입죄 성립. 피고인이 추행하기로 마음먹고, 피해자를 뒤따라 상가 1층에 들어가, 그곳에서 엘리베이터를 기다리는 피해자의 뒤에서 갑자기 피해자의 교복 치마 안으로 손을 넣어 피해자의 음부를 만진 경우 주거침입죄 불성립(대판 2022.8.25. 2022도3801).

4 업무시간 중 일반적으로 출입이 허용되어 개방된 'OSB저축은행·대신저축은행'은 물론 업무상 이해관계인의 출입에 별다른 제한이 없는 영업장소인 '신영건설'에 위 피고인들이 업무상 이해관계인 자격으로 관리자의 출입제한이나 제지가 없는 상태에서 사전에 면담약속·방문 통지를 한 후 방문한 것이거나 면담요청을 하기 위해 통상적인 방법으로 들어간 이상, 사실상의 평온상태를 해치는 행위 태양으로 들어갔다고 볼 수 없어 건조물침입죄에서 규정하는 침입행위에 해당한다고 보기 어렵다. 설령 사후적으로 볼 때 위 피고인들의 위 각장소에의 순차적 출입이 앞서 본 소란 등 행위로 인하여 결과적으로 각 관리자의 추정적 의사에 반하는 결과를 초래하게 되었더라도, 그러한 사후적 사정만으로는 사실상의 평온상태를 해치는 행위 태양으로 출입하였다고 평가할 수 없다(대판 2024.1.4. 2022도15955).

---

❾ 본 사안에서 위력에 의한 업무방해죄는 인정되지 않았다.

| 비교판례 |

[1] 사생활 보호의 필요성이 큰 사적 주거, 외부인의 출입이 엄격히 통제되는 건조물에 거주자나 관리자의 승낙 없이 몰래 들어간 경우 또는 출입 당시 거주자나 관리자가 출입의 금지나 제한을 하였음에도 이를 무시하고 출입한 경우에는 사실상의 평온상태가 침해된 경우로서 침입행위가 될 수 있다. [2] 피고인이 '甲에게 100m 이내로 접근하지 말 것' 등을 명하는 법원의 접근금지가처분 결정이 있는 등 피고인이 甲을 방문하는 것을 甲이 싫어하는 것을 알고 있음에도 임의로 甲이 근무하는 사무실 안으로 들어감으로써 건조물에 침입하였다는 공소사실로 기소된 사안에서, 피고인이 위 결정에 반하여 甲이 근무하는 사무실에 출입한 것은 甲의 명시적인 의사에 반하는 행위일 뿐만 아니라, 출입의 금지나 제한을 무시하고 출입한 경우로서 출입 당시 객관적·외형적으로 드러난 행위태양을 기준으로 보더라도 사실상 평온상태가 침해된 것으로 볼 수 있으므로 건조물침입죄가 성립한다(대판 2024.2.8. 2023도16595).

★★★
44 다음을 읽고 옳고 그름을 판단하라.

(1) 법령에서 일정한 행위를 금지하면서 이를 위반하는 행위에 대한 벌칙을 정하고 공무원으로 하여금 금지규정의 위반 여부를 감시·단속하도록 한 경우, 공무원의 감시·단속을 피하여 금지규정을 위반한 행위는 위계에 의한 공무집행방해죄에 해당한다. O | X

(2) 녹음·녹화 등을 할 수 있는 전자장비가 교정시설의 안전 또는 질서를 해칠 우려가 있는 금지물품에 해당하여 반입을 금지할 필요가 있는 경우, 수용자가 아닌 사람이 교도관의 검사·단속을 피하여 위와 같은 금지물품을 교정시설 내로 반입한 행위가 위계에 의한 공무집행방해죄를 구성한다. O | X

(3) 관리자에 의해 출입이 통제되는 건조물에 관리자의 승낙을 받아 건조물에 통상적인 출입방법으로 들어갔으나 이러한 승낙의 의사표시에 기망이나 착오 등의 하자가 있는 경우, 건조물침입죄가 성립한다. O | X

판결요지

[1] 법령에서 일정한 행위를 금지하면서 이를 위반하는 행위에 대한 벌칙을 정하고 공무원으로 하여금 금지규정의 위반 여부를 감시·단속하도록 한 경우 공무원에게는 금지규정 위반행위의 유무를 감시하여 확인하고 단속할 권한과 의무가 있으므로 구체적이고 현실적으로 감시·단속 업무를 수행하는 공무원에 대하여 위계를 사용하여 업무집행을 못하게 하였다면 위계에 의한 공무집행방해죄가 성립하지만, 단순히 공무원의 감시·단속을 피하여 금지규정을 위반한 것에 지나지 않는다면 그에 대하여 벌칙을 적용하는 것은 별론으로 하고 그 행위가 위계에 의한 공무집행방해죄에 해당한다고 할 수 없다. 피고인이 금지규정을 위반하여 감시·단속을 피하는 것을 공무원이 적발하지 못하였다면 이는 공무원이 감시·단속이라는 직무를 소홀히 한 결과일 뿐 위계로 공무집행을 방해한 것이라고 볼 수 없다. [2] 녹음·녹화 등을 할 수 있는 전자장비가 교정시설의 안전 또는 질서를 해칠 우려가 있는 금지물품에 해당하여 반입을 금지할 필요가 있다면 교도관은 교정시설 등의 출입자와 반출·반입 물품을 검사·단속해야 할 일반적인 직무상 권한과 의무가 있다. 수용자가 아닌 사람이 위와 같은 금지물품을 교정시설 내로 반입하였다면 교도관의 검사·단속을 피하여 단순히 금지규정을 위반하는 행위를 한 것일 뿐 이로써 위계에 의한 공무집행방해죄가 성립한다고 할 수는 없다.
[3] 관리자에 의해 출입이 통제되는 건조물에 관리자의 승낙을 받아 건조물에 통상적인 출입방법으로 들어갔다면, 이러한 승낙의 의사표시에 기망이나 착오 등의 하자가 있더라도 특별한 사정이 없는 한

형법 제319조 제1항에서 정한 건조물침입죄가 성립하지 않는다. 이러한 경우 관리자의 현실적인 승낙이 있었으므로 가정적 · 추정적 의사는 고려할 필요가 없다. 단순히 승낙의 동기에 착오가 있다고 해서 승낙의 유효성에 영향을 미치지 않으므로, 관리자가 행위자의 실제 출입 목적을 알았더라면 출입을 승낙하지 않았을 사정이 있더라도 건조물침입죄가 성립한다고 볼 수 없다. 나아가 관리자의 현실적인 승낙을 받아 통상적인 출입방법에 따라 건조물에 들어간 경우에는 출입 당시 객관적 · 외형적으로 드러난 행위태양에 비추어 사실상의 평온상태를 해치는 모습으로 건조물에 들어간 것이라고 평가할 수도 없다(대판 2022.3.31. 2018도15213).

[사실관계] 피고인들은 C언론 시사프로그램 'D'의 제작을 맡고 있는 사람들로서, 보이스피싱 사건을 취재 · 방송하기 위하여 E구치소에 수용중인 피의자 F를 접견하면서 이를 촬영하기로 마음먹었다. 피고인들은 2015. 8. 14. 14:03경 G에 있는 E구치소에 이르러 위와 같은 목적을 숨기고 구치소 정문을 통과하여 침입한 다음, 구치소 민원실에서 교도관 H에게 F의 지인인 것처럼 신분을 속이고 접견신청서를 작성 · 제출하여 접견을 허가받은 후, 반입이 금지되어 있는 명함지갑 모양의 녹음 · 녹화 장비를 소지하고 접견실로 들어가 약 10분간 F를 접견하면서 그 장면을 촬영하고 대화내용을 녹음하였다. 이로써 피고인들은 공동하여 E구치소장이 관리하는 건조물에 침입하고, 공모하여 위계로써 접견업무를 담당하는 교도관의 정당한 직무집행을 방해하였다. **정답 I (1) X, (2) X, (3) X**

| 관련판례 |

[사실관계] 피고인 A는 2016.4.1. 15:23경, 피고인 B는 2016.4.2. 11:55경 및 2016.4.4. 10:26경 진주교도소에 이르러 취재와 방송을 위해 수용자를 접견하며 그 대화 내용과 장면을 녹음 · 녹화할 목적과 그 장비를 숨기고 교도소 정문을 통과하여 건조물에 침입하였다는 것이다.

[1] 원심은, 피고인들이 위계로써 접견업무를 담당하는 교도관의 정당한 직무집행을 방해하였다고 볼 수 없다는 이유로 이 부분 공소사실을 유죄로 판단한 제1심판결을 파기하고 무죄를 선고하였다. 이러한 원심 판단에 상고이유 주장과 같이 논리와 경험의 법칙을 위반하여 자유심증주의의 한계를 벗어나거나 위계에 의한 공무집행방해죄에 관한 법리를 오해한 잘못이 없다.

[2] 그럼에도 교도소 관리자의 추정적 의사를 주된 근거로 건조물침입죄의 성립을 인정한 원심 판단에는 본죄의 성립에 관한 법리를 오해하여 판결에 영향을 미친 잘못이 있다. 이를 지적하는 취지의 상고이유 주장은 이유 있다(대판 2022.4.14. 2019도333).

[판례해설] 위 대판 2018도15213의 법리가 그대로 적용된다.

★★
45 형법 제319조 제2항의 퇴거불응죄는 주거나 건조물 · 방실 등의 사실상 주거의 평온을 보호법익으로 하는 것으로, 거주자나 관리자 · 점유자로부터 주거나 건조물 · 방실 등에서 퇴거요구를 받고도 응하지 아니하면 성립하는데, 이때 주거 등에 관하여 거주 · 관리 · 점유할 법률상 정당한 권한을 가지고 있어야만 거주자나 관리자 · 점유자가 될 수 있다. **O | X**

판결요지

형법 제319조 제2항의 퇴거불응죄는 주거나 건조물 · 방실 등의 사실상 주거의 평온을 보호법익으로 하는 것으로, 거주자나 관리자 · 점유자로부터 주거나 건조물 · 방실 등에서 퇴거요구를 받고도 응하지 아니하면 성립하는데, 이때 주거 등에 관하여 거주 · 관리 · 점유할 법률상 정당한 권한을 가지고 있어야만 거주자나 관리자 · 점유자가 될 수 있는 것은 아니다. 이는 숙박업자가 고객에게 객실을 제공하여 일시적으로 이를 사용할 수 있도록 하고 고객으로부터 사용에 따른 대가를 지급받는 숙박계약이 종료됨에 따라 고객이 숙박업소의 관리자 등으로부터 퇴거요구를 받은 경우에도 원칙적으로 같다. 다만 숙박계약에서 숙박업자는 통상적인 임대차계약과는 달리 다수의 고객에게 반복적으로 객실을 제공하여 영업을 영위하고, 객실이라는 공간 외에도 객실 안의 시설이나 서비스를 함께 제공하여 객실 제공 이후에도 필요한 경우 객실에 출입하기도 하며, 사전에 고객과 사이에 대실기간을 단기간으로 정하여 대실기간 경과 후에는 고객의 퇴실 및 새로운 고객을 위한 객실 정비를 예정한다. 이와 같은 숙박계약의 특수성을 고려하면, 고객이 개별 객실을 점유하고 있더라도 숙박업소 및 객실의 구조 및 성격, 고객이 개별 객실을 점유하게 된 경위 및 점유 기간, 퇴실시간의 경과 여부, 숙박업자의 관리 정도, 고객에 대한 퇴거요구의 사유 등에 비추어 오히려 고객의 개별 객실에 대한 점유가 숙박업자의 전체 숙박업소에 대한 사실상 주거의 평온을 침해하는 것으로 평가할 수 있는 특별한 사정이 있는 경우에는 숙박업자가 고객에게 적법하게 퇴거요구를 하였음에도 고객이 응하지 않을 때 퇴거불응죄가 성립할 수 있다.

[사실관계] 피고인은 2022. 9. 20. 16:00경 피해자 공소외인이 운영하는 모텔(이하 '이 사건 모텔'이라 한다) 301호실(이하 '이 사건 객실'이라 한다)에 투숙하면서 선불로 1일 숙박요금 4만 원을 지급하였다. 입실 시 약속한 퇴실시간은 이튿날 오후 12시였다. 이 사건 모텔은 3층 건물로 1층 입구를 통해 들어가 안내실에서 계산을 한 후 복도 등을 통하여 배정된 객실로 들어가는 구조로, 이 사건 객실 외에도 다른 객실이 다수 존재하였다. 피고인은 투숙일 다음 날인 2022. 9. 21. 이 사건 객실에서 소란을 피웠고, 피해자는 다른 객실 투숙객으로부터 항의를 받게 되자 같은 날 11:11경 투숙객이 시비를 한다는 내용으로 112에 신고를 하고, 피고인에게도 퇴실시간이 12:00임을 알렸다. 경찰관들이 11:14경 이 사건 모텔에 출동하였고, 피해자는 12:00경 출동한 경찰관들과 함께 다시 피고인에게 퇴실시간이 되었음을 이유로 이 사건 객실에서 퇴실할 것을 요구하였으나, 피고인은 '여기는 범죄현장이다. 국과수를 불러달라. 내가 피해자인데 내가 왜 나가냐? 니들이 경찰이냐?'라고 말하는 등 횡설수설하면서 이 사건 객실에서 나가지 않았다. 경찰관들은 같은 날 14:50경 피고인을 퇴거불응죄의 현행범으로 체포하였다.

[판례해설] 피고인은 다수의 객실이 존재하는 숙박업소에서 퇴실시간이 정해진 단기간 숙박을 예정하여 그에 따른 대금만을 지불하였고, 퇴거요구를 받기 전까지 이 사건 객실을 점유한 시간은 채 하루에 이르지 않는다. 게다가 피고인은 소란을 피워 피해자로 하여금 다른 손님들로부터 항의를 받도록 하였다. 이 사건 모텔 전부를 관리하는 피해자로서는 객실 관리의 필요성이 매우 컸다. 이에 경찰이 출동하였고 피해자로부터 퇴거요구를 받고 퇴거 준비를 위한 충분한 시간이 경과하였다. 이러한 사실관계에 의하여 인정할 수 있는 사정들을 앞서 본 법리에 비추어 살펴보면, 피고인이 피해자의 퇴거요청에도 불구하고 퇴실시간으로부터 상당한 시간이 지나도록 퇴거하지 않아 퇴거불응죄가 성립한다고 봄이 타당하다.

정답 | X

절도의 죄

강도의 죄

★★
46 강도상해죄가 성립하려면 먼저 강도죄의 성립이 인정되어야 하고, 강도죄가 성립하려면 불법영득 또는 불법이득의 의사가 있어야 한다. 불법이득의사는 마음속에 있는 의사이므로, 피고인과 피해자의 관계, 채무의 종류와 액수, 폭행에 이르게 된 경위, 폭행의 정도와 방법, 폭행 이후의 정황 등 범행 전후의 객관적인 사정을 종합하여 불법이득의사가 있었는지를 판단할 수밖에 없다.
O | X

판결요지

강도상해죄가 성립하려면 먼저 강도죄의 성립이 인정되어야 하고, 강도죄가 성립하려면 불법영득 또는 불법이득의 의사가 있어야 한다. 채권자를 폭행·협박하여 채무를 면탈함으로써 성립하는 강도죄에서 불법이득의사는 단순 폭력범죄와 구별되는 중요한 구성요건 표지이다. 폭행·협박 당시 피고인에게 채무를 면탈하려는 불법이득의사가 있었는지는 신중하고 면밀하게 심리·판단되어야 한다. 불법이득의사는 마음속에 있는 의사이므로, 피고인과 피해자의 관계, 채무의 종류와 액수, 폭행에 이르게 된 경위, 폭행의 정도와 방법, 폭행 이후의 정황 등 범행 전후의 객관적인 사정을 종합하여 불법이득의사가 있었는지를 판단할 수밖에 없다.

[사실관계] 피고인은 2019.5.27. 01:50경 피해자 공소외 1(여, 39세)이 운영하는 주점에서 159,000원 상당의 맥주를 마신 후, 피해자 공소외 1과 주점 종업원인 피해자 공소외 2(여, 25세)로부터 술값 지급을 요구받자 22,000원만 지급한 후 나머지 술값을 지급하지 않고 주점을 나가려고 하였다. 피해자 공소외 1이 피고인을 붙잡고 나머지 술값을 지급할 것을 계속 요구하자, 피고인은 갑자기 피해자 공소외 1의 머리채를 잡아 넘어뜨린 후 얼굴을 주먹으로 수회 때리고 바닥에 쓰러져 있는 피해자 공소외 1의 머리와 복부를 발로 수회 차고 밟아 피해자 공소외 1을 실신하게 하였다. 피고인은 옆에서 자신을 말리던 피해자 공소외 2의 얼굴과 머리를 주먹으로 수회 때려 폭행하였다.

[대법원 판단] [1] 피고인은 피해자 공소외 1과 술값 지급 문제로 실랑이를 하던 중 피해자 공소외 1이 자신의 얼굴에 손전등을 들이대고, 손전등으로 자신의 몸을 미는 등 행위를 하자 흥분한 상태였고, 피해자 공소외 1이 주점을 나가려는 자신의 옷을 잡아당기자 격분하여 피해자 공소외 1을 폭행하고, 이를 말리는 피해자 공소외 2를 폭행했다.

[2] 피해자 공소외 2는 피고인의 폭행을 피해 주점 밖으로 피신하였고, 피해자 공소외 1은 주점 바닥에 쓰러져 저항이 불가능했다. 따라서 피고인이 술값 채무를 면탈할 의사가 있었다면 그때 현장을 벗어나는 것이 자연스럽다. 그런데도 피고인은 피해자 공소외 2를 쫓아 주점 밖으로 나갔다가 다시 주점으로 돌아와 피해자 공소외 1을 폭행하였고, 이후 신고를 받고 출동한 경찰관이 현장에 도착하였을 때에는 주점 바닥에 누워 있었다.

[3] 피고인이 주점에서 지급하지 않은 술값이 큰 금액은 아니다. 피고인은 공사현장의 일용직 근로자로 일하고 있어 소득이 있었고, 이 사건 당일 이 사건 주점에 오기 전 다른 노래방이나 주점 등에서 수회에 걸쳐 별다른 문제없이 술값 등을 결제했다. 그런데도 원심은 이 사건 공소사실을 유죄로 인정하였다. 원심판결에는 강도상해죄의 불법이득의사에 관한 법리를 오해하여 판결에 영향을 미친 잘못이 있다(대판 2021.6.30. 2020도4539).

정답 | O

사기의 죄

★★★
47 피해자가 드라이버를 구매하기 위해 특정 매장에 방문하였다가 지갑을 떨어뜨렸는데, 10분쯤 후 피고인이 같은 매장에서 우산을 구매하고 계산을 마친 뒤, 지갑을 발견하여 습득한 매장 주인으로부터 "이 지갑이 선생님 지갑이 맞느냐?"라는 질문을 받자 "내 것이 맞다."라고 대답한 후 이를 교부받아 가지고 간 경우 절도죄에 해당한다. **O | X**

판결요지

[1] 형법상 절취란 타인이 점유하고 있는 자기 이외의 자의 소유물을 점유자의 의사에 반하여 점유를 배제하고 자기 또는 제3자의 점유로 옮기는 것을 말한다. 이에 반해 기망의 방법으로 타인으로 하여금 처분행위를 하도록 하여 재물 또는 재산상 이익을 취득한 경우에는 절도죄가 아니라 사기죄가 성립한다. 사기죄에서 처분행위는 행위자의 기망행위에 의한 피기망자의 착오와 행위자 등의 재물 또는 재산상 이익의 취득이라는 최종적 결과를 중간에서 매개 · 연결하는 한편, 착오에 빠진 피해자의 행위를 이용하여 재산을 취득하는 것을 본질적 특성으로 하는 사기죄와 피해자의 행위에 의하지 아니하고 행위자가 탈취의 방법으로 재물을 취득하는 절도죄를 구분하는 역할을 한다. 처분행위가 갖는 이러한 역할과 기능을 고려하면 피기망자의 의사에 기초한 어떤 행위를 통해 행위자 등이 재물 또는 재산상의 이익을 취득하였다고 평가할 수 있는 경우라면, 사기죄에서 말하는 처분행위가 인정된다. 한편 사기죄가 성립되려면 피기망자가 착오에 빠져 어떠한 재산상의 처분행위를 하도록 유발하여 재산적 이득을 얻을 것을 요하고, 피기망자와 재산상의 피해자가 같은 사람이 아닌 경우에는 피기망자가 피해자를 위하여 그 재산을 처분할 수 있는 권능을 갖거나 그 지위에 있어야 한다.

[2] 피해자 甲은 드라이버를 구매하기 위해 특정 매장에 방문하였다가 지갑을 떨어뜨렸는데, 10분쯤 후 피고인이 같은 매장에서 우산을 구매하고 계산을 마친 뒤, 지갑을 발견하여 습득한 매장 주인 乙로부터 "이 지갑이 선생님 지갑이 맞느냐?"라는 질문을 받자 "내 것이 맞다."라고 대답한 후 이를 교부받아 가지고 간 사안에서, 乙은 지갑을 습득하여 진정한 소유자에게 돌려주어야 하는 지위에 있으므로 甲을 위하여 이를 처분할 수 있는 권능을 갖거나 그 지위에 있었으며, 이러한 처분 권능과 지위에 기초하여 지갑의 소유자라고 주장하는 피고인에게 지갑을 교부하였고 이를 통해 피고인이 지갑을 취득하여 자유로운 처분이 가능한 상태가 되었으므로, 乙의 행위는 사기죄에서 말하는 처분행위에 해당하고 피고인의 행위를 절취행위로 평가할 수 없다는 이유로, 피고인에 대한 주위적 공소사실인 절도 부분을 이유에서 무죄로 판단하면서 예비적 공소사실인 사기 부분을 유죄로 인정한 원심의 판단이 정당하다고 한 사례(대판 2022.12.29. 2022도12494). **정답 | X**

| 비교판례 |

1 피고인이 피해자 경영의 금방에서 마치 귀금속을 구입할 것처럼 가장하여 피해자로부터 순금목걸이 등을 건네받은 다음 화장실에 갔다 오겠다는 핑계를 대고 도주한 것이라면 위 순금목걸이 등은 도주하기 전까지는 아직 피해자의 점유하에 있었다고 할 것이므로 이를 절도죄로 의율 처단한 것은 정당하다(대판 1994.8.12. 94도1487).

2 피해자가 결혼예식장에서 신부측 축의금 접수인인 것처럼 행세하는 피고인에게 축의금을 내어놓자 이를 교부받아 가로챈 사안에서, 피해자의 교부행위의 취지는 신부측에 전달하는 것일 뿐 피고인에게 그 처분권을 주는 것이 아니므로, 이를 피고인에게 교부한 것이라고 볼 수 없고 단지 신부측 접수대에 교부하는 취지에 불과하므로 피고인이 그 돈을 가져간 것은 신부측 접수처의 점유를 침탈하여 범한 절취행위라고 보는 것이 정당하다고 한 사례(대판 1996.10.15. 96도2227).

★
48 가상화폐의 일종인 '비트코인'은 경제적인 가치를 디지털로 표상하여 전자적으로 이전, 저장과 거래가 가능하도록 한 가상자산의 일종으로 사기죄의 객체인 재산상 이익에 해당한다. O | X

판결요지

(대판 2021.11.11. 2021도9855)

정답 | O

★
49 기망행위에 의하여 국가적 또는 공공적 법익이 침해되었다는 사정만으로 사기죄가 성립한다고 할 수 없다. O | X

판결요지

[1] 공사도급계약에서 편취에 의한 사기죄의 성립 여부는 계약 당시를 기준으로 피고인에게 공사를 완성할 의사나 능력이 없음에도 피해자에게 공사를 완성할 것처럼 거짓말을 하여 피해자로부터 공사대금 등을 편취할 고의가 있었는지에 의하여 판단하여야 한다. 이때 법원으로서는 공사도급계약의 내용, 체결 경위 및 계약의 이행과정이나 그 결과 등을 종합하여 판단하여야 한다.
[2] 사기죄의 보호법익은 재산권이므로, 기망행위에 의하여 국가적 또는 공공적 법익이 침해되었다는 사정만으로 사기죄가 성립한다고 할 수 없다. 따라서 공사도급계약 당시 관련 영업 또는 업무를 규제하는 행정법규나 입찰 참가자격, 계약절차 등에 관한 규정을 위반한 사정이 있는 때에는 그러한 사정만으로 공사도급계약을 체결한 행위가 기망행위에 해당한다고 단정해서는 안 되고, 그 위반으로 말미암아 계약 내용대로 이행되더라도 공사의 완성이 불가능하였다고 평가할 수 있을 만큼 그 위법이 공사의 내용에 본질적인 것인지 여부를 심리 · 판단하여야 한다(대판 2019.12.27. 2015도10570).
[판례해설] 피고인 1이 문화재수리기술자와 문화재수리기능자의 자격증을 빌려서 즉 자격요건을 갖추지 아니한 상태에서 문화재수리업자로 등록하여 공사도급계약을 체결하였으나, 문화재수리기술자인 피고인 2가 공사를 시행할 예정이었고, 실제로도 그가 시행한 문화재수리공사가 모두 완료되었으며 별다른 하자나 문제점은 발견되지 않았으므로, 피고인들에게 계약 당시 문화재수리공사를 수행할 의사나 능력이 없었다고 볼 수 없어, 피고인들이 공사를 수행할 의사나 능력이 없음에도 발주자(공주시)를 기망하여 공사계약을 체결하고 공사대금을 편취하였다고 볼 수 없다고 한 사례이다.

정답 | O

| 관련판례 |

1 사기죄의 요건으로서의 기망은 널리 재산상의 거래관계에서 서로 지켜야 할 신의와 성실의 의무를 저버리는 적극적 또는 소극적 행위를 말하는 것으로서, 상대방을 착오에 빠지게 하여 행위자가 희망하는 재산적 처분행위를 하도록 하기 위한 판단의 기초 사실에 관한 것이어야 하고(대판 2007.10.25. 2005도1991 등 참조), 그중 소극적 행위로서의 부작위에 의한 기망은 일반거래의 경험칙상 상대방이 그 사실을 알았더라면 당해 법률행위를 하지 아니하였을 것이 명백한 경우에는 신의칙에 비추어 그 사실을 고지할 법률상 의무가 인정된다고 할 것이다(대판 2006.2.23. 2005도8645 등 참조). 나아가 사기죄는 보호법익인 재산권이 침해되었을 때 성립하는 범죄이므로, 사기죄의 기망행위라고 하려면 불법영득의 의사 내지 편취의 범의를 가지고 상대방을 기망한 것이어야 한다(대판 2019.12.27. 2015도10570 등 참조). 이러한 법리는 국가연구개발사업 등에 있어 연구책임자가 산학협력단으로부터 학생연구비의 사용 용도와 귀속 여부를 기망하여 편취하는 경우에도

마찬가지로 적용된다. 연구책임자가 처음부터 소속 학생연구원들에 대한 개별 지급의사 없이 공동관리계좌를 관리하면서 사실상 그 처분권을 가질 의도하에 이를 숨기고 산학협력단에 연구비를 신청하여 이를 지급받았다면 이는 산학협력단에 대한 관계에 있어 기망에 의한 편취행위에 해당한다. 다만 연구책임자가 원래 용도에 부합하게 학생연구원들의 사실상 처분권 귀속하에 학생연구원들의 공동비용 충당 등을 위하여 학생연구원들의 자발적인 의사에 근거하여 공동관리계좌를 조성하고 실제로 그와 같이 운용한 경우라면, 비록 공동관리계좌의 조성 및 운영이 관련 법령이나 규정 등에 위반되더라도 그러한 사정만으로 불법영득의사가 추단되어 사기죄가 성립한다고 단정할 수 없다. 이 경우 사기죄 성립 여부는 공동관리계좌 개설의 경위, 실질적 관리 및 처분권의 귀속, 연구비가 온전히 법률상 귀속자인 학생연구원들의 공동비용을 위하여 사용되었는지 여부 등을 종합적으로 고려하여 판단하여야 한다(대판 2021.9.9. 2021도8468).

2 피고인이 설립한 甲 주식회사는 설립 자본금을 가장납입하고, 자격증 대여자를 보유 건설기술자로 등록하는 등 자본금 요건과 기술자 보유 요건을 가장하여 전문건설업을 부정 등록한 무자격 건설업자로 전문공사를 하도급받을 수 없었음에도, 이를 바탕으로 공사 발주기관을 기망하여 특허 사용협약을 체결하고, 해당 공사를 낙찰받은 건설회사 담당자를 기망하여 하도급 계약을 체결한 후, 각 계약들에 따른 공사대금을 지급받아 편취하였다는 이유로 특정경제범죄 가중처벌 등에 관한 법률 위반(사기) 및 사기죄로 기소된 사안에서, 피고인이 발주기관 또는 건설회사들로부터 공사대금을 지급받은 행위가 사기죄에서의 기망행위로 인한 재물의 편취에 해당한다고 보기 어려우므로, 이와 달리 공소사실을 유죄로 본 원심판단에 법리오해의 잘못이 있다(대판 2023.1.12. 2017도14104).

50 조세를 강제적으로 징수하는 국가 또는 지방자치단체의 직접적인 권력작용을 사기죄의 보호법익인 재산권과 동일하게 평가할 수 없는 것이므로, 기망행위에 의하여 조세를 포탈하거나 조세의 환급 · 공제를 받은 경우에는 조세범 처벌법 위반죄가 성립함은 별론으로 하고, 형법상 사기죄는 성립할 수 없다. O | X

판결요지

기망행위에 의하여 국가적 또는 공공적 법익을 침해한 경우라도 그와 동시에 형법상 사기죄의 보호법익인 재산권을 침해하는 것과 동일하게 평가할 수 있는 때에는 당해 행정법규에서 사기죄의 특별관계에 해당하는 처벌 규정을 별도로 두고 있지 않는 한 사기죄가 성립할 수 있다. 그런데 기망행위에 의하여 조세를 포탈하거나 조세의 환급 · 공제를 받은 경우에는 조세범 처벌법에서 이러한 행위를 처벌하는 규정을 별도로 두고 있을 뿐만 아니라, 조세를 강제적으로 징수하는 국가 또는 지방자치단체의 직접적인 권력작용을 사기죄의 보호법익인 재산권과 동일하게 평가할 수 없는 것이므로, 기망행위에 의하여 조세를 포탈하거나 조세의 환급 · 공제를 받은 경우에는 조세범 처벌법 위반죄가 성립함은 별론으로 하고, 형법상 사기죄는 성립할 수 없다(대판 2021.11.11. 2021도7831). **정답 | O**

51 甲은 乙에 대한 손해배상채권에 기하여 피고인을 상대로 '피고인이 乙로부터 부동산을 매수한 것은 사해행위에 해당한다.'는 이유로 사해행위취소소송을 제기하여 제1심에서 승소판결을 받고, 피고인은 이에 대해 추완항소를 제기하였는데, 피고인은 선행 사해행위취소소송을 제기한 채권자 丙과의 사이에 성립한 조정 결과에 따른 가액배상금의 변제를 완료하였으므로 이를 사해행위 대상 부동산의 담보가치에서 공제하여야 한다고 주장하며 해당 금융거래내역을 증거로 제출하였으나 항소가 기각된 경우 피고인은 사기죄의 실행에 착수하였다고 볼 수 있다. O | X

판결요지

제반 사정을 종합하면 피고인이 丙과 조정조서상의 가액배상금이 지급된 것으로 하고 위 금원의 별개 채무를 이행하기로 새로운 약정을 한 것이라거나 또는 선행 사해행위취소소송 당사자였던 丙의 채권액이 사해행위 대상 부동산의 담보가치에서 제외되어야 한다는 판단으로 위 가액배상의 변제를 주장하고 해당 금융거래내역을 제출한 것이라고 볼 여지가 크고, 이러한 주장이 법원에서 받아들여지지 않았더라도 그것이 객관적으로 허위임이 명백하다거나 피고인이 허위의 주장과 증명으로써 법원을 기망한다는 인식을 하고 있었다고 단정하기 어렵다는 이유로, 이와 달리 피고인이 허위 주장 및 증거 제출의 고의로 사기죄의 실행에 착수하였다고 보아 사기미수죄를 인정한 원심판단에 소송사기에 관한 법리오해의 잘못이 있다(대판 2022.5.26. 2022도1227). **정답 | X**

★
52 조정에 따른 이행의무를 부담하는 피고가 조정성립 이후 청구원인에 관한 주된 조정채무를 제때 이행하지 않은 경우 원고에게 신의칙상 주의의무를 다하지 아니한 위법이 있고 또한 원고에게 조정성립과 상당인과관계 있는 손해를 발생시킨 경우에 해당하므로 소송사기죄가 성립한다. O | X

판결요지

소송사기는 법원을 속여 자기에게 유리한 판결을 얻음으로써 상대방의 재물 또는 재산상 이익을 취득하는 범죄로서, 이를 쉽사리 유죄로 인정하게 되면 누구든지 자기에게 유리한 주장을 하고 소송을 통하여 권리구제를 받을 수 있는 민사재판제도의 위축을 가져올 수밖에 없다. 이러한 위험성은 당사자 간 합의에 의하여 소송절차를 원만하게 마무리하는 민사조정에서도 마찬가지로 존재한다. 따라서 피고인이 범행을 인정한 경우 외에는 소송절차나 조정절차에서 행한 주장이 사실과 다름이 객관적으로 명백하고 피고인이 그 주장이 명백히 거짓인 것을 인식하였거나 증거를 조작하려고 하였음이 인정되는 때와 같이 범죄가 성립하는 것이 명백한 경우가 아니면 이를 유죄로 인정하여서는 안 된다. 소송당사자들은 조정절차를 통해 원만한 타협점을 찾는 과정에서 자신에게 유리한 결과를 얻기 위하여 노력하고, 그 과정에서 다소간의 허위나 과장이 섞인 언행을 하는 경우도 있다. 이러한 언행이 일반 거래관행과 신의칙에 비추어 허용될 수 있는 범위 내라면 사기죄에서 말하는 기망행위에 해당한다고 볼 수는 없다. 통상의 조정절차에서는 조정채무 불이행에 대한 제재수단뿐만 아니라 소송비용의 처리 문제나 청구취지에 포함되지 않은 다른 잠재적 분쟁에 관한 합의내용도 포함될 수 있고, 소송절차를 단축시켜 집행권원을 신속히 확보하기 위한 목적에서 조정이 성립되는 경우도 있다. 소송당사자가 조정에 합의한 것은 이러한 부수적 사정에 따른 이해득실을 모두 고려한 이성적 판단의 결과로 보아야 하고, 변호사 등 소송대리인이 조정절차에 참여하여 조정이 성립한 경우에는 더욱 그러하다. 따라서 조정에 따른 이행의무를 부담하는 피고가 조정성립 이후 청구원인에 관한 주된 조정채무를 제때 이행하지 않았다는 사정만으로 원고에게 신의칙상 주의의무를 다하지 아니하였다거나 조정성립과 상당인과관계 있는 손해가 발생하였다고 쉽사리 단정하여서는 아니 된다(대판 2024.1.25. 2020도10330).⑩

정답 | X

횡령의 죄

53 재물의 위탁행위가 범죄 실현의 수단으로서 이루어진 경우, 그 행위 자체가 처벌 대상인지와 상관없이 그러한 행위를 통해 형성된 위탁관계는 횡령죄로 보호할 만한 가치 있는 신임에 의한 것이 아니다. O | X

판결요지

위탁관계가 있는지는 재물의 보관자와 소유자 사이의 관계, 재물을 보관하게 된 경위 등에 비추어 볼 때 보관자에게 재물의 보관 상태를 그대로 유지해야 할 의무를 부과하여 그 보관 상태를 형사법적으로 보호할 필요가 있는지 등을 고려하여 규범적으로 판단해야 한다. 재물의 위탁행위가 범죄의 실행행위나 준비행위 등과 같이 범죄 실현의 수단으로서 이루어진 경우 그 행위 자체가 처벌 대상인지와 상관없이 그러한 행위를 통해 형성된 위탁관계는 횡령죄로 보호할 만한 가치 있는 신임에 의한 것이 아니라고 봄이 타당하다(대판 2022.6.30. 2017도21286).

[판례해설] 이 사건 동업약정은 무자격자인 피고인, 공소외 2, 피해자가 필요한 자금을 투자하여 시설을 갖추고 의료기관을 개설할 자격이 있는 의료소비자생활협동조합 명의로 의료기관 개설신고를 하고, 의료기관의 운영과 손익 등을 자신들에게 귀속시키기로 하는 약정으로서, 의료법 제87조에 따라 처벌되는 무자격자의 의료기관 개설·운영행위를 목적으로 한다. 피해자는 이 사건 동업약정에 따라 의료기관 개설·운영을 위한 투자금 명목으로 이 사건 금원을 피고인에게 지급하였다. 이 사건 금원은 의료기관을 개설할 자격이 없는 자(이하 '무자격자'라 한다)의 의료기관 개설·운영이라는 범죄의 실현을 위해 교부되었으므로, 해당 금원에 관하여 피고인과 피해자 사이에 횡령죄로 보호할 만한 신임에 의한 위탁관계는 인정되지 않는다.

정답 | O

★
54 주권이 발행되지 않은 상태에서 주권불소지 제도, 일괄예탁 제도 등에 근거하여 예탁결제원에 예탁된 것으로 취급되어 계좌 간 대체 기재의 방식에 의하여 양도되는 주식은 재물이 아니므로 횡령죄의 객체가 될 수 없다. O | X

판결요지

상법상 주식은 자본구성의 단위 또는 주주의 지위(주주권)를 의미하고, 주주권을 표창하는 유가증권인 주권과는 구분된다. 주권은 유가증권으로서 재물에 해당되므로 횡령죄의 객체가 될 수 있으나, 자본의 구성단위 또는 주주권을 의미하는 주식은 재물이 아니므로 횡령죄의 객체가 될 수 없다(대판

---

⑩ 원심은 피고인들은 공소외 3 회사가 2016년 12월 말까지 3억 원을 마련할 방법이 없어 피해자에게 합의금을 제때 지급할 의사나 능력이 없음에도 공소외 1을 기망하여 합의 및 조정에 응하게 하여 피고인 1이 1억 4,000만 원의 채무를 면제받은 사실이 인정된다고 판단하여 이 부분 공소사실을 무죄를 인정한 제1심판결을 파기하고 유죄로 인정하였다.

2005.2.18. 2002도2822 참조). 따라서 예탁결제원에 예탁되어 계좌 간 대체 기재의 방식에 의하여 양도되는 주권은 유가증권으로서 재물에 해당되므로 횡령죄의 객체가 될 수 있다(대판 2007.10.11. 2007도6406 참조). 위와 같은 법리를 바탕으로 이 사건에 관하여 살펴보면, 피고인이 피해자로부터 보관을 요청받은 이 사건 주식이 계좌 간 대체 방식으로 양도가능하게 되었더라도 주권이 발행되지 않았다면 횡령죄의 대상인 재물에 해당한다고 보기 어렵다(대판 2023.6.1. 2020도2884). **정답 ㅣ O**

★★
55

판례에 의할 때 다음 기술의 옳고 그름을 판단하라.

(1) 소유권의 취득에 등록이 필요한 타인 소유의 차량을 인도 받아 보관하고 있는 사람이 이를 사실상 처분하면 횡령죄가 성립하며, 그 보관 위임자나 보관자가 차량의 등록명의자일 필요는 없다. **O | X**

(2) 지입회사에 소유권이 있는 차량에 대하여 지입회사로부터 운행관리권을 위임받은 지입차주가 지입회사의 승낙 없이 그 보관 중인 차량을 사실상 처분하거나 지입차주로부터 차량 보관을 위임받은 사람이 지입차주의 승낙 없이 그 보관 중인 차량을 사실상 처분한 경우 횡령죄가 성립하며 이러한 사실을 알고 그 차량을 취득한 자는 장물취득죄가 성립한다. **O | X**

판결요지

[1] 횡령죄는 타인의 재물을 보관하는 사람이 그 재물을 횡령하거나 반환을 거부한 때에 성립한다. 횡령죄에서 재물의 보관은 재물에 대한 사실상 또는 법률상 지배력이 있는 상태를 의미하며, 횡령행위는 불법영득의사를 실현하는 일체의 행위를 말한다. 따라서 소유권의 취득에 등록이 필요한 타인 소유의 차량을 인도 받아 보관하고 있는 사람이 이를 사실상 처분하면 횡령죄가 성립하며, 그 보관 위임자나 보관자가 차량의 등록명의자일 필요는 없다. 그리고 이와 같은 법리는 지입회사에 소유권이 있는 차량에 대하여 지입회사로부터 운행관리권을 위임받은 지입차주가 지입회사의 승낙 없이 그 보관 중인 차량을 사실상 처분하거나 지입차주로부터 차량 보관을 위임받은 사람이 지입차주의 승낙 없이 그 보관 중인 차량을 사실상 처분한 경우에도 마찬가지로 적용된다.
[2] X주식회사가 지입한 4대의 차량은 등록명의자인 각 지입회사 소유이고 나머지 2대의 차량은 X주식회사의 소유임을 전제로 하여 X주식회사의 대표이사인 甲이 보관하다가 사실상 처분하는 방법으로 횡령한 위 차량들을 乙이 구입하여 장물을 취득하였다는 공소사실을 유죄로 인정한 원심을 수긍한 사례(대판(전) 2015.6.25. 2015도1944). **정답 ㅣ (1) O, (2) O**

★★
56

지입차주가 자신이 실질적으로 소유하거나 처분권한을 가지는 자동차에 관하여 지입회사와 지입계약을 체결함으로써 지입회사에 그 자동차의 소유권등록 명의를 신탁하고 운송사업용 자동차로서 등록 및 그 유지 관련 사무의 대행을 위임한 경우, 지입회사 운영자가 지입차주와의 관계에서 '타인의 사무를 처리하는 자'의 지위에 있다. **O | X**

판결요지

이른바 지입제는 자동차운송사업면허 등을 가진 운송사업자와 실질적으로 자동차를 소유하고 있는 차주 간의 계약으로 외부적으로는 자동차를 운송사업자 명의로 등록하여 운송사업자에게 귀속시키고 내부적으로는 각 차주들이 독립된 관리 및 계산으로 영업을 하며 운송사업자에 대하여는 지입료를 지불하는 운송사업형태를 말한다. 따라서 지입차주가 자신이 실질적으로 소유하거나 처분권한을 가지는 자동차에 관하여 지입회사와 지입계약을 체결함으로써 지입회사에 그 자동차의 소유권등록 명의를 신탁하고 운송사업용 자동차로서 등록 및 그 유지 관련 사무의 대행을 위임한 경우에는, 특별한 사정이 없는 한 지입회사 측이 지입차주의 실질적 재산인 지입차량에 관한 재산상 사무를 일정한 권한을 가지고 맡아 처리하는 것으로서 당사자 관계의 전형적 · 본질적 내용이 통상의 계약에서의 이익대립관계를 넘어서 그들 사이의 신임관계에 기초하여 타인의 재산을 보호 또는 관리하는 데에 있으므로, 지입회사 운영자는 지입차주와의 관계에서 '타인의 사무를 처리하는 자'의 지위에 있다(대판 2021.6.24. 2018도14365).

[판례해설] 지입회사 운영자인 피고인은 지입차주인 피해자들과의 관계에서 '타인의 사무를 처리하는 자'의 지위에 있다고 할 것이고, 지입계약의 이행을 위하여 지입차량의 법률상 소유권이 지입회사에 신탁된다는 사정은 이를 부정할 만한 근거가 될 수 없다. 나아가 일반적인 지입계약의 기본적 내용에 비추어 당사자 사이에 특별한 약정이 없는 한 지입회사 운영자는 지입차주의 실질적 재산인 지입차량을 임의로 처분하지 아니할 의무를 부담한다고 할 것이므로, 피고인이 피해자들의 동의 없이 이 사건 각 버스에 관하여 임의로 이 사건 각 저당권을 설정함으로써 피해자들에게 재산상 손해를 가한 것은 배임죄를 구성한다고 봄이 타당하다. **정답** I O

★★★
57 채무자가 기존 금전채무를 담보하기 위하여 다른 금전채권을 채권자에게 양도한 후 제3채무자에게 채권양도 통지를 하지 않은 채 자신이 사용할 의도로 제3채무자로부터 변제를 받아 변제금을 수령하여 임의로 소비하였다면 횡령죄가 성립한다. **O | X**

판결요지

채무자가 기존 금전채무를 담보하기 위하여 다른 금전채권을 채권자에게 양도하는 경우, 채무자가 채권자에 대하여 부담하는 '담보 목적 채권의 담보가치를 유지 · 보전할 의무'는 채권 양도담보계약에 따라 부담하게 된 채무의 한 내용에 불과하다.

또한 통상의 채권양도계약은 그 자체가 채권자 지위의 이전을 내용으로 하는 주된 계약이고, 그 당사자 사이의 본질적 관계는 양수인이 채권자 지위를 온전히 확보하여 채무자로부터 유효하게 채권의 변제를 받는 것이다. 그런데 채권 양도담보계약은 피담보채권의 발생을 위한 계약(예컨대 금전소비대차계약 등)의 종된 계약으로, 채권 양도담보계약에 따라 채무자가 부담하는 위와 같은 의무는 담보목적을 달성하기 위한 것에 불과하고, 그 당사자 사이의 본질적이고 주된 관계는 피담보채권의 실현이다. 이처럼 채권 양도담보계약의 목적이나 본질적 내용을 통상의 채권양도계약과 같이 볼 수는 없다. 따라서 채무자가 채권 양도담보계약에 따라 담보 목적 채권의 담보가치를 유지 · 보전할 의무는 계약에 따른 자신의 채무에 불과하고, 채권자와 채무자 사이에 채무자가 채권자를 위하여 담보가치의 유지 · 보전사무를 처리함으로써 채무자의 사무처리를 통해 채권자가 담보 목적을 달성한다는 신임관계가 존재한다고 볼 수 없다. 그러므로 채무자가 제3채무자에게 채권양도 통지를 하지 않은 채 자신이 사용할 의도로 제3채무자로부터 변제를 받아 변제금을 수령한 경우, 이는 단순한 민사상 채무불이행에 해당할 뿐, 채무자가 채권자와의 위탁신임관계에 의하여 채권자를 위해 위 변제금을 보관하는 지위에 있다고 볼 수 없고, 채무자가 이를 임의로 소비하더라도 횡령죄는 성립하지 않는다(대판 2021.2.25. 2020도12927).

[판례해설] 2022.6.23. 선고된 2017도3829 전원합의체 판결로 변경되기 전까지는 채권양도담보계약과 채권양도계약을 반드시 구별해야 했으나, 채권양도계약 사안인 97도666 전원합의체 판결이 2017도3829 전원합의체 판결로 변경됨에 따라 일반적인 채권 양도계약 역시 채무자가 이를 임의로 소비하더라도 횡령죄가 성립하지 않는 것으로 변경되었다(아래 판례 참조). **정답** I X

★★★
58 채권양도인이 채권양수인에게 채권양도의 대항요건을 갖추어 주지 않은 채 채무자로부터 채권을 추심하여 금전을 수령하고 이를 임의로 처분한 경우, 횡령죄가 성립한다. **O | X**

판결요지

채권양도인이 채무자에게 채권양도 통지를 하는 등으로 채권양도의 대항요건을 갖추어 주지 않은 채 채무자로부터 채권을 추심하여 금전을 수령한 경우, 특별한 사정이 없는 한 금전의 소유권은 채권양수인이 아니라 채권양도인에게 귀속하고 채권양도인이 채권양수인을 위하여 양도 채권의 보전에 관한 사무를 처리하는 신임관계가 존재한다고 볼 수 없다. 따라서 채권양도인이 위와 같이 양도한 채권을 추심하여 수령한 금전에 관하여 채권양수인을 위해 보관하는 자의 지위에 있다고 볼 수 없으므로, 채권양도인이 위 금전을 임의로 처분하더라도 횡령죄는 성립하지 않는다(대판(전) 2022.6.23. 2017도3829).

[판례해설] 대법원은 전원합의체 판결을 통하여, 채권양도계약이 이루어진 후 채권양도인이 채권양도의 대항요건을 갖추어 주기 전에 채무자로부터 채권을 추심하여 금전을 수령한 경우, 그 금전은 채권양도인과 채권양수인 사이에서 채권양수인의 소유에 속하고 채권양도인은 채권양수인을 위하여 이를 보관하는 자의 지위에 있다고 보아 횡령죄의 성립을 인정해 오던 대법원 1999.4.15. 97도666 전원합의체 판결 등 종전 판례를 변경하여, 위와 같은 경우 채권양도인과 채권양수인 사이에 채권양도인이 추심한 금전은 채권양도인의 소유에 속하고, 채권양도인에게 그 금전에 관한 보관자의 지위도 인정할 수 없다고 판시하였다. 피고인이 피해자와 이 사건 임대차보증금반환채권에 관한 채권양도계약을 체결하고 임대인에게 채권양도 통지를 하기 전에 임대인으로부터 채권을 추심하여 남아 있던 임대차보증금을 수령하고 이를 임의로 사용한 사안에서, 대법원은 위와 같은 법리에 따라 횡령죄의 구성요건으로서 재물의 타인성과 보관자 지위가 인정되지 않아 횡령죄가 성립하지 않는다고 판단하고, 이와 달리 횡령죄의 성립을 인정한 원심판단에 채권양도에서 횡령죄의 성립 등에 관한 법리를 오해하여 판결에 영향을 미친 잘못이 있다고 보아 원심을 파기 · 환송하였다. **정답** | X

★★★
59 부동산실명법에 위반한 양자간 명의신탁의 경우 명의수탁자가 신탁받은 부동산을 임의로 처분하여도 명의신탁자에 대한 관계에서 횡령죄가 성립하지 아니한다. **O | X**

판결요지

[1] 형법 제355조 제1항이 정한 횡령죄에서 보관이란 위탁관계에 의하여 재물을 점유하는 것을 뜻하므로 횡령죄가 성립하기 위하여는 재물의 보관자와 재물의 소유자(또는 기타의 본권자) 사이에 법률상 또는 사실상의 위탁관계가 존재하여야 한다. 이러한 위탁관계는 사용대차 · 임대차 · 위임 등의 계약에 의하여서뿐만 아니라 사무관리 · 관습 · 조리 · 신의칙 등에 의해서도 성립될 수 있으나, 횡령죄의 본질이 신임관계에 기초하여 위탁된 타인의 물건을 위법하게 영득하는 데 있음에 비추어 볼 때 위탁관계는 횡령죄로 보호할 만한 가치 있는 신임에 의한 것으로 한정함이 타당하다. 위탁관계가 있는지 여부는 재물의 보관자와 소유자 사이의 관계, 재물을 보관하게 된 경위 등에 비추어 볼 때 보관자에게 재물의 보관 상태를 그대로 유지하여야 할 의무를 부과하여 그 보관 상태를 형사법적으로 보호할 필요가 있는지 등을 고려하여 규범적으로 판단하여야 한다.

[2] 「부동산 실권리자명의 등기에 관한 법률」의 명의신탁관계에 대한 규율 내용 및 태도 등에 비추어 보면, 부동산실명법에 위반하여 명의신탁자가 그 소유인 부동산의 등기명의를 명의수탁자에게 이전하는 이른바 양자간 명의신탁의 경우, 계약인 명의신탁약정과 그에 부수한 위임약정, 명의신탁약정을 전제로 한 명의신탁 부동산 및 그 처분대금 반환약정은 모두 무효이다.

나아가 명의신탁자와 명의수탁자 사이에 무효인 명의신탁약정 등에 기초하여 존재한다고 주장될 수 있는 사실상의 위탁관계라는 것은 부동산실명법에 반하여 범죄를 구성하는 불법적인 관계에 지나지 아니할 뿐 이를 형법상 보호할 만한 가치 있는 신임에 의한 것이라고 할 수 없다.
명의수탁자가 명의신탁자에 대하여 소유권이전등기말소의무를 부담하게 되나, 위 소유권이전등기는 처음부터 원인무효여서 명의수탁자는 명의신탁자가 소유권에 기한 방해배제청구로 말소를 구하는 것에 대하여 상대방으로서 응할 처지에 있음에 불과하다. 명의수탁자가 제3자와 한 처분행위가 부동산실명법 제4조 제3항에 따라 유효하게 될 가능성이 있다고 하더라도 이는 거래 상대방인 제3자를 보호하기 위하여 명의신탁약정의 무효에 대한 예외를 설정한 취지일 뿐 명의신탁자와 명의수탁자 사이에 위 처분행위를 유효하게 만드는 어떠한 위탁관계가 존재함을 전제한 것이라고는 볼 수 없다. 따라서 말소등기의무의 존재나 명의수탁자에 의한 유효한 처분가능성을 들어 명의수탁자가 명의신탁자에 대한 관계에서 '타인의 재물을 보관하는 자'의 지위에 있다고 볼 수도 없다.
[3] 부동산실명법에 위반한 양자간 명의신탁의 경우 명의수탁자가 신탁받은 부동산을 임의로 처분하여도 명의신탁자에 대한 관계에서 횡령죄가 성립하지 아니한다.
이러한 법리는 부동산 명의신탁이 부동산실명법 시행 전에 이루어졌고 같은 법이 정한 유예기간 이내에 실명등기를 하지 아니함으로써 그 명의신탁약정 및 이에 따라 행하여진 등기에 의한 물권변동이 무효로 된 후에 처분행위가 이루어진 경우에도 마찬가지로 적용된다(대판(전) 2021.2.18. 2016도18761).

정답 | O

★★★
60 형법 제355조 제1항에서 정하는 '반환의 거부'란 보관물에 대하여 소유자의 권리를 배제하는 의사표시를 하는 행위를 뜻하므로, '반환의 거부'가 횡령죄를 구성하려면 타인의 재물을 보관하는 자가 단순히 반환을 거부한 사실만으로는 부족하고 반환거부의 이유와 주관적인 의사들을 종합하여 반환거부행위가 횡령행위와 같다고 볼 수 있을 정도이어야 한다. 횡령죄에서 불법영득의 의사는 타인의 재물을 보관하는 자가 그 취지에 반하여 정당한 권원 없이 스스로 소유권자와 같이 이를 처분하는 의사를 말하므로 비록 반환을 거부하였더라도 반환거부에 정당한 이유가 있다면 불법영득의 의사가 있다고 할 수 없다. **O | X**

판결요지

주류업체 甲 주식회사의 사내이사인 피고인이 피해자를 상대로 주류대금 청구소송을 제기한 민사 분쟁 중 피해자가 착오로 피고인이 관리하는 甲 회사 명의 계좌로 금원을 송금하여 피고인이 이를 보관하게 되었는데, 피고인은 피해자로부터 위 금원이 착오송금된 것이라는 사정을 문자메시지를 통해 고지받아 위 금원을 반환해야 할 의무가 있었음에도, 피해자와 상계 정산에 관한 합의 없이 피고인이 주장하는 주류대금 채권액을 임의로 상계 정산한 후 반환을 거부하여 횡령죄로 기소된 사안에서, 어떤 예금계좌에 금원이 착오로 잘못 송금되어 입금된 경우 수취인과 송금인 사이에 신의칙상 보관관계가 성립하기는 하나, 특별한 사정이 없는 한 이러한 이유만으로 송금인이 착오로 송금한 금전이 위탁자가 목적과 용도를 정하여 명시적으로 위탁한 금전과 동일하다거나, 송금인이 수취인에게 금원의 수수를 수반하는 사무처리를 위임하였다고 보아 수취인의 송금인에 대한 상계권 행사가 당초 위임한 취지에 반한다고 평가할 수는 없는 점, 관련 민사사건의 진행경과에 비추어 甲 회사가 반환거부 일시경 피해자에 대하여 반환거부 금액에 상응하는 물품대금채권을 보유하고 있었던 것으로 보이는 점, 피고인은 착오송금된 금원 중 甲 회사의 물품대금채권액에 상응한 금액을 제외한 나머지는 송금 다음 날 반환하였고, 나머지에 대해서도 반환을 요청하는 피해자에게 甲 회사의 물품대금채권을 자동채권으로 하여 상계권을 행사한다는 의사를 충분히 밝힌 것으로 보여, 피고인이 불법영득의사를 가지고 반환을 거부한 것이라고 단정하기 어려운 점을 종합하면, 피고인이 피해자의 착오로 甲 회사 명의 계좌로 송금된 금원 중 甲 회사의 피해자에 대한 채권액에 상응하는 부분에 관하여 반환을 거부한 행위는 정당한 상계권의 행사로 볼 여지가 있으므로, 피고인의 반환거부행위가 횡령행위와 같다고 보아 불법영득의사를 인정한 원심판결에 법리오해의 잘못이 있다고 한 사례(대판 2022.12.29. 2021도2088).

정답 | O

배임의 죄

★★★
61 피고인이 알 수 없는 경위로 甲의 특정 거래소 가상지갑에 들어 있던 비트코인을 자신의 계정으로 이체받은 후 이를 자신의 다른 계정으로 이체하여 재산상 이익을 취득하고 甲에게 손해가 발생한 경우 甲에 대한 관계에서 '타인의 사무를 처리하는 자'에 해당하지 않는다. **O | X**

판결요지

[1] 가상자산 권리자의 착오나 가상자산 운영 시스템의 오류 등으로 법률상 원인관계 없이 다른 사람의 가상자산 전자지갑에 가상자산이 이체된 경우, 가상자산을 이체받은 자는 가상자산의 권리자 등에 대한 부당이득반환의무를 부담하게 될 수 있다. 그러나 이는 당사자 사이의 민사상 채무에 지나지 않고 이러한 사정만으로 가상자산을 이체받은 사람이 신임관계에 기초하여 가상자산을 보존하거나 관리하는 지위에 있다고 볼 수 없다. 가상자산은 국가에 의해 통제받지 않고 블록체인 등 암호화된 분산원장에 의하여 부여된 경제적인 가치가 디지털로 표상된 정보로서 재산상 이익에 해당한다. 가상자산은 보관되었던 전자지갑의 주소만을 확인할 수 있을 뿐 그 주소를 사용하는 사람의 인적사항을 알 수 없고, 거래 내역이 분산 기록되어 있어 다른 계좌로 보낼 때 당사자 이외의 다른 사람이 참여해야 하는 등 일반적인 자산과는 구별되는 특징이 있다. 이와 같은 가상자산에 대해서는 현재까지 관련 법률에 따라 법정화폐에 준하는 규제가 이루어지지 않는 등 법정화폐와 동일하게 취급되고 있지 않고 그 거래에 위험이 수반되므로, 형법을 적용하면서 법정화폐와 동일하게 보호해야 하는 것은 아니다. 원인불명으로 재산상 이익인 가상자산을 이체받은 자가 가상자산을 사용·처분한 경우 이를 형사처벌하는 명문의 규정이 없는 현재의 상황에서 착오송금 시 횡령죄 성립을 긍정한 판례를 유추하여 신의칙을 근거로 피고인을 배임죄로 처벌하는 것은 죄형법정주의에 반한다.
[2] 피고인이 알 수 없는 경위로 甲의 특정 거래소 가상지갑에 들어 있던 비트코인을 자신의 계정으로 이체받은 후 이를 자신의 다른 계정으로 이체하여 재산상 이익을 취득하고 甲에게 손해를 가하였다고 하여 특정경제범죄 가중처벌 등에 관한 법률 위반(배임)의 예비적 공소사실로 기소된 사안에서, 비트코인이 법률상 원인관계 없이 甲으로부터 피고인 명의의 전자지갑으로 이체되었더라도 피고인이 신임관계에 기초하여 甲의 사무를 맡아 처리하는 것으로 볼 수 없는 이상 甲에 대한 관계에서 '타인의 사무를 처리하는 자'에 해당하지 않는다는 이유로, 이와 달리 보아 공소사실을 유죄로 인정한 원심판단에 배임죄에서 '타인의 사무를 처리하는 자'에 관한 법리오해의 잘못이 있다고 한 사례(대판 2021.12.16. 2020도9789).

정답 | O

★
62

판례에 의할 때 다음 기술의 옳고 그름을 판단하라.

(1) 업무상배임죄가 성립하려면 재산상 이익과 손해 사이에 서로 대응하는 관계에 있는 등 일정한 관련성이 인정되어야 한다. **O | X**

(2) 임무위배행위로 인하여 본인에게 재산상 손해를 가하였으나 행위자나 제3자가 재산상 이익을 취득한 사실이 없는 경우, 업무상배임죄가 성립하지 않는다. **O | X**

판결요지

[1] 업무상배임죄에서 '재산상 이익 취득'과 '재산상 손해 발생'은 대등한 범죄성립요건이고, 이는 서로 대응하여 병렬적으로 규정되어 있다(형법 제356조, 제355조 제2항). 따라서 임무위배행위로 인하여 여러 재산상 이익과 손해가 발생하더라도 재산상 이익과 손해 사이에 서로 대응하는 관계에 있는 등 일정한 관련성이 인정되어야 업무상배임죄가 성립한다.

[2] 업무상배임죄에서 본인에게 재산상 손해를 가한다 함은 총체적으로 보아 본인의 재산상태에 손해를 가하는 경우, 즉 본인의 전체적 재산가치의 감소를 가져오는 것을 말하고, 이와 같은 법리는 타인의 사무를 처리하는 자 내지 제3자가 취득하는 재산상 이익에 대하여도 동일하게 적용되는 것으로 보아야 한다. 또한 업무상배임죄는 본인에게 재산상 손해를 가하는 외에 임무위배행위로 인하여 행위자 스스로 재산상 이익을 취득하거나 제3자로 하여금 재산상 이익을 취득하게 할 것을 요건으로 하므로, 본인에게 손해를 가하였다고 할지라도 행위자 또는 제3자가 재산상 이익을 취득한 사실이 없다면 배임죄가 성립할 수 없다.

[3] 甲 새마을금고 임원인 피고인이 새마을금고의 여유자금 운용에 관한 규정을 위반하여 금융기관으로부터 원금 손실의 위험이 있는 금융상품을 매입함으로써 甲 금고에 액수 불상의 재산상 손해를 가하고 금융기관에 수수료 상당의 재산상 이익을 취득하게 하였다고 하여 업무상배임으로 기소된 사안에서, 피고인의 임무위배행위로 인하여 본인인 甲 금고에 발생한 액수 불상의 재산상 손해와 금융기관이 취득한 수수료 상당의 이익 사이에 대응관계가 있는 등 관련성이 있다고 볼 수 없는 점, 금융기관에 지급된 수수료는 판매수수료로서 피고인이 금융상품을 매입하면서 금융기관으로부터 제공받은 용역에 대한 대가로 지급된 것이므로, 금융기관이 제공한 용역에 비하여 지나치게 과도한 수수료를 지급받았다는 등의 특별한 사정이 없는 한, 금융기관이 용역 제공의 대가로 정당하게 지급받은 위 수수료가 피고인의 임무위배행위로 인하여 취득한 재산상 이익에 해당한다고 단정하기 어려운 점 등을 종합하면, 피고인의 임무위배행위로 甲 금고에 액수 불상의 재산상 손해가 발생하였더라도 금융기관이 취득한 수수료 상당의 이익을 그와 관련성 있는 재산상 이익이라고 인정할 수 없고, 또한 위 수수료 상당의 이익은 배임죄에서의 재산상 이익에 해당한다고 볼 수도 없다는 이유로, 이와 달리 보아 공소사실을 유죄로 판단한 원심판결에 배임죄 성립에 관한 법리오해의 잘못이 있다(대판 2021.11.25. 2016도3452).

정답 | (1) O, (2) O

63

甲 주식회사는 도시개발사업의 시행자인 乙 조합으로부터 기성금 명목으로 체비지를 지급받은 다음 이를 다시 丙에게 매도하였는데, 乙 조합의 조합장인 피고인이 환지처분 전 체비지대장에 소유권 취득자로 등재된 甲 회사와 丙의 명의를 임의로 말소한 경우 배임죄가 성립한다. **O | X**

판결요지

乙 조합이 시행한 도시개발사업은 도시개발법에 따라 이루어진 것이므로 체비지대장에의 등재가 환지처분 전 체비지 양수인이 취득하는 채권적 청구권의 공시방법이라고 볼 수 없고, 도시개발법에 따

라 이루어진 도시개발사업에서 체비지 전매수인인 丙은 자신에게 체비지를 매도한 甲 회사에 대하여 매매계약에 따른 소유권이전등기청구권 등 채권적 청구권을 가질 뿐 乙 조합과 사이에서 직접적인 권리를 가지는 것은 아니어서, 丙이 매매계약에 따라 취득한 권리를 행사하는 것은 체비지대장의 기재 여부와는 무관하므로 체비지대장상 취득자 란의 丙 명의가 말소되었더라도 丙의 甲 회사에 대한 권리가 침해되거나 재산상 실해 발생의 위험이 있다고 볼 수 없으며, 또한 甲 회사가 乙 조합에 대하여 체비지 양도계약에 따른 소유권이전등기청구권 등 채권적 청구권을 행사하는 것 역시 체비지대장의 기재 여부와 무관하다는 점에서 그 명의의 말소 사실이 법률상 특별한 의미나 효과를 가진다고 보기도 어렵다는 이유로, 이와 달리 체비지대장에의 등재는 환지처분 전 체비지 양수인이 취득하는 물권 유사 권리의 공시방법에 해당한다는 전제에서 피고인의 행위가 배임죄를 구성한다고 본 원심판결에 배임죄에서의 타인의 사무를 처리하는 자, 재산상 손해의 발생 등에 관한 법리오해의 잘못이 있다고 한 사례(대판 2022.10.14. 2018도13604).

정답 | X

★ **64** 수분양권 매도인이 수분양권 매매계약에 따라 매수인에게 수분양권을 이전할 의무를 이행하지 아니하고 수분양권 또는 이에 근거하여 향후 소유권을 취득하게 될 목적물을 미리 제3자에게 처분한 경우 형법상 배임죄가 성립한다. **O | X**

판결요지

매매와 같이 당사자 일방이 재산권을 상대방에게 이전할 것을 약정하고 상대방이 그 대금을 지급할 것을 약정함으로써 그 효력이 생기는 계약의 경우(민법 제563조), 쌍방이 그 계약의 내용에 좇은 이행을 하여야 할 채무는 특별한 사정이 없는 한 '자기의 사무'에 해당하는 것이 원칙이다. 또한 수분양권 매매계약의 매도인으로서는 원칙적으로 수분양자 명의변경에 관한 분양자 측의 동의 내지 승낙을 얻어 수분양자 명의변경절차를 이행하면 계약상 의무를 다한 것이 되고, 그 수분양권에 근거하여 목적물에 관한 소유권을 취득한 다음 매수인 앞으로 소유권이전등기를 마쳐 줄 의무까지는 없다. 다만 수분양권 매도인이 스스로 수분양권을 행사하고 목적물의 소유권을 취득하여 매수인에게 목적물에 관한 소유권이전등기절차를 이행할 의무까지 인정되는 경우가 있으나, 이는 수분양자 명의변경절차가 이행되지 못한 채 매도인 명의로 수분양권이 행사되어 수분양권은 소멸하고 목적물만 남게 된 경우 수분양권 매매계약의 목적을 달성하기 위하여 인정되는 의무이므로, 이와 같은 사정만으로 수분양권 매매계약에 따른 당사자 관계의 전형적 · 본질적 내용이 신임관계에 기초하여 매수인의 재산을 보호 또는 관리하는 것으로 변경된다고 보기는 어렵다. 이러한 수분양권 매매계약의 내용과 그 이행의 정도, 그에 따른 계약의 구속력의 정도, 거래의 관행, 신임관계의 유형과 내용, 신뢰위반의 정도 등을 종합적으로 고려해 보면, 수분양권 매매계약에 따른 당사자 관계의 전형적 · 본질적 내용이 통상의 계약에서의 이익대립관계를 넘어서 그들 사이의 신임관계에 기초하여 타인의 재산을 보호 또는 관리하는 데에 있다고 할 수 없다. 따라서 특별한 사정이 없는 한 수분양권 매도인이 수분양권 매매계약에 따라 매수인에게 수분양권을 이전할 의무는 자신의 사무에 해당할 뿐이므로, 매수인에 대한 관계에서 '타인의 사무를 처리하는 자'라고 할 수 없다. 그러므로 수분양권 매도인이 위와 같은 의무를 이행하지 아니하고 수분양권 또는 이에 근거하여 향후 소유권을 취득하게 될 목적물을 미리 제3자에게 처분하였더라도 형법상 배임죄가 성립하는 것은 아니다(대판 2021.7.8. 2014도12104).

정답 | X

★★
65 자기 또는 타인의 금전채무를 담보하기 위하여 주식을 채권자에게 양도담보로 제공한 채무자 또는 양도담보설정자가 배임죄의 주체인 '타인의 사무를 처리하는 자'에 해당하지 아니한다. **O | X**

판결요지

자기 또는 타인의 금전채무를 담보하기 위하여 주식을 채권자에게 양도담보로 제공한 채무자 또는 양도담보설정자(이하 '채무자 등'이라 한다)가 양도담보설정계약에 따라 부담하는 의무, 즉 주식을 담보로 제공할 의무, 주식의 담보가치를 유지 · 보전하거나 주식을 감소 또는 멸실시키지 않을 소극적 의무 등은 모두 채무자 등이 양도담보설정계약에 따라 부담하게 된 자신의 의무일 뿐이므로, 채무자 등이 통상의 계약에서의 이익대립관계를 넘어서 채권자와의 신임관계에 기초하여 채권자의 사무를 맡아 처리하는 것으로 볼 수 없다. 따라서 채무자 등을 배임죄의 주체인 '타인의 사무를 처리하는 자'에 해당한다고 할 수 없고, 그가 담보물을 제3자에게 처분하는 등으로 담보가치를 감소 또는 상실시켜 채권자의 담보권 실행이나 이를 통한 채권실현에 위험을 초래하더라도 배임죄가 성립한다고 할 수는 없다(대판 2021.1.28. 2014도8714). **정답 | O**

★★
66 저당권이 설정된 동산을 임의처분한 경우 및 권리이전에 등기 · 등록을 요하는 동산에 대한 이중양도의 경우 모두 배임죄가 성립하지 아니한다. **O | X**

판결요지

[1] 금전채권채무 관계에서 채권자가 채무자의 급부이행에 대한 신뢰를 바탕으로 금전을 대여하고 채무자의 성실한 급부이행에 의해 채권의 만족이라는 이익을 얻게 된다 하더라도, 채권자가 채무자에 대한 신임을 기초로 그의 재산을 보호 또는 관리하는 임무를 부여하였다고 할 수 없고, 금전채무의 이행은 어디까지나 채무자가 자신의 급부의무의 이행으로서 행하는 것이므로 이를 두고 채권자의 사무를 맡아 처리하는 것으로 볼 수 없다. 따라서 채무자를 채권자에 대한 관계에서 '타인의 사무를 처리하는 자'에 해당한다고 할 수 없다.

채무자가 금전채무를 담보하기 위하여 「자동차 등 특정동산 저당법」 등에 따라 그 소유의 동산에 관하여 채권자에게 저당권을 설정해 주기로 약정하거나 저당권을 설정한 경우에도 마찬가지이다. 채무자가 저당권설정계약에 따라 부담하는 의무, 즉 동산을 담보로 제공할 의무, 담보물의 담보가치를 유지 · 보전하거나 담보물을 손상, 감소 또는 멸실시키지 않을 소극적 의무, 담보권 실행 시 채권자나 그가 지정하는 자에게 담보물을 현실로 인도할 의무와 같이 채권자의 담보권 실행에 협조할 의무 등은 모두 저당권설정계약에 따라 부담하게 된 채무자 자신의 급부의무이다. 또한 저당권설정계약은 피담보채권의 발생을 위한 계약에 종된 계약으로, 피담보채무가 소멸하면 저당권설정계약상의 권리의무도 소멸하게 된다. 저당권설정계약에 따라 채무자가 부담하는 의무는 담보목적의 달성, 즉 채무불이행 시 담보권 실행을 통한 채권의 실현을 위한 것이므로 저당권설정계약의 체결이나 저당권 설정 전후를 불문하고 당사자 관계의 전형적 · 본질적 내용은 여전히 금전채권의 실현 내지 피담보채무의 변제에 있다.

따라서 채무자가 위와 같은 급부의무를 이행하는 것은 채무자 자신의 사무에 해당할 뿐이고, 채무자가 통상의 계약에서의 이익대립관계를 넘어서 채권자와의 신임관계에 기초하여 채권자의 사무를 맡아 처리한다고 볼 수 없으므로 채무자를 채권자에 대한 관계에서 배임죄의 주체인 '타인의 사무를 처리하는 자'에 해당한다고 할 수 없다. 그러므로 채무자가 담보물을 제3자에게 처분하는 등으로 담보가치를 감소 또는 상실시켜 채권자의 담보권 실행이나 이를 통한 채권실현에 위험을 초래하더라도 배임죄가 성립하지 아니한다.
위와 같은 법리는, 금전채무를 담보하기 위하여 「공장 및 광업재단 저당법」에 따라 저당권이 설정된 동산을 채무자가 제3자에게 임의로 처분한 사안에도 마찬가지로 적용된다.
[2] 매매와 같이 당사자 일방이 재산권을 상대방에게 이전할 것을 약정하고 상대방이 그 대금을 지급할 것을 약정함으로써 그 효력이 생기는 계약의 경우(민법 제563조), 쌍방이 그 계약의 내용에 좇은 이행을 하여야 할 채무는 특별한 사정이 없는 한 '자기의 사무'에 해당하는 것이 원칙이다. 동산 매매계약에서의 매도인은 매수인에 대하여 그의 사무를 처리하는 지위에 있지 아니하므로, 매도인이 목적물을 타에 처분하였다 하더라도 형법상 배임죄가 성립하지 아니한다.
위와 같은 법리는 권리이전에 등기 · 등록을 요하는 동산에 대한 매매계약에서도 동일하게 적용되므로, 자동차 등의 매도인은 매수인에 대하여 그의 사무를 처리하는 지위에 있지 아니하여, 매도인이 매수인에게 소유권이전등록을 하지 아니하고 타에 처분하였다고 하더라도 마찬가지로 배임죄가 성립하지 아니한다.
[3] 피고인은 피해자 메리츠캐피탈 주식회사에게 저당권을 설정해 준 버스를 임의처분하였고, 피해자 이○○에게 버스를 매도하기로 하여 중도금까지 지급받았음에도 버스에 공동근저당권을 설정하였음. 원심은 피고인이 피해자들에 대한 타인의 사무처리자임을 전제로 각 배임의 점에 대하여 유죄로 판단하였음. 반면 대법원은 위와 같은 의무는 저당권설정계약 또는 매매계약에 따른 피고인의 사무일 뿐 타인의 사무라고 볼 수 없다는 이유로 원심을 파기한 사안(대판(전) 2020.10.22. 2020도6258).

정답 | O

| 동지판례 | ★★

위와 같은 법리는, 권리이전에 등기 · 등록을 요하는 동산에 관한 양도담보설정계약에도 마찬가지로 적용된다. 따라서 자동차 등에 관하여 양도담보설정계약을 체결한 채무자는 채권자에 대하여 그의 사무를 처리하는 지위에 있지 아니하므로, 채무자가 채권자에게 양도담보설정계약에 따른 의무를 다하지 아니하고 이를 타에 처분하였다고 하더라도 배임죄가 성립하지 아니한다. 이와 달리 권리이전에 등기 · 등록을 요하는 동산인 자동차를 양도담보로 제공한 채무자가 채권자에 대하여 타인의 사무를 처리하는 자에 해당함을 전제로 채무자가 담보목적물을 처분한 경우 배임죄가 성립한다고 한 대법원 1989. 7. 25. 선고 89도350 판결을 비롯한 같은 취지의 대법원판결들은 이 판결의 견해에 배치되는 범위 내에서 모두 변경하기로 한다(대판(전) 2022.12.22. 2020도8682).

★★★
67

부동산 매매계약에서 매도인이 중도금 이상을 수령한 이상 매수인에게 가등기를 경료한 경우라도 여전히 타인의 사무처리자에 해당한다. O | X

판결요지

부동산 매매계약에서 중도금이 지급되는 등 계약이 본격적으로 이행되는 단계에 이른 경우, 그때부터 매도인은 배임죄에서 말하는 '타인의 사무를 처리하는 자'에 해당하며, 매도인이 매수인에게 순위보전의 효력이 있는 가등기를 마쳐주었다고 하더라도 이는 향후 매수인에게 손해를 회복할 수 있는 방안을 마련하여 준 것일 뿐 그 자체로 물권변동의 효력이 있는 것은 아니어서 매도인으로서는 소유권을 이전하여 줄 의무에서 벗어날 수 없으므로, 그와 같은 가등기로 인하여 매수인의 재산보전에 협력하여 재산적 이익을 보호 · 관리할 신임관계의 전형적 · 본질적 내용이 변경된다고 할 수 없다(대판 2020.5.14. 2019도16228).

[판례해설] 매도인이 매수인에게 가등기를 마쳐주었다고 하더라도 매수인으로부터 계약금, 중도금 및 잔금 중 일부까지 지급받은 이상 매수인의 재산보전에 협력하여야 할 신임관계에 있고 따라서 매도인은 매수인에 대한 관계에서 '타인의 사무를 처리하는 자'에 해당한다고 보아야 한다는 취지이다. **정답 | O**

★★
68 판례에 의할 때 다음 기술의 옳고 그름을 판단하라.

(1) 회사직원이 영업비밀 또는 영업상 주요한 자산을 경쟁업체에 유출하거나 스스로의 이익을 위하여 이용할 목적으로 무단으로 반출한 경우, 유출 또는 반출 시에 업무상배임죄의 기수가 된다. **O | X**

(2) 영업비밀 등을 적법하게 반출하였으나 퇴사 시에 회사에 반환하거나 폐기할 의무가 있음에도 경쟁업체에 유출하거나 스스로의 이익을 위하여 이용할 목적으로 이를 반환하거나 폐기하지 아니하였다면, 퇴사 시에 업무상배임죄의 기수가 된다. **O | X**

(3) 퇴사한 회사직원이 경쟁업체에 유출하거나 스스로의 이익을 위하여 이용할 목적으로 반환하거나 폐기하지 아니한 영업비밀 등을 경쟁업체에 유출하거나 스스로의 이익을 위하여 이용한 행위는 따로 업무상배임죄를 구성하지 아니한다. **O | X**

(4) 위 (3)에서 제3자가 퇴사한 직원의 유출 내지 이용행위에 공모·가담한 경우, 업무상배임죄의 공범이 성립한다. **O | X**

판결요지

업무상배임죄의 주체는 타인의 사무를 처리하는 지위에 있어야 한다. 따라서 회사직원이 재직 중에 영업비밀 또는 영업상 주요한 자산을 경쟁업체에 유출하거나 스스로의 이익을 위하여 이용할 목적으로 무단으로 반출하였다면 타인의 사무를 처리하는 자로서 업무상의 임무에 위배하여 유출 또는 반출한 것이어서 유출 또는 반출 시에 업무상배임죄의 기수가 된다. 또한 회사직원이 영업비밀 등을 적법하게 반출하여 반출행위가 업무상배임죄에 해당하지 않는 경우라도, 퇴사 시에 영업비밀 등을 회사에 반환하거나 폐기할 의무가 있음에도 경쟁업체에 유출하거나 스스로의 이익을 위하여 이용할 목적으로 이를 반환하거나 폐기하지 아니하였다면, 이러한 행위 역시 퇴사 시에 업무상배임죄의 기수가 된다. 그러나 회사직원이 퇴사한 후에는 특별한 사정이 없는 한 퇴사한 회사직원은 더 이상 업무상배임죄에서 타인의 사무를 처리하는 자의 지위에 있다고 볼 수 없고, 위와 같이 반환하거나 폐기하지 아니한 영업비밀 등을 경쟁업체에 유출하거나 스스로의 이익을 위하여 이용하더라도 이는 이미 성립한 업무상배임 행위의 실행행위에 지나지 아니하므로, 그 유출 내지 이용행위가 부정경쟁방지 및 영업비밀보호에 관한 법률 위반(영업비밀누설등)죄에 해당하는지는 별론으로 하더라도, 따로 업무상배임죄를 구성할 여지는 없다. 그리고 위와 같이 퇴사한 회사직원에 대하여 타인의 사무를 처리하는 자의 지위를 인정할 수 없는 이상 제3자가 위와 같은 유출 내지 이용행위에 공모·가담하였더라도 타인의 사무를 처리하는 자의 지위에 있다는 등의 사정이 없는 한 업무상배임죄의 공범 역시 성립할 수 없다(대판 2017.6.29. 2017도3808). **정답 | (1) O, (2) O, (3) O, (4) X**

| 관련판례 |

1 횡령 범행으로 취득한 돈을 공범자끼리 수수한 행위가 공동정범들 사이의 범행에 의하여 취득한 돈을 공모에 따라 내부적으로 분배한 것에 지나지 않는다면 별도로 그 돈의 수수행위에 관하여 뇌물죄가 성립하는 것은 아니다(대판 2019.11.28. 2019도11766).

2 회사 직원이 경쟁업체 또는 스스로의 이익을 위하여 이용할 의사로 무단으로 자료를 반출한 행위가 업무상배임죄에 해당하기 위하여는, 그 자료가 반드시 영업비밀에 해당할 필요까지는 없다고 하겠지만 적어도 그 자료가 불특정 다수인에게 공개되어 있지 않아 보유자를 통하지 아니하고는 이를 통상 입수할 수 없고 그 보유자가 자료의 취득이나 개발을 위해 상당한 시간, 노력 및 비용을 들인 것으로서, 그 자료의 사용을 통해 경쟁상의 이익을 얻을 수 있는 정도의 영업상 주요한 자산에는 해당하여야 한다(대판 2022.6.30. 2018도4794).⑪

★★
69 판례에 의할 때 다음 기술의 옳고 그름을 판단하라.

(1) 보도의 대상이 되는 자가 언론사 소속 기자에게 소위 '유료 기사' 게재를 청탁하는 행위는 부정한 청탁에 해당한다. O | X

(2) '제3자'에는 다른 특별한 사정이 없는 한 사무처리를 위임한 타인은 포함되지 않으나 그 타인이 재물 또는 재산상 이익을 받은 것을 부정한 청탁을 받은 사람이 직접 받은 것과 동일하게 평가할 수 있는 경우에는 배임수재죄가 성립될 수 있다. O | X

판결요지

[1] 배임수재죄에서 '부정한 청탁'은 반드시 업무상 배임의 내용이 되는 정도에 이를 필요는 없고, 사회상규 또는 신의성실의 원칙에 반하는 것을 내용으로 하면 충분하다. '부정한 청탁'에 해당하는지를 판단할 때에는 청탁의 내용 및 이에 관련한 대가의 액수, 형식, 보호법익인 거래의 청렴성 등을 종합적으로 고찰하여야 하고, 그 청탁이 반드시 명시적으로 이루어져야 하는 것은 아니며 묵시적으로 이루어지더라도 무방하다. 보도의 대상이 되는 자가 언론사 소속 기자에게 소위 '유료 기사' 게재를 청탁하는 행위는 사실상 '광고'를 '언론 보도'인 것처럼 가장하여 달라는 것으로서 언론 보도의 공정성 및 객관성에 대한 공공의 신뢰를 저버리는 것이므로, 배임수재죄의 부정한 청탁에 해당한다. 설령 '유료 기사'의 내용이 객관적 사실과 부합하더라도, 언론 보도를 금전적 거래의 대상으로 삼은 이상 그 자체로 부정한 청탁에 해당한다.

[2] 개정 형법 제357조의 보호법익 및 체계적 위치, 개정 경위, 법문의 문언 등을 종합하여 볼 때, 개정 형법이 적용되는 경우에도 '제3자'에는 다른 특별한 사정이 없는 한 사무처리를 위임한 타인은 포함되지 않는다고 봄이 타당하다. 그러나 배임수재죄의 행위주체가 재물 또는 재산상 이익을 취득하였는지는 증거에 의하여 인정된 사실에 대한 규범적 평가의 문제이다. 부정한 청탁에 따른 재물이나 재산상 이익이 외형상 사무처리를 위임한 타인에게 지급된 것으로 보이더라도 사회통념상 그 타인이 재물 또는 재산상 이익을 받은 것을 부정한 청탁을 받은 사람이 직접 받은 것과 동일하게 평가할 수 있는 경우에는 배임수재죄가 성립될 수 있다(대판 2021.9.30. 2019도17102). **정답** | (1) ○, (2) ○

⑪ 또한 비밀유지조치를 취하지 아니한 채 판매 등으로 공지된 제품의 경우, 역설계(reverse engineering)를 통한 정보의 획득이 가능하다는 사정만으로 그 정보가 불특정 다수인에게 공개된 것으로 단정할 수 없으나, 상당한 시간과 노력 및 비용을 들이지 않고도 통상적인 역설계 등의 방법으로 쉽게 입수 가능한 상태에 있는 정보라면 보유자를 통하지 아니하고서는 통상 입수할 수 없는 정보에 해당한다고 보기 어려우므로 영업상 주요한 자산에 해당하지 않는다

장물의 죄

★★★
70 판례에 의할 때 다음 기술의 옳고 그름을 판단하라.

(1) 사기 범행의 피해자로부터 현금을 예금계좌로 송금받은 경우, 그 사기죄의 객체는 재물이다. O | X

(2) 본인 명의의 예금계좌를 양도하는 방법으로 본범의 사기 범행을 용이하게 한 방조범이 본범의 사기행위 결과 그의 예금계좌에 입금된 돈을 인출한 경우, '장물취득죄'가 성립하지 않는다. O | X

판결요지

[1] 사기죄의 객체는 타인이 점유하는 '타인의' 재물 또는 재산상의 이익이므로, 피해자와의 관계에서 살펴보아 그것이 피해자 소유의 재물인지 아니면 피해자가 보유하는 재산상의 이익인지에 따라 '재물'이 객체인지 아니면 '재산상의 이익'이 객체인지 구별하여야 하는 것으로서, 이 사건과 같이 피해자가 본범의 기망행위에 속아 현금을 피고인 명의의 은행 예금계좌로 송금하였다면, 이는 재물에 해당하는 현금을 교부하는 방법이 예금계좌로 송금하는 형식으로 이루어진 것에 불과하여, 피해자의 은행에 대한 예금채권은 당초 발생하지 않는다.
[2] 장물취득죄에서 '취득'이라 함은 장물의 점유를 이전받음으로써 그 장물에 대하여 사실상 처분권을 획득하는 것을 의미하는데, 이 사건의 경우 본범의 사기행위는 피고인이 예금계좌를 개설하여 본범에게 양도한 방조행위가 가공되어 본범에게 편취금이 귀속되는 과정 없이 피고인이 피해자로부터 피고인의 예금계좌로 돈을 송금받아 취득함으로써 종료되는 것이고, 그 후 피고인이 자신의 예금계좌에서 위 돈을 인출하였다 하더라도 이는 예금명의자로서 은행에 예금반환을 청구한 결과일 뿐 본범으로부터 위 돈에 대한 점유를 이전받아 사실상 처분권을 획득한 것은 아니므로, 피고인의 위와 같은 인출행위를 장물취득죄로 벌할 수는 없다.
[3] 사기 범행에 이용되리라는 사정을 알고서도 자신의 명의로 새마을금고 예금계좌를 개설하여 甲에게 이를 양도함으로써 甲이 乙을 속여 乙로 하여금 1,000만 원을 위 계좌로 송금하게 한 사기 범행을 방조한 피고인이 위 계좌로 송금된 돈 중 140만 원을 인출하여 甲이 편취한 장물을 취득하였다는 공소사실에 대하여, 甲이 사기 범행으로 취득한 것은 재산상 이익이어서 장물에 해당하지 않는다는 원심판단은 적절하지 아니하지만, 피고인의 위와 같은 인출행위를 장물취득죄로 벌할 수는 없으므로, 위 '장물취득' 부분을 무죄로 선고한 원심의 결론을 정당하다고 한 사례(대판 2010.12.9. 2010도6256). **정답 I (1) O, (2) O**

손괴의 죄

★
71 피고인이 평소 자신이 굴삭기를 주차하던 장소에 甲의 차량이 주차되어 있는 것을 발견하고 甲의 차량 앞에 철근콘크리트 구조물을, 뒤에 굴삭기 크러셔를 바짝 붙여 놓아 甲이 17~18시간 동안 차량을 운행할 수 없게 한 경우 손괴죄가 성립하지 않는다. **O | X**

판결요지

피고인이 평소 자신이 굴삭기를 주차하던 장소에 甲의 차량이 주차되어 있는 것을 발견하고 甲의 차량 앞에 철근콘크리트 구조물을, 뒤에 굴삭기 크러셔를 바짝 붙여 놓아 甲이 17~18시간 동안 차량을 운행할 수 없게 된 사안에서, 차량 앞뒤에 쉽게 제거하기 어려운 구조물 등을 붙여 놓은 행위는 차량에 대한 유형력 행사로 보기에 충분하고, 차량 자체에 물리적 훼손이나 기능적 효용의 멸실 내지 감소가 발생하지 않았더라도 甲이 위 구조물로 인해 차량을 운행할 수 없게 됨으로써 일시적으로 본래의 사용목적에 이용할 수 없게 된 이상 차량 본래의 효용을 해한 경우라고 한 사례(대판 2021.5.7. 2019도13764).

정답 I X

★★★
72 타인 소유 토지에 권원 없이 건물을 신축한 경우 토지의 효용을 해한 것이므로 재물손괴죄가 성립한다. **O | X**

판결요지

재물손괴죄(형법 제366조)는 다른 사람의 재물을 손괴 또는 은닉하거나 그 밖의 방법으로 그 효용을 해한 경우에 성립하는 범죄로, 행위자에게 다른 사람의 재물을 자기 소유물처럼 그 경제적 용법에 따라 이용·처분할 의사(불법영득의사)가 없다는 점에서 절도, 강도, 사기, 공갈, 횡령 등 영득죄와 구별된다. 다른 사람의 소유물을 본래의 용법에 따라 무단으로 사용·수익하는 행위는 소유자를 배제한 채 물건의 이용가치를 영득하는 것이고, 그 때문에 소유자가 물건의 효용을 누리지 못하게 되었더라도 효용 자체가 침해된 것이 아니므로 재물손괴죄에 해당하지 않는다(대판 2022.11.30. 2022도1410).

정답 I X

★★
73

甲이 수목을 식재할 당시 토지의 전 소유자로부터 명시적 또는 묵시적으로 승낙 · 동의를 받았거나 토지 중 수목이 식재된 부분에 관하여는 무상으로 사용할 것을 허락받은 경우 甲이 피해자가 전 소유자로부터 매수한 토지의 경계 부분에 매수 전 자신이 식재하였던 수목 5그루를 전기톱을 이용하여 절단하였다고 하더라도 특수재물손괴죄는 성립하지 않는다. **O | X**

판결요지

[1] 민법 제256조에서 부동산에의 부합의 예외사유로 규정한 '권원'은 지상권, 전세권, 임차권 등과 같이 타인의 부동산에 자기의 동산을 부속시켜서 그 부동산을 이용할 수 있는 권리를 뜻한다. 따라서 타인 소유의 토지에 수목을 식재할 당시 토지의 소유권자로부터 그에 관한 명시적 또는 묵시적 승낙 · 동의 · 허락 등을 받았다면, 이는 민법 제256조에서 부동산에의 부합의 예외사유로 정한 '권원'에 해당한다고 볼 수 있으므로, 해당 수목은 토지에 부합하지 않고 식재한 자에게 그 소유권이 귀속된다.
[2] 피고인은 피해자 甲이 乙로부터 매수한 토지의 경계 부분에 매수 전 자신이 식재하였던 옹아나무 등 수목 5그루 시가 합계 약 2,050만 원 상당을 전기톱을 이용하여 절단하였다고 하여 특수재물손괴의 공소사실로 기소된 사안에서, 제반 사정에 비추어 피고인이 수목을 식재할 당시 토지의 전 소유자 乙로부터 명시적 또는 묵시적으로 승낙 · 동의를 받았거나 적어도 토지 중 수목이 식재된 부분에 관하여는 무상으로 사용할 것을 허락받았을 가능성을 배제하기 어렵고, 이는 민법 제256조에서 부동산에의 부합의 예외사유로 정한 '권원'에 해당한다고 볼 수 있어 수목은 토지에 부합하는 것이 아니라 이를 식재한 피고인에게 소유권이 귀속되며, 비록 甲이 토지를 매수할 당시 乙로부터 지장물까지 함께 매수하였다는 취지로도 증언하였으나 이를 뒷받침할 만한 증거가 없고, 설령 토지 및 지장물을 함께 매수하였더라도 수목이 식재될 당시부터 토지에 부합하지 않았다면 그 매매목적물에 수목이 당연히 포함된다고 단정할 수도 없다는 등의 이유로, 이와 달리 피고인은 수목이 甲 소유임을 미필적으로나마 인식하고서 이를 절단하였다고 보아 공소사실을 유죄로 인정한 원심판결에 재물손괴죄의 '소유권'에 관한 법리오해의 잘못이 있다고 한 사례(대판 2023.11.16. 2023도11885). **정답 | O**

권리행사를 방해하는 죄

★★★
74 친족간 재산범죄의 처벌과 소추조건에 관한 특례를 규정한 형법 제328조 제1항과 제2항의 '친족상도례(親族相盜例)' 규정은 형사피해자가 법관에게 적절한 형벌권을 행사하여 줄 것을 청구할 수 없도록 하는바, 이는 입법재량을 명백히 일탈하여 현저히 불합리하거나 불공정한 것으로서 형사피해자의 재판절차진술권을 침해한다. o | x

판결요지

[결정주문] 형법(2005. 3. 31. 법률 제7427호로 개정된 것) 제328조 제1항은 헌법에 합치되지 아니한다. 법원 기타 국가기관 및 지방자치단체는 2025. 12. 31.을 시한으로 입법자가 개정할 때까지 위 법률조항의 적용을 중지하여야 한다.

[결정이유] 심판대상조항⑫⑬ 은 법관으로 하여금 형면제 판결을 선고하도록 획일적으로 규정하여, 거의 대부분의 사안에서는 기소가 이루어지지 않고 있고, 이에 따라 형사피해자는 재판절차에 참여할 기회를 상실하고 있다. 예외적으로 기소가 되더라도, '형의 면제'라는 결론이 정해져 있는 재판에서는 형사피해자의 법원에 대한 적절한 형벌권 행사 요구는 실질적 의미를 갖기 어렵다. 위와 같은 점을 종합하면, 심판대상조항은 형사피해자가 법관에게 적절한 형벌권을 행사하여 줄 것을 청구할 수 없도록 하는바, 이는 입법재량을 명백히 일탈하여 현저히 불합리하거나 불공정한 것으로서 형사피해자의 재판절차진술권을 침해한다.

[헌법불합치결정] 심판대상조항의 위헌성은, 일정한 친족 사이의 재산범죄와 관련하여 형사처벌의 특례를 인정하는 데 있지 않고, '일률적으로 형면제'를 함에 따라 구체적 사안에서 형사피해자의 재판절차진술권을 형해화할 수 있다는 데 있다. 심판대상조항의 위헌성을 제거하는 데에는, 여러 가지 선택 가능성이 있을 수 있으며, 입법자는 충분한 사회적 합의를 거쳐 그 방안을 강구할 필요가 있다. 따라서 심판대상조항에 대하여 단순위헌결정을 하는 대신 헌법불합치결정을 선고하되 그 적용을 중지한다. 입법자는 가능한 한 빠른 시일 내에, 늦어도 2025. 12. 31.까지 개선입법을 하여야 할 의무가 있고, 2025. 12. 31.까지 개선입법이 이루어지지 않으면 심판대상조항은 2026. 1. 1.부터 효력을 상실한다.

[판결해설] 헌법재판소는 이 사건 결정을 통하여, 경제적 이해를 같이하거나 정서적으로 친밀한 가족 구성원 사이에서 발생하는 수인 가능한 수준의 재산범죄에 대한 형사소추 내지 처벌에 관한 특례의 필요성을 긍정하였다. 다만, 심판대상조항이 규정하는 일률적 형면제로 인하여 구체적 사안에서 형

---

⑫ 〈친족상도례 적용대상 재산범죄: 강도죄와 손괴죄를 제외한 다른 모든 재산범죄〉
- 형법 제344조 – 절도죄(제329조), 야간주거침입절도죄(제330조), 특수절도죄(제331조), 자동차등불법사용죄(제331조의2) 및 각 죄의 상습범(제332조)과 미수범
- 형법 제354조 – 사기죄(형법 제347조), 컴퓨터등사용사기죄(제347조의2), 준사기죄(제348조), 편의시설부정이용죄(제348조의2), 부당이득죄(제349조), 공갈죄(제350조), 특수공갈죄(제350조의2) 및 각 죄의 상습범과 미수범(제351조, 제352조)
- 형법 제361조 – 횡령죄와 배임죄(제355조), 업무상 횡령죄와 업무상 배임죄(제356조), 배임수증재죄(제357조) 및 각 죄의 미수범(제359조), 점유이탈물횡령죄(제360조)
- 장물범죄에 대해서는, 장물범과 피해자 사이에 형법 제328조 제1항, 제2항의 신분관계가 있는 경우에는 형법 제328조를 준용함(형법 제365조 제1항)
- 위와 같은 재산범죄를 가중처벌하는 특별법이 적용되는 경우에도 친족상도례를 배제한다는 명시적 규정이 없는 한 적용됨.

⑬ 〈형의 면제〉
- 형면제 판결은 법리적으로는 유죄의 실체판결에 해당함.
- 그러나 검찰 실무상, 법률에 따라 형이 면제되는 경우에는 공소권없음의 불기소처분을 하도록 한 검찰사건사무규칙 제115조 제3항 제4호 사목에 따라, 친족상도례가 적용 내지 준용되어 형이 면제되는 사람에 대해서는 공소권없음의 불기소처분을 하고 있어 대부분의 사안에서는 기소가 이루어지지 않음.
- 수사 단계에서 심판대상조항의 적용 여부가 불분명하여 예외적으로 기소되는 경우에도 법원은 '형면제' 선고를 하여야 함.

사피해자의 재판절차진술권을 형해화하는 경우가 발생할 수 있는 점을 인정하여 입법자에게 입법개선을 명하는 적용중지 헌법불합치결정을 한 것이다.
헌법재판소는 심판대상조항의 위헌성을 제거하는 데에는, 현실적 가족 · 친족 관계와 피해의 정도 및 가족 · 친족 사이 신뢰와 유대의 회복가능성 등을 고려한 피해자의 가해자에 대한 처벌의 의사표시를 소추조건으로 하는 등 여러 가지 선택가능성이 있을 수 있으며, 입법자는 충분한 사회적 합의를 거쳐 그 방안을 강구할 필요가 있다고 보았다.
헌법재판소는 이 사건 결정과 같은 날(2024. 6. 27.), '직계혈족, 배우자, 동거친족, 동거가족 또는 그 배우자 이외의 친족 간에 권리행사방해죄를 범한 때에는 고소가 있어야 공소를 제기할 수 있다'고 규정한 형법 제328조 제2항에 대해 합헌결정을 하였는데(2023헌바449), 해당 결정은 고소를 소추조건으로 규정하여 피해자의 의사에 따라 국가형벌권 행사가 가능하도록 한 조항에 대한 것으로서 형사피해자의 재판절차진술권 침해 여부가 문제되지 않으므로, 형벌조각사유를 정한 심판대상조항에 관한 이 사건 결정과는 구분된다(헌재 2024.6.27. 2020헌마468 등).

정답 Ⅰ X

★
75 권리행사방해죄에서 '은닉'이란 타인의 점유 또는 권리의 목적이 된 자기 물건 등의 소재를 발견하기 불가능하게 하거나 또는 현저히 곤란한 상태에 두는 것을 말하고, 그로 인하여 권리행사가 방해될 우려가 있는 상태에 이르면 권리행사방해죄가 성립하고 현실로 권리행사가 방해되었을 것까지 필요로 하는 것은 아니다.

O Ⅰ X

판결요지

피고인들이 이 사건 건물과 기계 · 기구에 근저당권을 설정하고도 담보유지의무를 위반하여, 이 사건 건물을 철거 및 멸실등기하고, 이 사건 기계 · 기구를 양도한 행위는 권리행사방해죄에 해당한다(대판 2021.1.14. 2020도14735).

정답 Ⅰ O

★
76 형법 제323조의 권리행사방해죄는 타인의 점유 또는 권리의 목적이 된 자기의 물건을 취거, 은닉 또는 손괴하여 타인의 권리행사를 방해함으로써 성립하므로 취거, 은닉 또는 손괴한 물건이 자기의 물건이 아니라면 권리행사방해죄가 성립할 수 없다. 물건의 소유자가 아닌 사람은 형법 제33조 본문에 따라 소유자의 권리행사방해 범행에 가담한 경우에 한하여 그의 공범이 될 수 있을 뿐이다.

O Ⅰ X

판결요지

[사실관계] 피고인은 2019. 11. 4. 22:10경 이 사건 건물 5층에서 피해자를 만나 위 돈이 입금되지 않았다면서 퇴거를 요구하였으나 받아들여지지 않자, 피해자의 가족을 내쫓을 목적으로 아들인 공소외 3에게 이 사건 건물 5층 현관문에 설치된 디지털 도어락(이하 '이 사건 도어락'이라고 한다)의 비밀번호를 변경할 것을 지시하였고, 공소외 3은 피고인의 지시에 따라 이 사건 도어락의 비밀번호를 변경하였다. 이로써 피고인은 피해자의 점유의 목적이 된 자기의 물건인 이 사건 도어락에 대한 권리행사방해를 교사하였다.

[판례해설] 교사범이 성립하려면 교사자의 교사행위와 정범의 실행행위가 있어야 하므로, 정범의 성립은 교사범 구성요건의 일부이고 교사범이 성립하려면 정범의 범죄행위가 인정되어야 한다. 형법 제323조의 권리행사방해죄는 타인의 점유 또는 권리의 목적이 된 자기의 물건을 취거, 은닉 또는 손괴하여 타인의 권리행사를 방해함으로써 성립하므로 취거, 은닉 또는 손괴한 물건이 자기의 물건이 아니라면 권리행사방해죄가 성립할 수 없다. 물건의 소유자가 아닌 사람은 형법 제33조 본문에 따라 소유자의 권리행사방해 범행에 가담한 경우에 한하여 그의 공범이 될 수 있을 뿐이다.
이 사건 도어락은 피고인 소유의 물건일 뿐 공소외 3 소유의 물건은 아니라는 것이다. 따라서 앞서 본 법리에 비추어 보면, 공소외 3이 자기의 물건이 아닌 이 사건 도어락의 비밀번호를 변경하였다고 하더라도 권리행사방해죄가 성립할 수 없고, 이와 같이 정범인 공소외 3의 권리행사방해죄가 인정되지 않는 이상 교사자인 피고인에 대하여 권리행사방해교사죄도 성립할 수 없다(대판 2022.9.15. 2022도5827).

정답 I ○

제2장 사회적 법익에 관한 죄

범죄단체조직죄

| 관련판례 |

[1] 형법 제114조에서 정한 '범죄를 목적으로 하는 단체'란 특정 다수인이 일정한 범죄를 수행한다는 공동목적 아래 구성한 계속적인 결합체로서 그 단체를 주도하거나 내부의 질서를 유지하는 최소한의 통솔체계를 갖춘 것을 의미한다.
[2] 형법 제114조에서 정한 '범죄를 목적으로 하는 집단'이란 특정 다수인이 사형, 무기 또는 장기 4년 이상의 범죄를 수행한다는 공동목적 아래 구성원들이 정해진 역할분담에 따라 행동함으로써 범죄를 반복적으로 실행할 수 있는 조직체계를 갖춘 계속적인 결합체를 의미한다. '범죄단체'에서 요구되는 '최소한의 통솔체계'를 갖출 필요는 없지만, 범죄의 계획과 실행을 용이하게 할 정도의 조직적 구조를 갖추어야 한다(대판 2020.8.20. 2019도16263).

방화와 실화의 죄

교통방해의 죄

통화에 관한 죄

유가증권 · 인지와 우표에 관한 죄

★
77 유가증권의 내용 중 권한 없는 자에 의하여 이미 변조된 부분을 다시 권한 없이 변경한 경우 유가증권변조죄가 성립한다. O | X

판결요지

유가증권변조죄에서 '변조'는 진정하게 성립된 유가증권의 내용에 권한 없는 자가 유가증권의 동일성을 해하지 않는 한도에서 변경을 가하는 것을 의미하고, 이와 같이 권한 없는 자에 의해 변조된 부분은 진정하게 성립된 부분이라 할 수 없다. 따라서 유가증권의 내용 중 권한 없는 자에 의하여 이미 변조된 부분을 다시 권한 없이 변경하였다고 하더라도 유가증권변조죄는 성립하지 않는다(대판 2012.9.27. 2010도15206).

정답 | X

| 관련판례 |

구 부정수표 단속법 제5조에서 처벌하는 행위는 수표의 발행에 관한 위조 · 변조를 말하고, 수표의 배서를 위조 · 변조한 경우에는 수표의 권리의무에 관한 기재를 위조 · 변조한 것으로서, 형법 제214조 제2항에 해당하는지 여부는 별론으로 하고 구 부정수표 단속법 제5조에는 해당하지 않는다(대판 2019.11.28. 2019도12022).

문서에 관한 죄

78 주식회사의 대표 자격으로 계약을 하는 경우 피고인 자신을 위한 행위가 아니고 작성명의인인 회사를 위하여 법률행위를 한다는 것을 인식할 수 있을 정도의 표시가 있으면 자격모용사문서작성죄에서의 대표관계의 표시라고 할 수 있다. O | X

판결요지

자격모용사문서작성죄는 문서위조죄와 마찬가지로 문서의 진정에 대한 공공의 신용을 보호법익으로 하는 것으로, 행사할 목적으로 타인의 자격을 모용하여 작성된 문서가 일반인으로 하여금 명의인의 권한 내에서 작성된 문서라고 믿게 할 수 있는 정도의 형식과 외관을 갖추고 있으면 성립하므로, 주식회사의 대표 자격으로 계약을 하는 경우 피고인 자신을 위한 행위가 아니고 작성명의인인 회사를 위하여 법률행위를 한다는 것을 인식할 수 있을 정도의 표시가 있으면 대표관계의 표시라고 할 수 있다. 자격모용사문서작성죄에서의 '행사할 목적'이라 함은 그 문서가 정당한 권한에 기하여 작성된 것처럼 다른 사람으로 하여금 오신하도록 하게 할 목적을 말한다고 할 것이므로 사문서를 작성하는 자가 주식회사의 대표로서의 자격을 모용하여 문서를 작성한다는 것을 인식, 용인하면서 그 문서를 진정한 문서로서 어떤 효용에 쓸 목적으로 사문서를 작성하였다면, 자격모용에 의한 사문서작성죄의 행사의 목적과 고의를 인정할 수 있다. 작성자가 '행사할 목적'으로 자격을 모용하여 문서를 작성한 이상 문서행사의 상대방이 자격모용 사실을 알았다거나, 작성자가 그 문서에 모용한 자격과 무관한 직인을 날인하였다는 등의 사정이 있다고 하여 달리 볼 것은 아니다(대판 2022.6.30. 2021도17712).

정답 | O

★
79 문서의 주된 취지가 단순히 개인적 · 집단적 의견의 표현인 경우에도 사문서에 해당될 수 있다. O | X

판결요지

사문서위조 및 동행사죄의 객체인 사문서는 권리 · 의무 또는 사실증명에 관한 타인의 문서 또는 도화를 가리키고, '권리 · 의무에 관한 문서'는 권리 또는 의무의 발생 · 변경 · 소멸에 관한 사항이 기재된 것을 말하며, '사실증명에 관한 문서'는 권리 · 의무에 관한 문서 이외의 문서로서 거래상 중요한 사실을 증명하는 문서를 의미한다. '거래상 중요한 사실을 증명하는 문서'는 법률관계의 발생 · 존속 · 변경 · 소멸의 전후 과정을 증명하는 것이 주된 취지인 문서뿐만 아니라 법률관계에 간접적으로만 연관된 의사표시 또는 권리 · 의무의 변동에 사실상으로만 영향을 줄 수 있는 의사표시를 내용으로 하는 문서도 포함될 수 있지만, 문서의 주된 취지가 단순히 개인적 · 집단적 의견의 표현에 불과한 것이어서는 아니 되고, 적어도 실체법 또는 절차법에서 정한 구체적인 권리 · 의무와의 관련성이 인정되는 경우이어야 한다. '거래상 중요한 사실을 증명하는 문서'에 해당하는지 여부는 문서 제목만을 고려할 것이 아니라 문서 내용과 더불어 문서 작성자의 의도, 문서가 작성된 객관적인 상황, 문서에 적시된 사항과 그 행사가 예정된 상대방과의 관계 등을 종합적으로 고려하여 판단하여야 한다(대판 2024.1.4. 2023도1178).

[사실관계] 피고인은 2022. 3. 9. 실시된 제20대 대통령선거를 앞두고 특정 후보자에 대한 지지선언 형식의 기자회견을 위하여 서명부 양식을 작성하여 최소 목표치인 1만 명으로부터 서명을 받기 위해

노력했으나 별다른 성과가 없자 총 315명의 허무인 명의로 서명부 21장을 임의로 작성하여 사문서 위조 및 동행사죄 기소되었다.

[판례해설] 피고인이 허무인 명의로 작성한 이 사건 서명부 21장은 주된 취지가 특정한 대통령후보자에 대한 정치적인 지지 의사를 집단적 형태로 표현하고자 한 것일 뿐, 실체법 또는 절차법에서 정한 구체적인 권리·의무에 관한 문서 내지 거래상 중요한 사실을 증명하는 문서에 해당한다고 보기 어렵다.

정답 | X

★★★
80 피고인이 인터넷을 통하여 열람·출력한 등기사항전부증명서 하단의 열람 일시 부분을 수정 테이프로 지우고 복사해 두었다가 이를 타인에게 교부하였다면 공문서변조 및 변조공문서행사죄가 성립한다. **O | X**

판결요지

[1] 공문서변조죄는 권한 없는 자가 공무소 또는 공무원이 이미 작성한 문서내용에 대하여 동일성을 해하지 않을 정도로 변경을 가하여 새로운 증명력을 작출케 함으로써 공공적 신용을 해할 위험성이 있을 때 성립한다. 이때 일반인으로 하여금 공무원 또는 공무소의 권한 내에서 작성된 문서라고 믿을 수 있는 형식과 외관을 구비한 문서를 작성하면 공문서변조죄가 성립하는 것이고, 일반인으로 하여금 공무원 또는 공무소의 권한 내에서 작성된 문서라고 믿게 할 수 있는지 여부는 그 문서의 형식과 외관은 물론 그 문서의 작성경위, 종류, 내용 및 일반거래에 있어서 그 문서가 가지는 기능 등 여러 가지 사정을 종합적으로 고려하여 판단하여야 한다.

[2] 피고인이 인터넷을 통하여 열람·출력한 등기사항전부증명서 하단의 열람 일시 부분을 수정 테이프로 지우고 복사해 두었다가 이를 타인에게 교부하여 공문서변조 및 변조공문서행사로 기소된 사안에서, 등기사항전부증명서의 열람 일시는 등기부상 권리관계의 기준 일시를 나타내는 역할을 하는 것으로서 권리관계나 사실관계의 증명에서 중요한 부분에 해당하고, 열람 일시의 기재가 있어 그 일시를 기준으로 한 부동산의 권리관계를 증명하는 등기사항전부증명서와 열람 일시의 기재가 없어 부동산의 권리관계를 증명하는 기준 시점이 표시되지 않은 등기사항전부증명서 사이에는 증명하는 사실이나 증명력에 분명한 차이가 있는 점, 법률가나 관련 분야의 전문가가 아닌 평균인 수준의 사리분별력을 갖는 일반인의 관점에서 볼 때 그 등기사항전부증명서가 조금만 주의를 기울여 살펴보기만 해도 그 열람 일시가 삭제된 것임을 쉽게 알아볼 수 있을 정도로 공문서로서의 형식과 외관을 갖추지 못했다고 보기 어려운 점을 종합하면, 피고인이 등기사항전부증명서의 열람 일시를 삭제하여 복사한 행위는 등기사항전부증명서가 나타내는 권리·사실관계와 다른 새로운 증명력을 가진 문서를 만든 것에 해당하고 그로 인하여 공공적 신용을 해할 위험성도 발생하였다는 이유로, 이와 달리 본 원심판결에 공문서변조에 관한 법리오해의 잘못이 있다고 한 사례(대판 2021.2.25. 2018도19043).

[판례해설] (1) 이 사건 부동산에 관하여 2013.1.14. 피고인의 어머니 공소외 1 명의로 상속을 원인으로 한 소유권이전등기가 마쳐졌다. 피고인은 공소외 2로부터 돈을 빌리면서 이 사건 부동산에 관하여 2013.1.23. 접수 근저당권설정등기를, 2013.2.6. 접수 소유권이전담보가등기를 각각 마쳐 주었다.
(2) 피고인은 위 근저당권설정등기와 소유권이전담보가등기가 되기 전인 2013.1. 무렵 인터넷을 통하여 열람한 이 사건 부동산에 관한 등기사항전부증명서를 출력하였다(이하 '변경 전 등기사항전부증명서'라 한다). 피고인은 2015.8.말 무렵 다시 돈을 빌리면서 담보로 제시하기 위하여 변경 전 등기사항전부증명서 하단의 열람 일시를 수정 테이프로 지우고 복사해 두었다.
(3) 피고인은 2016.8.10. 공소외 3으로부터 돈을 빌리면서 위와 같이 열람 일시를 지우고 복사해 두었던 등기사항전부증명서를 교부하였다.

(4) 결국 등기사항전부증명서는 권리관계의 기준 시점이 표시되지 않은 것으로서, 타인에게 제시·교부되어 부동산에 관하여 근저당권설정등기 및 소유권이전담보가등기가 존재하지 않는다는 내용의 허위사실을 증명하는 데 이용되었다. **정답 | O**

| 관련판례 |

금융위원회의 설치 등에 관한 법률 제29조, 제69조 제1항에서 정한 금융감독원 집행간부인 금융감독원장 명의의 문서는 공문서에 해당한다. 따라서 금융위원회법 제29조, 제69조 제1항에서 정한 금융감독원 집행간부인 금융감독원장 명의의 문서를 위조, 행사한 행위는 사문서위조죄, 위조사문서행사죄에 해당하는 것이 아니라 공문서위조죄, 위조공문서행사죄에 해당한다(대판 2021.3.11. 2020도14666).

81 주식을 명의신탁한 피고인이 명의수탁자를 변경하기 위해 제3자에게 주식을 양도한 후 수탁자 명의의 증권거래세 과세표준신고서를 작성하여 관할세무서에 제출함으로써 과세표준신고서를 위조하고 이를 행사하였다는 공소사실로 기소된 사안에서, 수탁자 명의로 과세표준신고를 하는 행위는 공법행위라는 등의 이유로 사문서위조죄 및 위조사문서행사죄가 성립한다. **O | X**

판결요지

[1] 신탁자에게 아무런 부담이 지워지지 않은 채 재산이 수탁자에게 명의신탁된 경우에는 특별한 사정이 없는 한 재산의 처분 기타 권한행사에 관해서 수탁자가 자신의 명의사용을 포괄적으로 신탁자에게 허용하였다고 보아야 하므로, 신탁자가 수탁자 명의로 신탁재산의 처분에 필요한 서류를 작성할 때에 수탁자로부터 개별적인 승낙을 받지 않았더라도 사문서위조·동행사죄가 성립하지 않는다. 이에 비하여 수탁자가 명의신탁 받은 사실을 부인하여 신탁자와 수탁자 사이에 신탁재산의 소유권에 관하여 다툼이 있는 경우 또는 수탁자가 명의신탁 받은 사실 자체를 부인하지 않더라도 신탁자의 신탁재산 처분권한을 다투는 경우에는 신탁재산에 관한 처분 기타 권한행사에 관해서 신탁자에게 부여하였던 수탁자 명의사용에 대한 포괄적 허용을 철회한 것으로 볼 수 있어 명의사용이 허용되지 않는다.
[2] 주식을 명의신탁한 피고인이 명의수탁자를 변경하기 위해 제3자에게 주식을 양도한 후 수탁자 명의의 증권거래세 과세표준신고서를 작성하여 관할세무서에 제출함으로써 과세표준신고서를 위조하고 이를 행사하였다는 공소사실로 기소된 사안에서, 신탁자에게 아무런 부담이 지워지지 않은 채 재산이 수탁자에게 명의신탁된 경우 특별한 사정이 없는 한 수탁자는 신탁자에게 자신의 명의사용을 포괄적으로 허용했다고 보는 것이 타당하므로, 사법행위와 공법행위를 구별하여 신탁재산의 처분 등과 관련한 사법상 행위에 대하여만 명의사용을 승낙하였다고 제한할 수는 없고, 특히 명의신탁된 주식의 처분 후 수탁자 명의의 과세표준신고를 하는 것은 법령에 따른 절차로서 신고를 하지 않는다면 오히려 수탁자에게 불이익할 수 있다는 점까지 고려한다면, 명의수탁자가 명의신탁주식의 처분을 허용하였음에도 처분 후 과세표준 등의 신고행위를 위한 명의사용에 대하여는 승낙을 유보하였다고 볼 특별한 사정이 존재하지 않는 한 허용된 범위에 속한다고 보아야 하므로, 수탁자 명의로 과세표준신고를 하는 행위는 공법행위라는 등의 이유로 사문서위조죄 및 위조사문서행사죄가 성립한다고 본 원심판단에 법리오해의 위법이 있다고 한 사례(대판 2022.3.31. 2021도17197). **정답 | X**

★★
82 사법경찰관인 피고인이 검사로부터 '교통사고 피해자들로부터 사고 경위에 대해 구체적인 진술을 청취하여 운전자 甲의 도주 여부에 대해 재수사할 것'을 요청받고, 재수사 결과서의 '재수사 결과'란에 피해자들로부터 진술을 청취하지 않았음에도 진술을 듣고 그 진술내용을 적은 것처럼 기재함으로써 허위공문서를 작성하였다는 내용으로 기소된 사안에서, 피고인의 행위는 허위공문서작성죄를 구성하고, 그에 관한 범의도 인정된다. O | X

판결요지

[1] 문서에 관한 죄의 보호법익은 문서의 증명력과 문서에 들어 있는 의사표시의 안정 · 신용으로, 일정한 법률관계 또는 거래상 중요한 사실에 관한 관계를 표시함으로써 증거가 될 만한 가치가 있는 문서를 대상으로 한다. 그중 공무소 또는 공무원이 직무에 관하여 진실에 반하는 허위 내용의 문서를 작성할 경우 허위공문서작성죄가 성립하고, 이는 공문서에 특별한 증명력과 신용력이 인정되기 때문에 성립의 진정뿐만 아니라 내용의 진실까지 보호하기 위함이다. 허위공문서작성죄에서 허위란 표시된 내용과 진실이 부합하지 아니하여 그 문서에 대한 공공의 신용을 위태롭게 하는 경우를 말하고, 허위공문서작성죄는 허위공문서를 작성하면서 그 내용이 허위라는 사실을 인식하면 성립한다.
[2] 사법경찰관인 피고인이 검사로부터 '교통사고 피해자들로부터 사고 경위에 대해 구체적인 진술을 청취하여 운전자 甲의 도주 여부에 대해 재수사할 것'을 요청받고, 재수사 결과서의 '재수사 결과'란에 피해자들로부터 진술을 청취하지 않았음에도 진술을 듣고 그 진술내용을 적은 것처럼 기재함으로써 허위공문서를 작성하였다는 내용으로 기소된 사안에서, 재수사 결과서의 작성 경위나 구성형태에 비추어 재수사 결과란의 기재는 피고인이 재수사 요청 취지에 따라 피해자들로부터 구체적인 진술을 듣고 진술내용을 적었음을 의미하는데 피고인은 피해자들로부터 진술을 청취하지 않았고, 특히 피고인은 피해자들이 진술한 바 없는 내용으로 자신의 독자적인 의견이나 추측에 불과한 것을 마치 피해자들로부터 직접 들은 진술인 것처럼 기재하였으므로, 피해자들 진술로 기재된 내용 중 일부가 결과적으로 사실과 부합하는지, 재수사 요청을 받은 사법경찰관이 검사에 의하여 지목된 참고인이나 피의자 등에 대한 재조사 여부와 재조사 방식 등에 대해 재량을 가지는지 등과 무관하게 피고인의 행위는 허위공문서작성죄를 구성하며, 피고인이 피해자들의 진술에 신빙성이 부족하다는 이유에서 자신의 판단에 따라 기재하는 내용이 객관적인 사실에 부합할 것이라고 생각하였다 하여 범의를 부정할 수 없다는 이유로, 이와 달리 보아 공소사실을 무죄로 판단한 원심판결에 심리미진 및 허위공문서작성죄에 관한 법리오해 등의 위법이 있다고 한 사례(대판 2023.3.30. 2022도6886). **정답** | O

| 비교판례 |

피고인 甲이 세월호 침몰사고 진상규명을 위한 국정조사특별위원회의 국정조사(이하 '국조특위'라고 한다)절차에서 대통령비서실장으로서 증언한 후 국회의원으로부터 대통령 대면보고 시점 등에 관한 추가 서면질의를 받고, 실무 담당 행정관으로 하여금 '비서실에서는 20~30분 단위로 간단없이 유 · 무선으로 보고를 하였기 때문에, 대통령은 직접 대면보고 받는 것 이상으로 상황을 파악하고 있었다고 생각합니다.'라는 내용의 서면답변서(이하 '답변서'라고 한다)를 작성하여 국회에 제출하도록 함으로써 공문서를 허위로 작성 · 행사하였다는 내용으로 기소된 사안에서, 답변서가 대통령비서실장으로서 최종 작성권한을 갖는 피고인 甲에 의하여 대통령비서실, 국가안보실의 직무권한 범위 내에서 작성된 공문서에 해당한다고 본 원심판단은 정당하나, 답변서 중 '대통령은 직접 대면보고 받는 것 이상으로 상황을 파악하고 있었다고 생각한다.'는 부분은 피고인 甲의 의견으로서 그 자체로 내용의 진실 여부를 판단할 수 있다거나 문서에 대한 공공의 신용을 위태롭게 할 만한 증명력과 신용력을 갖는다고 볼 수 없고, '비서실에서 20~30분 단위로 간단없이 유 · 무선으로 보고를 하였다.'는 부분은 실제로 있었던 객관적 사실을 기반으로 하여 기재된 내용으로 이를 허위라고 볼 수 없으며, 또한 답변서는 그 실질이 국조특위 이후 추가된 국회 질의에 대하여 서면으로 행한 '증언'과 다를 바 없을 뿐만 아니라, 국조특위에서 위증에 대한 제재를 감수하는 증인선서 후 증언한 것과 내용 면에서 차이가 없고, 실제 작성 · 제출도 지료 취합과 정리를 담당한 실무자에 의하여 기존 증언 내용 그대로 이루어졌다는 점 등에 비추어, 답변서는 피고인 甲이 국조특위 이후 추가된 국회 질의에 대하여 기존 증언과 같은 내용의 답변을 담은 문서로서 허위공문서작성죄에서 말하는 '허위'가 있다거나 그에 관한 피고인 甲의 인식이 있었다고 보기 어렵다는 이유로, 이와 달리 보아 답변서 작성 및 제출이 허위공문서작성죄 및 허위작성공문서행사죄에 해당한다고 인정한 원심판단에는 허위공문서작성죄에 관한 법리오해의 잘못이 있다고 한 사례(대판 2022.8.19. 2020도9714).

★★
83 의사의 부검 이전에 작성된 사망진단서에 기재된 사망 원인이 부검으로 밝혀진 사망 원인과 다른 경우 의사에게는 허위진단서작성죄가 성립한다. **O | X**

판결요지

의사 등이 사망진단서를 작성할 당시 기재한 사망 원인이나 사망의 종류가 허위인지 여부 또는 의사 등이 그러한 점을 인식하고 있었는지 여부는 임상의학 분야에서 실천되고 있는 의료 수준 및 사망진단서 작성현황에 비추어 사망진단서 작성 당시까지 작성자가 진찰한 환자의 구체적인 증상 및 상태 변화, 시술, 수술 등 진료 경과 등을 종합하여 판단하여야 한다. 특히 부검을 통하지 않고 사망의 의학적 원인을 정확하게 파악하는 데에는 한계가 있으므로, 부검 결과로써 확인된 최종적 사인이 이보다 앞선 시점에 작성된 사망진단서에 기재된 사망 원인과 일치하지 않는다는 사정만으로 사망진단서의 기재가 객관적으로 진실에 반한다거나, 작성자가 그러한 사정을 인식하고 있었다고 함부로 단정하여서는 안 된다(대판 2024.4.4. 2021도15080).

[사실관계] 만 6개월의 영아(이하 '망아')가 골수검사 시행 중 상태가 급격히 악화되어 사망에 이르게 되자, 망아의 주치의인 소아청소년과 교수 피고인 A와 망아의 담당의사인 소아청소년과 전공의인 피고인 B는 망아의 사망진단서상 사인을 무엇으로 기재할지 상의한 후, 피고인 B는 사망의 종류 '병사', 직접사인 '호흡정지', 중간선행사인 '범혈구감소증(골수검사확인예정)'으로 기재한 사망진단서를 작성하였는데, 망아의 사망 이후 골수검사 결과는 급성 골수구성 백혈병으로 확인되었고, 망아의 사망 약 1개월 뒤 작성된 망아에 대한 부검감정서는 망아의 사인을 골수채취 바늘이 총장골동맥을 파열하여 발생한 의인성 손상으로 인한 혈복강으로 판정하여, 피고인들이 공모하여 사망진단서를 허위로 작성하였다고 기소된 사안임.

[판례해설] 대법원은, 의사는 사망진단서 작성 당시까지 드러난 환자의 임상 경과를 고려하여 가장 부합하는 사망 원인과 사망의 종류를 자신의 의학적인 판단에 따라 사망진단서에 기재할 수 있으므로, 부검 이전에 작성된 사망진단서에 기재된 사망 원인이 부검으로 밝혀진 사망 원인과 다르다고 하여 피고인들에게 허위진단서 작성의 고의가 있다고 곧바로 추단할 수는 없다고 보아, 허위진단서작성죄를 유죄로 인정한 원심을 파기 · 환송함.

정답 | X

★★★
84 공전자기록위작죄의 '위작'의 의미와 사전자기록위작죄의 '위작'의 의미는 동일하다고 보아야 한다. O | X

판결요지

시스템을 설치·운영하는 주체와의 관계에서 전자기록의 생성에 관여할 권한이 없는 사람이 전자기록을 작출하거나 전자기록의 생성에 필요한 단위정보의 입력을 하는 경우는 물론 시스템의 설치·운영의 주체로부터 각자의 직무범위에서 개개의 단위정보의 입력권한을 부여받은 사람이 그 권한을 남용하여 허위의 정보를 입력함으로써 시스템 설치·운영주체의 의사에 반하는 전자기록을 생성하는 경우도 형법 제227조의2의 공전자기록위작죄에서 말하는 전자기록의 '위작'에 포함된다. 위 법리는 형법 제232조의2의 사전자기록등위작죄에서 행위의 태양으로 규정한 '위작'에 대해서도 마찬가지로 적용된다. 그 이유는 다음과 같다. … 사전자기록등위작죄를 사문서위조죄와 비교해 보면 두 죄는 범행의 목적, 객체, 행위 태양 등 구성요건이 서로 다른 점 등을 종합적으로 고려하면, 형법 제232조의2가 정한 사전자기록등위작죄에서 '위작'의 의미를 작성권한 없는 사람이 행사할 목적으로 타인의 명의를 모용하여 문서를 작성한 경우에 성립하는 사문서위조죄의 '위조'와 반드시 동일하게 해석하여 그 의미를 일치시킬 필요는 없다. "공전자기록위작죄의 '위작'의 의미와 사전자기록위작죄의 '위작'의 의미는 동일하다고 보아야 한다."(대판(전) 2020.8.27. 2019도11294)

정답 | O

| 관련판례 |

1 형법 제232조의2에서 말하는 '사무처리를 그르치게 할 목적'이란 위작 또는 변작된 전자기록이 사용됨으로써 전자적 방식에 의한 정보의 생성·처리·저장·출력을 목적으로 구축·설치한 시스템을 운영하는 주체인 개인 또는 법인의 사무처리를 잘못되게 하는 것을 말한다(대판(전) 2020.8.27. 2019도11294).

2 법인이 컴퓨터 등 정보처리장치를 이용하여 전자적 방식에 의한 정보의 생성·처리·저장·출력을 목적으로 전산망 시스템을 구축하여 설치·운영하는 경우 위 시스템을 설치·운영하는 주체는 법인이고, 법인의 임직원은 법인으로부터 정보의 생성·처리·저장·출력의 권한을 위임받아 그 업무를 실행하는 사람에 불과하다. 따라서 법인이 설치·운영하는 전산망 시스템에 제공되어 정보의 생성·처리·저장·출력이 이루어지는 전자기록 등 특수매체기록은 그 법인의 임직원과의 관계에서 '타인'의 전자기록 등 특수매체기록에 해당한다(대판(전) 2020.8.27. 2019도11294).

★
85 외국인 여자가 대한민국에 입국하여 취업 등을 하기 위한 방편으로 대한민국 국민인 남자와 혼인신고를 하였으나 당사자 사이에 혼인의 합의가 없는 경우, 대한민국 국적을 취득할 수 없고 이때 대한민국 국적을 취득한 것처럼 인적 사항을 기재하여 대한민국 여권을 발급받은 다음 이를 출입국심사 담당공무원에게 제출한 경우, 위계에 의한 공무집행방해죄 및 불실기재 여권행사죄가 성립한다. O | X

판결요지

[1] 형법 제137조에 정한 위계에 의한 공무집행방해죄에서 '위계'는 행위자의 행위목적을 이루기 위하여 상대방에게 오인, 착각, 부지를 일으키게 하여 이를 이용하는 것을 말한다.

[2] 형법 제229조, 제228조 제2항에 정한 불실기재 여권행사죄에서 '허위신고'는 진실에 반하는 사실을 신고하는 것이고, '불실(부실)의 사실'은 '권리의무관계에 중요한 의미를 갖는 사항이 객관적인 진실에 반하는 것'을 말한다. 여권 등 공정증서원본에 기재된 사항이 존재하지 않거나 외관상 존재하더라도 무효사유에 해당하는 흠이 있다면 불실기재에 해당한다. 그러나 기재된 사항이나 원인된 법률행위가 객관적으로 존재하고 취소사유에 해당하는 흠이 있을 뿐이라면 취소되기 전에 공정증서원본에 기재된 사항은 불실기재에 해당하지 않는다.
[3] 외국인 여자가 대한민국에 입국하여 취업 등을 하기 위한 방편으로 대한민국 국민인 남자와 혼인신고를 하였더라도 위와 같은 혼인의 합의가 없다면 구 국적법 제3조 제1호에서 정한 '대한민국 국민의 처가 된 자'에 해당하지 않으므로 대한민국 국적을 취득할 수 없다. 구 국적법 제3조 제1호에 따라 대한민국 국적을 취득하지 않았는데도 대한민국 국적을 취득한 것처럼 인적 사항을 기재하여 대한민국 여권을 발급받은 다음 이를 출입국심사 담당공무원에게 제출하였다면 위계로써 출입국심사업무에 관한 정당한 직무를 방해함과 동시에 불실의 사실이 기재된 여권을 행사한 것으로 볼 수 있다(대판 2022.4.28. 2020도12239).

정답 | O

★★★
86

위조된 문서를 진정한 문서인 것처럼 사용하는 한 행사의 방법에 제한이 없으므로 위조된 문서를 스캐너 등을 통해 이미지화한 다음 이를 전송하여 컴퓨터 화면상에서 보게 하는 경우도 행사에 해당하지만, 이는 문서의 형태로 위조가 완성된 것을 전제로 하는 것이므로, 공문서로서의 형식과 외관을 갖춘 문서에 해당하지 않아 공문서위조죄가 성립하지 않는 경우에는 위조공문서행사죄도 성립할 수 없다. O | X

판결요지

[1] 위조문서행사죄에서 행사란 위조된 문서를 진정한 문서인 것처럼 그 문서의 효용방법에 따라 이를 사용하는 것을 말하고, 위조된 문서를 진정한 문서인 것처럼 사용하는 한 행사의 방법에 제한이 없으므로 위조된 문서를 스캐너 등을 통해 이미지화한 다음 이를 전송하여 컴퓨터 화면상에서 보게 하는 경우도 행사에 해당하지만, 이는 문서의 형태로 위조가 완성된 것을 전제로 하는 것이므로, 공문서로서의 형식과 외관을 갖춘 문서에 해당하지 않아 공문서위조죄가 성립하지 않는 경우에는 위조공문서행사죄도 성립할 수 없다.
[2] 중국인인 피고인이 콘도미니엄 입주민들의 모임인 甲 시설운영위원회의 대표로 선출된 후 甲 위원회가 대표성을 갖춘 단체라는 외양을 작출할 목적으로, 주민센터에서 가져온 행정용 봉투의 좌측 상단에 미리 제작해 둔 甲 위원회 한자 직인과 한글 직인을 날인한 다음 주민센터에서 발급받은 피고인의 인감증명서 중앙에 있는 '용도'란 부분에 이를 오려 붙이는 방법으로 인감증명서 1매를 작성하고, 이를 휴대전화로 촬영한 사진 파일을 甲 위원회에 가입한 입주민들이 참여하는 메신저 단체대화방에 게재하였다고 하여 공문서위조 및 위조공문서행사로 기소된 사안에서, 피고인이 만든 문서가 공문서로서의 외관과 형식을 갖추었다고 인정하기 어렵고, 이를 사진촬영한 파일을 단체대화방에 게재한 행위가 위조공문서행사죄에 해당할 수도 없다고 한 사례(대판 2020.12.24. 2019도8443).
[판결이유] 피고인이 만든 문서의 용도란은 인감증명서의 다른 부분과 재질과 색깔이 다른 종이가 붙어 있음이 눈에 띄고, 글자색과 활자체도 다른 점 등을 고려하면 공문서로서의 외관과 형식을 갖추었다고 인정하기 어렵다.

정답 | O

★
87 피고인이 음주운전으로 단속되자 동생 甲의 이름을 대며 조사를 받다가 경찰관으로부터 음주운전 단속내역이 입력된 휴대용정보단말기(PDA)에 전자 서명할 것을 요구받자, 운전자 甲의 서명란에 甲의 이름 대신 의미를 알 수 없는 부호(Z자 2개를 합친 것처럼 휘날려 쓴 서명)를 기재하여 이를 경찰전산망에 전송하게 하였다면 이는 사서명위조죄 및 위조사서명행사죄에 해당한다. O | X

판결요지

[1] 사서명 등 위조죄가 성립하려면 서명 등이 일반인으로 하여금 특정인의 진정한 서명 등으로 오신하게 할 정도에 이르러야 하고, 일반인이 특정인의 진정한 서명 등으로 오신하기에 충분한 정도인지 여부는 서명 등의 형식과 외관, 작성 경위뿐만 아니라 서명 등이 기재된 문서에 서명 등을 할 필요성, 문서의 작성 경위, 종류, 내용 그리고 일반거래에서 문서가 가지는 기능 등도 함께 고려하여 판단하여야 한다.
[2] 피고인이 음주운전으로 단속되자 동생 甲의 이름을 대며 조사를 받다가 경찰관으로부터 음주운전 단속내역이 입력된 휴대용정보단말기(PDA)에 전자 서명할 것을 요구받자, 운전자 甲의 서명란에 甲의 이름 대신 의미를 알 수 없는 부호(Z자 2개를 합친 것처럼 휘날려 쓴 서명)를 기재하여 이를 경찰전산망에 전송하게 하였다면 이는 사서명위조죄 및 위조사서명행사죄에 해당한다(대판 2020.12.30. 2020도14045).

정답 I O

★★
88 장애인사용자동차표지를 사용할 권한이 없는 사람이 장애인전용주차구역에 주차하는 등 장애인사용자동차에 대한 지원을 받을 것으로 합리적으로 기대되는 상황이 아닌 경우, 단순히 이를 자동차에 비치하였더라도 공문서부정행사죄가 성립하지 않는다. O | X

판결요지

장애인복지법과 장애인등편의법의 규정과 관련 법리에 따르면, 장애인사용자동차표지는 장애인이 이용하는 자동차에 대한 조세감면 등 필요한 지원의 편의를 위하여 장애인이 사용하는 자동차를 대상으로 발급되는 것이고, 장애인전용주차구역 주차표지가 있는 장애인사용자동차표지는 보행상 장애가 있는 사람이 이용하는 자동차에 대한 지원의 편의를 위하여 발급되는 것이다(대판 2022.9.29. 2021도14514).

[사실관계] 피고인은 실효된 '장애인전용주차구역 주차표지가 있는 장애인사용자동차표지'를 승용차에 비치한 채 이 사건 아파트의 주차장 중 장애인전용주차구역이 아닌 장소에 승용차를 주차한 사실을 알 수 있다. 이는 피고인이 장애인사용자동차에 대한 지원을 받을 것으로 합리적으로 기대되는 상황에서 장애인사용자동차표지를 승용차에 비치한 경우에 해당한다고 볼 수 없고, 달리 이를 인정할 만한 사정도 보이지 않는다.

정답 I O

★★
89 형법 제238조의 공기호는 해당 부호를 공무원 또는 공무소가 사용하는 것만으로는 부족하고, 그 부호를 통하여 증명을 하는 사항이 구체적으로 특정되어 있고 해당사항은 그 부호에 의하여 증명이 이루어질 것이 요구된다. O | X

판결요지

[1] 형법상 인장에 관한 죄에서 인장은 사람의 동일성을 표시하기 위하여 사용하는 일정한 상형을 의미하고, 기호는 물건에 압날하여 사람의 인격상 동일성 이외의 일정한 사항을 증명하는 부호를 의미한다. 그리고 형법 제238조의 공기호는 해당 부호를 공무원 또는 공무소가 사용하는 것만으로는 부족하고, 그 부호를 통하여 증명을 하는 사항이 구체적으로 특정되어 있고 해당 사항은 그 부호에 의하여 증명이 이루어질 것이 요구된다.

[2] 피고인이 온라인 구매사이트에서 ① 검찰 업무표장(에서 '검찰'을 제외한 부분) 아래 '검찰 PROSECUTION SERVICE'라고 기재하고 그 아래 피고인의 전화번호를 기재한 주차표지판 1개, ② 검찰 업무표장( ) 아래 '검찰 PROSECUTION OFFICE'라고 기재하고 그 아래 피고인의 차량번호를 표시한 표지판 1개, ③ 검찰 업무표장( ) 아래 '검찰 PROSECUTION SERVICE'라고 기재하고 그 아래 '공무수행'이라고 표시한 표지판 1개를 주문하여 배송받음으로써 행사할 목적으로 공기호인 검찰청 업무표장을 각각 위조하고, 이를 자신의 승용차에 부착하고 다님으로써 위조된 공기호인 검찰청 업무표장을 행사하였다는 공소사실로 기소된 사안에서, 위 각 표지판에 사용된 검찰 업무표장은 검찰수사, 공판, 형의 집행부터 대외 홍보 등 검찰청의 업무 전반 또는 검찰청 업무와의 관련성을 나타내기 위한 것으로 보일 뿐, 이것이 부착된 차량은 '검찰 공무수행 차량'이라는 것을 증명하는 기능이 있다는 등 이를 통하여 증명을 하는 사항이 구체적으로 특정되어 있다거나 그 사항이 이러한 검찰 업무표장에 의하여 증명된다고 볼 근거가 없고, 일반인들이 위 각 표지판이 부착된 차량을 '검찰 공무수행 차량'으로 오인할 수 있다고 해도 위 각 검찰 업무표장이 위와 같은 증명적 기능을 갖추지 못한 이상, 이를 공기호라고 볼 수 없음에도, 이와 달리 보아 공소사실을 유죄로 인정한 원심판단에 법리오해 등의 잘못이 있다고 한 사례(대판 2024.1.4. 2023도11313). **정답** | O

성풍속에 관한 죄

★★
90 컴퓨터 프로그램파일은 형법 제243조에서 규정하고 있는 문서, 도화, 필름 기타 물건에 해당한다고 할 수 없으나, 형법 제243조의 행위에 공할 목적으로 음란한 물건을 제조, 소지, 수입 또는 수출한 자를 처벌하는 규정인 형법 제244조(음화제조등)의 '음란한 물건'에는 해당한다. O | X

판결요지

형법 제243조(음화반포등)는 음란한 문서, 도화, 필름 기타 물건을 반포, 판매 또는 임대하거나 공연히 전시 또는 상영한 자에 대한 처벌 규정으로서 컴퓨터 프로그램파일은 위 규정에서 규정하고 있는 문서, 도화, 필름 기타 물건에 해당한다고 할 수 없다. 이는 형법 제243조의 행위에 공할 목적으로 음란한 물건을 제조, 소지, 수입 또는 수출한 자를 처벌하는 규정인 형법 제244조(음화제조등)의 '음란한 물건'의 해석에도 그대로 적용된다(대판 2023.12.14. 2020도1669). **정답** | X

공무원의 직무에 관한 죄

91 근무기간을 정하여 임용된 공무원의 무단이탈로 인한 직무유기죄 성립 여부는 결근 사유와 기간, 담당하는 직무의 내용과 적시 수행 필요성, 결근으로 직무수행이 불가능한지, 결근 기간에 국가기능의 저해에 대한 구체적인 위험이 발생하였는지 등을 종합적으로 고려하여 신중하게 판단해야 한다. 특히 근무기간을 정하여 임용된 공무원의 경우에는 근무기간 안에 특정 직무를 마쳐야 하는 특별한 사정이 있는지 등을 고려할 필요가 있다. O | X

판결요지

(대판 2022.6.30. 2021도8361) 정답 | O

92 협조 또는 의견교환 등은 행정의 효율성을 높이기 위하여 필요하고, 동등한 지위 사이뿐만 아니라 상하기관 사이, 감독기관과 피감독기관 사이에서도 이루어질 수 있다. 이러한 관계에서 일방이 상대방의 요청을 청취하고 자신의 의견을 밝히거나 협조하는 등 요청에 응하는 행위를 하는 것은 특별한 사정이 없는 한 법령상 의무 없는 일이라고 단정할 수 없다. O | X

판결요지

공무원이 직권을 남용하여 사람으로 하여금 어떠한 일을 하게 한 때에 상대방이 공무원 또는 유관기관의 임직원인 경우에는, 그가 한 일이 형식과 내용 등에서 직무범위 내에 속하는 사항으로서 법령 그 밖의 관련 규정에 따라 직무수행 과정에서 준수해야 할 원칙이나 기준, 절차 등을 위반하였는지 등을 살펴 법령상 의무 없는 일을 하게 한 때에 해당하는지를 판단해야 한다(대판 2023.4.27. 2020도18296).
[사실관계] 대통령비서실 소속 비서관들인 피고인 甲과 피고인 乙이 4·16세월호참사 특별조사위원회 설립준비 관련 업무를 담당하거나 설립팀장으로 지원근무 중이던 해양수산부 소속 공무원들에게 '세월호 특별조사위 설립준비 추진경위 및 대응방안 문건'을 작성하게 하고, 피고인 甲이 소속 비서관실 행정관 또는 해양수산부 공무원들에게 위 위원회의 동향을 파악하여 보고하도록 지시한 경우 법령상 의무 없는 일을 하게 한 때에 해당한다고 볼 여지가 있다고 한 사안. 정답 | O

★★
93 판례에 의할 때 다음 기술의 옳고 그름을 판단하라.

(1) 제3자뇌물수수죄에서 제3자란 행위자와 공동정범 이외의 사람을 말하고, 교사자나 방조자도 포함될 수 있다. O | X

(2) 공무원 또는 중재인이 부정한 청탁을 받고 제3자에게 뇌물을 제공하게 하고 제3자가 그러한 공무원 또는 중재인의 범죄행위를 알면서 방조한 경우, 제3자에게는 제3자뇌물수수방조죄가 성립하지 아니한다. O | X

(3) 공무원이 직무관련자에게 제3자와 계약을 체결하도록 요구하여 계약 체결을 하게 한 행위가 제3자뇌물수수죄의 구성요건과 직권남용권리행사방해죄의 구성요건에 모두 해당하는 경우, 제3자뇌물수수죄와 직권남용권리행사방해죄가 각각 성립하며, 두 죄는 상상적 경합범 관계에 있다.

O | X

판결요지

[1] 제3자뇌물수수죄에서 제3자란 행위자와 공동정범 이외의 사람을 말하고, 교사자나 방조자도 포함될 수 있다. 그러므로 공무원 또는 중재인이 부정한 청탁을 받고 제3자에게 뇌물을 제공하게 하고 제3자가 그러한 공무원 또는 중재인의 범죄행위를 알면서 방조한 경우에는 그에 대한 별도의 처벌규정이 없더라도 방조범에 관한 형법총칙의 규정이 적용되어 제3자뇌물수수방조죄가 인정될 수 있다.
[2] 공무원이 직무관련자에게 제3자와 계약을 체결하도록 요구하여 계약 체결을 하게 한 행위가 제3자뇌물수수죄의 구성요건과 직권남용권리행사방해죄의 구성요건에 모두 해당하는 경우에는, 제3자뇌물수수죄와 직권남용권리행사방해죄가 각각 성립하되, 이는 사회 관념상 하나의 행위가 수 개의 죄에 해당하는 경우이므로 두 죄는 형법 제40조의 상상적 경합관계에 있다.
[3] 공무원이 자신의 직무권한에 속하는 사항에 관하여 실무담당자로 하여금 그 직무집행을 보조하는 사실행위를 하도록 하더라도 이는 공무원 자신의 직무집행으로 귀결될 뿐이므로 원칙적으로 직권남용권리행사방해죄에서 말하는 '의무 없는 일을 하게 한 때'에 해당한다고 할 수 없다. 다만 직무집행의 기준과 절차가 법령에 구체적으로 명시되어 있고 실무담당자에게도 직무집행의 기준을 적용하고 절차에 관여할 고유한 권한과 역할이 부여되어 있다면 실무담당자로 하여금 그러한 기준과 절차에 위반하여 직무집행을 보조하게 한 경우에는 '의무 없는 일을 하게 한 때'에 해당한다(대판 2017.3.15. 2016도19659).
[판결이유] 원심은, 피고인 1이 이천시의 건축 관련 민원을 담당하는 공무원으로서 이천시에서 아파트시행사업을 하는 공소외 3에게 그의 사업체가 관내 업체가 아니라는 지적을 하고 구체적인 이유에 관한 설명 없이 인허가절차가 지연될 수 있다는 말을 한 점, 피고인 1은 공소외 3에게 용역계약체결의 상대방으로 ○○엔지니어링 한 업체만을 소개하고 그 운영자인 공소외 4의 명함을 직접 건넨 점, 공소외 3은 그때 처음으로 ○○엔지니어링과 공소외 4를 알게 된 점, 공소외 3은 ○○엔지니어링 사무실을 찾아가서 공소외 4를 만나 다소 비싼 가격으로 용역계약을 체결한 점, 피고인 1은 위 용역계약 이행과정에 관여하기도 한 점 등 그 판시와 같은 사정을 들어 피고인 1에 대한 공소사실 중 ○○엔지니어링 관련 제3자뇌물수수 및 직권남용권리행사방해의 점이 모두 인정된다고 판단하였는 바 법리를 오해한 잘못이 없다.

정답 | (1) ○, (2) X, (3) ○

| 관련판례 | - 뇌물수수의 방법 - ★★

[1] 어로행위 관련 단속 업무 등을 총괄하는 도청 공무원인 甲은 도내 어촌계장 乙로부터 "선물을 할 사람이 있으면 새우젓을 보내 주겠다."라는 말을 듣고 이를 승낙한 뒤 새우젓을 보내고자 하는 사람들의 명단을 乙에게 보내 주고 乙로 하여금 위 사람들에게 甲의 이름을 적어 甲이 선물을 하는 것처럼 새우젓을 택배로 발송하게 하고 그 대금을 지급하지 않았다. 이 경우 피고인 乙의 새우젓 출연에 의한 피고인 甲의 영득의사가 실현되어 형법 제129조 제1항의 뇌물공여죄 및 뇌물수수죄가 성립하고, 공여자와 수뢰자 사이에 직접 금품이 수수되지 않았다는 사정만으로 이와 달리 볼 수 없다.
[2] 뇌물공여자가 공무원인 뇌물수수자가 제공한 명단 기재 대상자들에게 택배를 이용하여 뇌물수수자의 명의로 새우젓을 선물발송한 사안에서, 뇌물공여자는 뇌물수수자가 지정한 자들에게 뇌물수수자의 이름으로 새우젓에 대한 배송업무를 대신하여 주었을 뿐이고 새우젓을 받은 사람들은 보낸 사람을 뇌물수수자로 인식하였으며, 뇌물공여자와 뇌물수수자 사이에 새우젓 제공에 관한 의사합치가 존재하고 위와 같은 제공방법에 관하여 뇌물수수자가 양해하였다고 보이므로, 이로써 뇌물공여자의

새우젓 출연에 의하여 뇌물수수자의 영득의사가 실현되어 단순뇌물공여죄 및 수수죄가 성립한다고 보아야 한 사례(대판 2020.9.24. 2017도12389).

94 알선수재죄가 성립하는지는 당사자가 붙인 계약의 명칭이나 형식에 구애될 것이 아니라, 자문 등의 계약이 체결된 경위와 시기가 어떠한지, 의뢰 당사자가 피고인에게 사무처리를 의뢰하고 그 대가를 제공할 만한 구체적인 현안이 존재하는지, 피고인이 지급받는 계약상 급부가 의뢰 당사자와 공무원 사이를 매개 · 중개한 데 대한 대가인지, 현안의 중요도나 경제적 가치 등에 비추어 자문료 등 보수의 액수나 지급조건이 사회통념 · 거래관행상 일반적인 수준인지, 보수가 정기적 · 고정적으로 지급되는지 등 종합적인 사정을 바탕으로 계약의 실질에 따라 신중하게 판단하여야 한다. O | X

판결요지

(대판 2023.12.28. 2017도21248)

정답 | O

95 공무원이 아닌 사람과 공무원이 공모하여 금품을 수수한 경우에도 각 수수자가 수수한 금품별로 직무 관련성 유무를 달리 볼 수 있다면, 각 금품마다 직무와의 관련성을 따져 뇌물성을 인정하는 것이 책임주의 원칙에 부합한다. O | X

판결요지

뇌물죄에서의 수뢰액은 그 많고 적음에 따라 범죄구성요건이 되므로 엄격한 증명의 대상이 된다. 이때 공무원이 수수한 금품에 직무행위에 대한 대가로서의 성질과 직무 외의 행위에 대한 대가로서의 성질이 불가분적으로 결합되어 있는 경우에는 그 수수한 금품 전부가 불가분적으로 직무행위에 대한 대가로서의 성질을 가진다. 다만 그 금품의 수수가 수회에 걸쳐 이루어졌고 각 수수 행위별로 직무 관련성 유무를 달리 볼 여지가 있는 경우에는 그 행위마다 직무와의 관련성 여부를 가릴 필요가 있다. 그리고 공무원이 아닌 사람과 공무원이 공모하여 금품을 수수한 경우에도 각 수수자가 수수한 금품별로 직무 관련성 유무를 달리 볼 수 있다면, 각 금품마다 직무와의 관련성을 따져 뇌물성을 인정하는 것이 책임주의 원칙에 부합한다(대판 2024.3.12. 2023도17394).

정답 | O

공무방해에 관한 죄

★ **96** 시청 청사 내 주민생활복지과 사무실에 술에 취한 상태로 찾아가 소란을 피우던 피고인을 소속 공무원 甲과 乙이 제지하며 밖으로 데리고 나가려 하자, 피고인이 甲과 乙의 멱살을 잡고 수회 흔든 다음 휴대전화를 휘둘러 甲의 뺨을 때렸다면, 시청 소속 공무원들의 적법한 직무집행을 방해한 행위에 해당하므로 공무집행방해죄를 구성한다. O | X

판결요지

[1] 형법 제136조 제1항에 규정된 공무집행방해죄에서 '직무를 집행하는'이란 공무원이 직무수행에 직접 필요한 행위를 현실적으로 행하고 있는 때만을 가리키는 것이 아니라 공무원이 직무수행을 위하여 근무 중인 상태에 있는 때를 포괄하고, 직무의 성질에 따라서는 그 직무수행의 과정을 개별적으로 분리하여 부분적으로 각각의 개시와 종료를 논하는 것이 부적절하고 여러 종류의 행위를 포괄하여 일련의 직무수행으로 파악하는 것이 타당한 경우가 있다. 공무집행방해죄는 공무원의 적법한 공무집행이 전제되어야 하고, 공무집행이 적법하기 위해서는 그 행위가 공무원의 추상적 직무 권한에 속할 뿐만 아니라 구체적으로 그 권한 내에 있어야 하며, 직무행위로서 중요한 방식을 갖추어야 한다. 추상적인 권한은 반드시 법령에 명시되어 있을 필요는 없다. 추상적인 권한에 속하는 공무원의 어떠한 공무집행이 적법한지는 행위 당시의 구체적 상황에 기초를 두고 객관적 · 합리적으로 판단해야 하고, 사후적으로 순수한 객관적 기준에서 판단할 것은 아니다.
[2] 시청 청사 내 주민생활복지과 사무실에 술에 취한 상태로 찾아가 소란을 피우던 피고인을 소속 공무원 甲과 乙이 제지하며 밖으로 데리고 나가려 하자, 피고인이 甲과 乙의 멱살을 잡고 수회 흔든 다음 휴대전화를 휘둘러 甲의 뺨을 때림으로써 시청 공무원들의 주민생활복지에 대한 통합조사 및 민원 업무에 관한 정당한 직무집행을 방해하였다는 공소사실로 기소된 사안(대판 2022.3.17. 2021도13883).

정답 | O

97 피고인들을 포함한 '甲 주식회사 희생자 추모와 해고자 복직을 위한 범국민대책위원회'가 덕수궁 대한문 화단 앞 인도('농성 장소')를 불법적으로 점거한 뒤 천막 · 분향소 등을 설치하고 농성을 계속하다가 관할 구청이 행정대집행으로 농성 장소에 있던 물건을 치웠음에도 대책위 관계자들이 이에 대한 항의의 일환으로 기자회견 명목의 집회를 개최하려고 하자, 출동한 경찰 병력이 농성 장소를 둘러싼 채 대책위 관계자들의 농성 장소 진입을 제지하는 과정에서 피고인들이 경찰관을 밀치는 등으로 유형력을 행사한 행위는 공무집행방해죄에 해당한다. O | X

판결요지

(대판 2021.10.14. 2018도2993)

정답 | O

★

98 피고인들은 甲 정당 소속 시(시)의회 의원으로서 시의회 의장선거를 앞두고 개최된 甲 정당 의원 총회에서 乙을 의장으로 선출하기로 합의한 다음, 합의 내용의 이행을 확보하고 이탈표 발생을 방지하기 위하여 공모에 따라 피고인별로 미리 정해 둔 투표용지의 가상의 구획 안에 '乙'의 이름을 각각 기재하는 방법으로 투표하여 乙이 의장으로 당선되게 함으로써, 무기명 · 비밀투표 권한을 가진 丙 등 공모하지 않은 의원들의 직무집행을, 투 · 개표 업무에 관한 감표위원 丁 등의 직무집행을, 무기명투표 원칙에 따라 의장선거를 진행하는 사무국장의 직무집행을 각각 방해하였으므로 이들에 대하여 위계에 의한 공무집행방해죄가 성립한다. O | X

판결요지

피고인들 등은 甲 정당 소속 시(시)의회 의원으로서 시의회 의장선거를 앞두고 개최된 甲 정당 의원 총회에서 乙을 의장으로 선출하기로 합의한 다음, 합의 내용의 이행을 확보하고 이탈표 발생을 방지

하기 위하여 공모에 따라 피고인별로 미리 정해 둔 투표용지의 가상의 구획 안에 '乙'의 이름을 각각 기재하는 방법으로 투표하여 乙이 의장으로 당선되게 함으로써, 무기명·비밀투표 권한을 가진 丙 등 공모하지 않은 의원들의 직무집행을, 투·개표 업무에 관한 감표위원 丁 등의 직무집행을, 무기명 투표 원칙에 따라 의장선거를 진행하는 사무국장의 직무집행을 각각 방해하였다는 내용으로 기소된 사안에서, 비밀선거 원칙은 선거인의 의사결정이 타인에게 알려지지 않도록 투표 내용의 비밀을 보장함으로써 선거권 행사로 인한 불이익 발생을 방지하기 위한 원칙으로, 투표과정에서 자유로운 의사결정을 보장함으로써 선거의 민주적·절차적 정당성을 확보하는 데 그 취지가 있는 점, 피고인들 등의 행위로 인하여 피고인들을 비롯한 담합한 의원들 내부적으로는 서로 누가 누구에게 투표하였는지를 알 수 있게 되었으나, 공모하지 않은 의원들의 투표 내용까지 공개된다고 보기는 어려운 점, 공모하지 않은 의원들은 본래의 의도대로 투표를 하였을 뿐 피고인들 등의 행위로 인하여 오인, 착각, 부지를 일으켜 그릇된 처분이나 행위를 하였다고 보이지 않는 점, 나아가 지방의회 의원 개인들에게 무기명·비밀투표에 의해 의장선거가 이루어지도록 하여야 할 일반적인 직무상 권한이나 의무가 있다고 볼 만한 근거도 없는 점 등을 종합하면, 공소사실 중 감표위원들과 사무국장에 대한 위계에 의한 공무집행방해죄를 인정한 원심판단은 정당하나, 공모하지 않은 의원들에 대한 위계에 의한 공무집행방해죄를 인정한 원심판단은 받아들이기 어렵다(대판 2024.3.12. 2023도7760).[14] **정답** | X

| 관련판례 |

[1] 위계에 의한 공무집행방해죄에서 위계란 행위자의 행위목적을 이루기 위하여 상대방에게 오인, 착각, 부지를 일으키게 하여 그 오인, 착각, 부지를 이용하는 것을 말하는 것으로 상대방이 이에 따라 그릇된 행위나 처분을 하여야만 이 죄가 성립하는 것이고, 만약 범죄행위가 구체적인 공무집행을 저지하거나 현실적으로 곤란하게 하는 데까지는 이르지 아니하고 미수에 그친 경우에는 위계에 의한 공무집행방해죄로 처벌할 수 없다.

[2] 특정 정당 소속 지방의회의원인 피고인들 등이 지방의회 의장 선거를 앞두고 '甲을 의장으로 추대'하기로 서면합의하고 그 이행을 확보하기 위해 투표용지에 가상의 구획을 설정하고 각 의원별로 기표할 위치를 미리 정하기로 구두합의하는 방법으로 선거를 사실상 기명·공개투표로 치르기로 공모한 다음 그 정을 모르는 임시의장 乙이 선거를 진행할 때 사전공모에 따라 투표하여 단독 출마한 甲이 의장에 당선되도록 하여 위계로써 乙의 무기명투표 관리에 관한 직무집행을 방해하였다는 내용으로 기소된 사안에서, 피고인들에게 유죄를 인정한 원심판결에 위계에 의한 공무집행방해죄에서 위계의 실행행위와 공무집행방해의 결과 및 그 고의에 관한 법리 등을 오해한 잘못이 있다고 한 사례(대판 2021.4.29. 2018도18582).

[판결이유] 지방의회의원들이 사전에 서로 합의한 방식대로 투표행위를 한 것만으로는 무기명투표 원칙에 반하는 전형적인 행위, 즉 투표 과정이나 투표 이후의 단계에서 타인의 투표 내용을 알려는 행위라거나 자신의 투표 내용을 공개하는 것 또는 타인에게 투표의 공개를 요구하는 행위로 평가하기 어렵다는 점 등이 고려되었다.

---

[14] 공모하지 않은 의원들에 대한 위계에 의한 공무집행방해죄는 성립되지 않음에 유의하여야 한다.

도주와 범인은닉의 죄

★★
99 공범 중 1인이 그 범행에 관한 수사절차에서 참고인 또는 피의자로 조사받으면서 자기의 범행을 구성하는 사실관계에 관하여 허위로 진술하고 허위 자료를 제출하는 경우, 범인도피죄로 처벌할 수 없으며 및 이때 공범이 이러한 행위를 교사한 경우, 범인도피교사죄가 성립하지 아니한다.

O | X

판결요지

형법 제151조의 범인도피죄는 타인을 도피하게 하는 경우에 성립할 수 있는데, 여기에서 타인에는 공범도 포함되나 범인 스스로 도피하는 행위는 처벌되지 않는다. 또한 공범 중 1인이 그 범행에 관한 수사절차에서 참고인 또는 피의자로 조사받으면서 자기의 범행을 구성하는 사실관계에 관하여 허위로 진술하고 허위 자료를 제출하는 것은 자신의 범행에 대한 방어권 행사의 범위를 벗어난 것으로 볼 수 없다. 이러한 행위가 다른 공범을 도피하게 하는 결과가 된다고 하더라도 범인도피죄로 처벌할 수 없다. 이때 공범이 이러한 행위를 교사하였더라도 범죄가 될 수 없는 행위를 교사한 것에 불과하여 범인도피교사죄가 성립하지 않는다(대판 2018.8.1. 2015도20396). **정답 | O**

★
100 법원이 선고기일에 피고인에 대하여 실형을 선고하면서 구속영장을 발부하는 경우 검사가 법정에 재정하여 법원으로부터 구속영장을 전달받아 집행을 지휘하고, 그에 따라 피고인이 피고인 대기실로 인치된 경우 피고인은 형법 제145조 제1항의 '법률에 의하여 체포 또는 구금된 자'에 해당하지 않는다.

O | X

판결요지

법원이 선고기일에 피고인에 대하여 실형을 선고하면서 구속영장을 발부하는 경우 검사가 법정에 재정하여 법원으로부터 구속영장을 전달받아 집행을 지휘하고, 그에 따라 피고인이 피고인 대기실로 인치되었다면 다른 특별한 사정이 없는 한 피고인은 형법 제145조 제1항의 '법률에 의하여 체포 또는 구금된 자'에 해당한다. 그 이유는 다음과 같다.

(가) 형사소송법은 재판의 집행 일반에 관하여 재판의 성질상 법원 또는 법관이 지휘할 경우를 제외하면 재판을 한 법원에 대응한 검찰청 검사가 지휘한다고 정하면서(제460조 제1항), 구속영장(제81조 제1항 본문, 제209조), 체포영장(제81조 제1항 본문, 제200조의6), 압수·수색·검증영장(제115조 제1항 본문, 제219조)의 집행 등에 관하여도 검사의 지휘에 의하여 집행한다고 규정하고 있다. 따라서 검사가 법정에서 법원으로부터 구속영장을 전달받아 교도관 등으로 하여금 피고인을 인치하도록 하였다면 집행절차가 적법하게 개시되었다고 볼 수 있다.

(나) 구속영장의 집행을 통하여 최종적으로 피고인에 대한 신병을 인계받아 구금을 담당하는 교도관이 법정에서 곧바로 피고인에 대한 신병을 확보하였다면 구속의 목적이 적법하게 달성된 것으로 볼 수 있다.

(다) 구속영장 발부, 구속영장 집행, 구금 등 모든 과정이 공개된 법정 및 법관의 면전에서 이루어졌다면 특별한 사정이 없는 한, 피고인의 방어권이나 절차적 권리 및 신체의 자유가 침해될 만한 위법이 있다고 평가하기 어렵다(대판 2023.12.28. 2020도12586).

[사실관계] 피고인은 2018. 5. 3. 서울남부지방법원 형사법정에서 준강제추행죄 등으로 징역 1년 6개월을 선고받고 구속영장에 의해 법정구속되어 구속 피고인 대기실로 인치된 상태에서 서울남부구치소 교감 공소외 1과 교위 공소외 2가 피고인에게 인적사항을 확인하던 중, 갑자기 구속 피고인 대기실 출입문을 열고 법정으로 뛰어 들어가 법정 내부의 재판관계인석과 방청석 사이 공간을 통해 맞은편의 법정 출입문 방향으로 뛰어가 도주하려고 하였으나, 당시 법정 내에서 다른 수용자를 계호하고 있던 서울남부구치소 교위 공소외 3, 교위 공소외 4에 의해 검거되었다. **정답 | X**

위증과 증거인멸의 죄

★
101 범죄 또는 징계사유의 성립 여부에 관한 것뿐만 아니라 형 또는 징계의 경중에 관계있는 정상을 인정하는 데 도움이 될 자료까지도 형법 제155조 제1항의 증거위조죄에서 '증거'에 포함된다. **O | X**

판결요지

범죄 또는 징계사유의 성립 여부에 관한 것뿐만 아니라 형 또는 징계의 경중에 관계있는 정상을 인정하는 데 도움이 될 자료까지도 형법 제155조 제1항의 증거위조죄에서 '증거'에 포함된다(대판 2021.1.28. 2020도2642). **정답 | O**

| 관련판례 |

사실의 증명을 위해 작성된 문서가 그 사실에 관한 내용이나 작성명의 등에 아무런 허위가 없다면 '증거위조'에 해당한다고 볼 수 없다. 설령 사실증명에 관한 문서가 형사사건 또는 징계사건에서 허위의 주장에 관한 증거로 제출되어 그 주장을 뒷받침하게 되더라도 마찬가지이다(대판 2021.1.28. 2020도2642). ★

무고의 죄

★
102 판례에 의할 때 다음 기술의 옳고 그름을 판단하라.

(1) 신고사실의 진실성을 인정할 수 없다는 소극적 증명만으로 그 신고사실을 허위로 단정하여 무고죄를 인정할 수 없다. **O | X**

(2) 신고내용에 일부 객관적 진실에 반하는 내용이 포함되어 있으나 단지 신고사실의 정황을 과장하는 데 불과한 경우, 무고죄가 성립하지 아니한다. **O | X**

판결요지

무고죄는 타인으로 하여금 형사처분이나 징계처분을 받게 할 목적으로 신고한 사실이 객관적인 진실에 반하는 허위사실인 경우에 성립하는 범죄이므로, 신고한 사실이 객관적 진실에 반하는 허위사실이라는 요건은 적극적 증명이 있어야 하고, 신고사실의 진실성을 인정할 수 없다는 소극적 증명만으로 곧 그 신고사실이 객관적 진실에 반하는 허위의 사실이라 단정하여 무고죄의 성립을 인정할 수는 없으며, 신고내용에 일부 객관적 진실에 반하는 내용이 포함되어 있더라도 그것이 범죄의 성부에 영향을 미치는 중요한 부분이 아니고 단지 신고사실의 정황을 과장하는 데 불과하다면 무고죄는 성립하지 않는다(대판 2019.7.11. 2018도2614).

정답 I (1) O, (2) O

103 피고인은 2020. 3. 12. 16:00경 서울 도봉구 B 소재 피고인의 집에서 국민권익위원회에서 운영하는 '국민신문고' 홈페이지에 접속하여 '피진정인 C은 D에 있는 ○○약국의 약사로, 무자격자인 종업원 E에게 명찰을 달지 않고 불특정 다수의 환자들에게 의약품을 판매하도록 지시하였는바, 특히 위 E은 2020. 3. 12.경 위 약국에서 피고인에게 레드콜연질캡슐이라는 약을 처방, 판매하였으니 철저히 조사하여 약사법위반으로 조사하여 처벌하여 달라.'는 내용의 민원을 제기하였다. 그러나 사실 레드콜연질캡슐은 위 약국에서 취급하지 않는 의약품이었고, 위 약국 약사 C은 종업원인 E로 하여금 피고인 또는 불특정 다수의 손님들에게 의약품을 판매하도록 지시한 사실이 전혀 없었고, 위 E도 위와 같은 지시를 받아 의약품을 처방, 판매한 사실이 전혀 없었다. 이 경우 피고인에게 무고죄가 성립한다. **O | X**

판결요지

약사가 무자격자인 종업원으로 하여금 불특정 다수의 환자들에게 의약품을 판매하도록 지시하거나 실제로 자신에게 의약품을 판매하였다는 등의 내용으로 제기된 피고인의 민원은 객관적 사실관계에 반하는 허위사실이고, 미필적으로나마 그 허위 또는 허위의 가능성을 인식한 무고의 고의가 인정된다(대판 2022.6.30. 2022도3413).

정답 I O

부록

판례색인

[대법원 결정]

[대법원 판결]

[기타 판결]

MEMO

MEMO